21세기 연세 인문학 I

기억, 망각 그리고 상상력

조대호 · 이경훈 · 이승종
조주관 · 유현주 · 김희봉

연세대학교 대학출판문화원

21세기 연세 인문학 I

기억, 망각 그리고 상상력

지은이 조대호·이경훈·이승종·조주관·유현주·김희봉
펴낸곳 연세대학교 대학출판문화원
주 소 서울시 서대문구 연세로 50
전 화 02)2123-3380~2
팩 스 02)2123-8673
ysup@yonsei.ac.kr
http://www.yonsei.ac.kr/press
등 록 1955년 10월 13일 제9-60호
인 쇄 (주)일흥피앤피

2013년 10월 21일 1판 1쇄
ISBN 978-89-6850-052-7 (93800)

값 16,000원

발간사

〈21세기 연세 인문학〉을 발행하며

지식의 대통합을 지향하는 학문의 통섭 혹은 융·복합에 대한 요구가 거세지고 있다. 그 요구의 핵심은 학문들 사이의 소통 단절 내지는 소통 부재를 극복하자는 데 있다. 근대 이전에는 보편적인 학문이 가능했다면, 세계의 탈주술화가 시작된 근대 이후 학문이 더욱 세부적으로 분화되고 전문적인 경향을 띠게 되었음은 부인할 수 없는 사실이다. 이제 그와 같은 개별화와 전문화에 대한 비판적 성찰의 목소리가 높아지면서 넓게는 인문학과 자연과학 간의 소통이 시도되고 있는 상황이다.

그러나 인문학이 사회과학, 자연과학. 예술분야 등과 소통해야 한다는 요구에 부응하는 것보다 더욱 시급한 문제가 있다. 그것은 바로 인문학 자체 내의 대화 부재를 극복하는 일이다. 서로간의 대화가 불가능할 정도로 전공이 세분화되고 그로 인한 소통 단절의 경향은 넓게는 어학과 문학 간의 상호 낯섦에서뿐만 아니라 국문학, 중문학, 일문학 같은 동아시아 관련 학문들 사이의 소원한 관계에서도 드러난다. 이런 현상은 영문학, 독문학, 불문학, 노문학 같은 국가 단위의 외국문학 분야에서는 물론 사학과 철학에서도 마찬가지다. 정약용, 이광수, 공자, 루쉰, 플라톤, 촘스키, 소쉬르, 칸트, 하이데거, 셰익스피어, 괴테, 보들레르, 도스토옙스키 등은 오래 전부터 개개 전공자만이 탐구하고 향유하는 지식의 대상으로 여겨지고 있을 뿐이다. 이렇듯 인문학 내에서 개별 학문이 전문화되는 경향은 한편으로 연구 분야의 심오한 과학적 탐구라는 뜻에서 반가운 일로 여겨졌지만 다른 한편으로 인문학 자체 내의 소통 부재라는 결과를 낳고 말았는데, 이러한 양면성은 인문학 자체가 안고 있는 불편한 진실이 아닐 수 없다.

이제 인문학이 걸어 나가야하는 길이 무엇인지를 모색하지 않을 수 없으며, 그 새로운 전환의 일환으로 〈21세기 연세 인문학〉을 발행하고자 한다. 〈21세기 연세 인문학〉이 여러 상이한 학문이 함께 모여 사유의 일치와 불일치를 주고받는 실험적 대화 공간으로 정착될 것임을 우리는 기대한다.

연세대학교 문과대학

100주년 기념사업

〈21세기 연세 인문학〉 편집위원회

목차

므네모쉬네와 므네메: 기억의 신화와 철학[1]

조대호 (연세대, 철학)

그리스 정신사의 전개 과정을 가리켜 사람들은 흔히 "뮈토스에서 로고스로의 이행"이라고 말한다. 신화적 상상의 껍질이 깨지면서 학문적 이론이 탄생했다는 뜻이다. 기억에 대한 사유의 역사를 놓고서도 우리는 같은 말을 할 수 있을 것 같다. 그리스 정신사의 맥락 속에서 기억에 대한 논의 과정을 추적해 보면 우리는 뚜렷이 구별되는 세 단계를 확인할 수 있다. 헤시오도스의 서사시 『신들의 계보』(*Theogonia*), 『파이드로스』(*Phaedrus*)를 비롯한 플라톤의 대화편, 아리스토텔레스의 논문 「기억과 상기에 대하여」(*De Memoria et reminiscentia*)가 각 단계를 대표한다.[2] 지나치게 도식적인 구별처럼 들리겠지만, 우리는 이 작품들이

---

1 이 글의 초고는 2012년 6월 20일, 연세대학교 문과대학 21세기 연세 인문학 총서 콜로키엄에서 발표되었다. 당시 논평을 해주신 국문과의 이경훈 교수님과 토론에서 유익한 질문들을 해 주신 다른 선생님들께 감사드린다. 이 논문의 틀이 제한되어 있기 때문에 여러 선생님들의 질문과 의견을 충분히 반영하지는 못했다. 질문들에 대한 필자의 입장은 이 논문 뒤에 실린 토론문으로 대신하며, 남은 문제들에 대한 논의는 후속 연구의 과제로 돌린다.

2 이 글에서는 이 문헌들을 각각 '*Th.*', '*Phdr.*', '*Mem.*'으로 줄인다. 우리말 혹은 영어 번역으로는 다음의 책들

대표하는 기억에 대한 논의의 단계를 각각 '신화적' 단계, '반(半)신화적-철학적' 단계, '탈신화적-심리학적' 단계라고 부를 수 있을 것이다. 이 글은 역사적인 관점에서 이 세 단계의 진행을 살펴보는 데 일차적인 목적이 있다. 하지만 그렇다고 해서 필자의 의도가 그리스 정신사 속에 등장한 기억에 대한 논의를 역사적으로 재구성하는 데 있는 것만은 아니다. 기억의 문제에 대한 역사적인 접근은 기억과 관련된 사유의 기본 토포스들을 드러낸다는 점에서도 중요한 의미를 갖는다. 아래에서 소개할 세 가지 기억론은 단순히 통시적인 맥락에서 하나가 다른 하나에 의해 대체되는 관계에 있는 것이 아니라 동서고금을 막론하고 어느 시대에서나 공시적으로 존재하는 기억에 대한 논의의 다양한 유형을 보여주기 때문이다.

기억과 영감의 시문학

헤시오도스의『신들의 계보』[3]는 글로 기록된 서양 최초의 서사시『일리아스』보다 한 세대 정도 뒤에 지은 서사시다. 대략 기원전 7세기 초반의 작품으로 추정된다. 이 작품은 'Theogonia'라는 제목이 알려주듯이 신들의 탄생과 족보를 주제로 다루는 서사시인데, 거기서 시인은 신들의 탄생에 얽힌 이야기들을 노래하면서 그들의 족보를 세운다.[4] 이 서사시 속에는 당시 그리스인들이 숭배했

을 참고: 헤시오도스 2004,『신통기』, 천병희 옮김, 한길사; 플라톤 2008,『파이드로스』, 조대호 옮김, 문예출판사; Aristoteles (1972) 2006, *Aristotle on Memory*, trans. by R. Sorabji, Chicago.

3 이 논문의 인용은 천병희의 번역을 따른다. 필요한 경우 수정했다.

4 역사가 헤로도토스(Herodotos)(II 53, 1-2)는 그리스 신들의 족보를 세운 시인으로 호메로스와 헤시오도스를 든다: "그러나 각각의 신이 어디서 생겨났는지, 그들이 영원히 있었는지 또는 그들의 생김새가 어떤지에 대해서 헬라스인들은 말하자면 엊그제야 비로소 알게 되었다. 왜냐하면 내 생각에 헤시오도스와 호메로스

던 제우스, 아프로디테, 아테네와 같은 올림포스의 신들도 나오지만, 이들 인격신 이외에도 수많은 자연신들이 등장한다. 『신들의 계보』에서는 땅, 하늘, 바다와 같은 자연물들뿐만 아니라 잠, 꿈, 죽음, 싸움 따위의 자연현상들도 신이다. 『신들의 계보』는 이 세상에 속해 있는 이런 변하지 않는 것들, 곧 "죽지 않는 신들"(athanatoi theoi, *Th*. 120)이 언제 어떻게 생겨났고 그것들이 어떤 관계 속에서 서로 얽혀 지금의 질서 있는 세계(kosmos)를 이루는지를 보여준다. 그런 점에서 『신들의 계보』은 단순히 신들의 탄생을 이야기하는 서사시가 아니라 우주의 탄생에 대한 신화적이고 철학적인 사변을 담은 우주발생론(cosmogony) 또는 우주론(cosmology)이다.[5]

한갓 인간에 지나지 않는 시인 헤시오도스는 어떻게 신들의 세계를 노래할 수 있었을까? 물론 그가 이야기하는 것은 시인 자신이 경험한 세계가 아니다. 신들의 세계는 시인의 경험을 넘어서 있다. 따라서 헤시오도스가 신들의 탄생과 계보를 이야기할 수 있다면, 이는 외부의 힘, 즉 그에게 시적인 영감을 불어넣어 준 무사 여신들(Musai) 덕분이다. 『신들의 계보』가 자연세계의 시원인 카오스(Chaos)의 탄생에서 시작하지 않고 무사 여신들의 탄생에서 시작하는 것은 바로 그런 이유 때문이다:

> "헬리콘 산의 무사 여신들로부터 노래를 시작하자. / 그 분들은 크고 신성한 헬리콘 산을 차지하시고는 / 검푸른 샘과 크로노스의 강력한 아들의 제단 주위에서 / 사뿐사뿐 춤추신다. / 그리고 그 분들은 페르멧소스 또는 말의 샘 / 또는 신성한 올메이오스에서 고운 살갗을 씻고 나서 / 헬리콘 산의 꼭대기에서 아름답고

는 나보다 400년 앞서 살았던 사람들이고 그 이상은 아니기 때문이다. 하지만 바로 이들이 헬라스인들에게 신들의 족보를 만들어주었고(hoi poiēsantes theologiēn) 신들에게 별명을 붙여주었으며 여러 가지 명예와 기술을 나누고 그들의 생김새를 일러 준 사람들이다."

5 조대호 2002, " 카오스와 헤시오도스의 우주론," 『철학』 제71집, 51-74를 참고.

사랑스런 원무를 추신다. / 박자에 맞춰 민첩하게 발을 움직이시며. / 그곳으로부터 그분들은 짙은 안개에 싸여 앞으로 나아가시되, 밤을 거니시며 더없이 고운 목소리로 찬미하신다. 아이기스를 가진 제우스와 아르고스의 여주인 / 헤라와 [⋯]"(*Th*. 1-12)

헤시오도스의 무사 여신들은 우리의 민담(民譚) 속 선녀들을 떠오르게 한다. 옥황상제가 아니라 제우스의 딸들인 무사 여신들은 깊은 밤 지상으로 내려와 높은 산정의 맑은 샘에서 고운 몸을 씻고 가벼이 몸을 놀려 춤을 춘다. 그들은 둥글게 원무를 추기도 하고 박자에 맞춰 앞으로 나아가기도 한다. 노래를 한다는 것은 그리스의 무사들이 선녀들과 다른 점일 것이다. 무사 여신들은 짙은 안개 속에 춤을 추면서 춤사위에 맞추어 고운 목소리로 신들을 찬양한다. 하지만 그들은 스스로 '노래를 하는 자'일 뿐만 아니라 다른 이로 하여금 '노래를 하게 하는 자'이기도 하다. 선녀들이 나무꾼을 만나듯 무사 여신들은 양치기를 만난다. 하지만 선녀들과 달리 무사 여신들은 의도적으로 자기 자신을 드러낸다는 데 차이가 있다. 그들은 성(城) 밖의 존재이며 가진 것 없는 외로운 양치기들에게 나타나 이들을 시인으로 불러 신들을 노래하게 하고 또 자기 자신들을 노래하게 한다. 외딴 산기슭에 홀로 머무는 양치기들에게는 저자거리에서 분주한 삶을 사는 장사꾼들이나 화려한 왕궁에 거하는 권력자들에게는 주어지지 않는 기회, 즉 무사 여신들과 만날 기회가 주어진다. 헬리콘 산의 외로운 양치기 헤시오도스가 왕홀을 가진 자에 견줄 만큼 강력한 권위를 지닌 시인으로 거듭나는 장면은 이렇게 묘사된다:

"[⋯] 위대한 제우스의 말 잘하는 딸들은/ 싹이 트는 월계수의 보기 좋은 가지 하나를 내게 주시며/ 그것을 지팡이로 꺾게 하셨고, 내게 신적인 목소리를 불어넣어/ 내가 미래에 있을 것들(ta essomena)과 과거에 있던 것들(pro eonta)를 찬양할 수 있도록 하셨다./ 그리고 그분들은 나에게 영생하는 축복받은 신들의 종족을 찬양하되,/ 처음과 마지막에는 언제나 그분들 자신을 노래하라고 하셨다."(*Th.* 29-34)

이어지는 찬가의 소재는 무사 여신들의 탄생이다. 이들은 엘레우테라이 산 언덕의 여주인 므네모쉬네(Mnēmosynē)와 크로노스의 아들 제우스 사이에서 태어났고, 그들의 출생지는 피에리아이다. 불사신들의 거처에서 멀리 떨어진 그 곳에서 제우스는 자신의 특기를 발휘했다. 그는 몰래 기억(mnēmē)의 여신과 야합했다.(*Th.* 53-57) 두 신은 아홉 밤에 걸쳐 몸을 섞었고, 그렇게 해서 태어난 것이 아홉 명의 무사 여신들이다. 『신들의 계보』에는 이들의 이름이 단조롭게 나열될 뿐이지만, 이름 하나하나는 각각의 무사 여신이 관장하는 영역을 시사한다.[6] 클레이오(Kleiō)는 노래, 특히 영웅 찬가가 '명성'(kleos)을 알리도록 하며, 에우테르페(Euterpē)는 노래를 듣는 사람에게 기쁨을 안겨 준다. 탈레이아(Thaleia)는 시와 노래로 잔치자리를 떠들썩하게 하며, 멜포메네(Melpomenē)와 테릅시코레(Terpsichorē)는 시를 음악이나 춤과 함께 묶는다. 에라토(Eratō)는 사람들에게 시로써 듣는 이들에게 사랑의 욕망을 일깨운다. 폴륌니아(Polymnia)는 신에 대한 풍성한 찬가들을 짓게 한다. 우라니에(Ouraniē)는 노래를 인간적인 것 너머로 높이고, 마지막으로 언급되는 칼리오페(Kalliopē)는 시를 낭송할 때 아름다운 목소리가 흘러 나도록 배려한다.[7]

하지만 각각의 무사 여신이 어떤 분야의 전문가인지는 우리의 논의 맥락에서 그렇게 중요하지 않다. 우리의 관심을 끄는 것은 무사 여신들이 하는 일이 모

---

6 B. Snell (1946) 1986, *Die Entdeckung des Geistes*, Göttingen, 45f.

7 헬레니즘 시대에 정립된 생각에 따르면 무사 여신들이 관장하는 영역은 다음과 같다: 클레이오(Kleiā)-역사서술, 에우테르페(Euterpē)-비극, 테릅시코레(Terpsichorē)-춤과 시가, 에라토(Eratō)-연애시, 폴륌니아(Polymniā)-신에 대한 찬가, 우라니에(Ouraniē)-천문학, 칼리오페(Kalliopē)-서사시, 연설, 철학, 학문 등.

두 한 가지 공통점을 갖는다는 사실이다. 기억의 여신 므네모쉬네의 딸들인 무사 여신들이 하는 일은 사람들에게 망각(lēthē)을 낳는 것이다. 『신들의 계보』에 따르면 이 여신들의 출생의 목적은 "사람들이 나쁜 일들을 잊고(lēsmosynēn kakōn) 근심에서 쉬게 하려는 것"(*Th.* 55)이다. 96행 이하의 구절을 더 읽어보자:

> "무사 여신들이/ 사랑하시는 자는 누구나 다 행복하도다. 그의 입에서 달콤한 목소리가/ 흘러나오기 때문이다. 누군가가 최근에 불상사를 당하여/ 그 슬픔에 마음이 시들어간다 하더라도 무사 여신들의/ 시종인 가인이 옛사람의 영광스런 행적과/ 올림포스에 사시는 축복받은 신들을 찬양하게 되면 그는 금세/ 슬픔을 잊고(epilēthethai) 더 이상 자신의 불상사를 기억하지(memnētai) 않기 때문이다. 여신들의 선물들이 금세 그의 마음을 다른 곳으로 돌려놓았던 것이다."(*Th.* 96-103)

이 구절은 시문학과 시인의 정체성에 대한 서양 최초의 문헌적 기록이다. 잘 알려져 있듯이 서양 시문학의 최초의 형태는 서사시이고, 서사시의 주제는 영웅적인 "인간들과 신들의 행적"[8]이다. 그런 점에서 서사시는 기억의 딸이다. 하지만 무엇 때문에 시와 시인은 "축복받은 신들"과 "옛사람의 영광스런 행적"을 기억하려고 하는가? 시와 시인이 과거를 다시 떠올려 기억하는 목적은 역설적으로 인간의 현재 삶을 짓누르는 고통을 잊게 하기 위함이다. 사람들은 지나간 이야기를 기억함으로써 현재의 불상사와 슬픔을 망각하고 살아가는 데 필요한 새 힘을 얻는다. 오뒷세우스의 귀향 이야기는 과거에 대한 기억이 어떻게 한 인간의 영혼을 고양시키는지를 보여주는 전형적인 사례일 것이다.[9] 칼립소의 동

8 『오뒷세이아』(*Od.*) 1, 338.

9 『오뒷세이아』에 나타난 기억과 망각의 주제에 대해서는 H. Weinrich 2004, 『망각의 강 레테』, 백설자 옮김,

굴을 떠나 바다를 표류하던 오뒷세우스, 트로이아 전쟁의 영웅은 파도에 떠밀려 처참한 모습으로 스케리아의 해안에 도착한다. 그는 정신을 잃었고 몸은 만신창이가 된 상태다. 10년 동안의 귀향길을 거치면서 그의 몸도 마음도 완전히 바닥나 있다. 그런 오뒷세우스의 영혼이 새로운 힘을 얻는 것은 흥미롭게도 과거에 대한 회상을 통해서이다. 『오뒷세이아』 6권 이하에 자세히 그려지듯이, 뜻밖에 파이아케스인들의 궁정에 발을 들인 오뒷세우스는 트로이아의 전쟁과 자신의 영웅적 행적을 이야기하는 가운데 영웅으로 다시 태어난다. 이야기를 통한 회상이 그의 영웅 정신을 되살려내지 않았다면, 그는 고향 이타카에 돌아가지 못했을 것이고 설령 돌아갔다고 해도 파렴치한 구혼자들의 손에서 페넬로페를 구해 낼 수 없었을 것이다. 물론 오뒷세우스의 이야기는 단순히 지나간 이야기가 아니다. 매일 밤 신촌의 술자리에서 사내들이 떠벌이는 군대와 축구 이야기 속에도 지친 영혼들의 몸부림이 있다. 그날 직장에서의 "불상사"를 잊기 위해 그들은 기억 속 과거의 영웅담을 떠올린다. 물론 그들이 상기해 내는 지난 시절의 영웅담 속에는 언제나 과장, 조작, 거짓이 뒤섞이기 마련이다. 마찬가지로 기억을 통해 망각을 낳는 무사 여신들의 노래 속에도 언제나 참과 거짓이 혼재한다:

> "들에서 야영하는 목자들이여, 불명예스런 자들이여, 배(腹)뿐인 자들이여.
> 우리는 진실처럼 들리는 거짓말(pseudea)을 많이 할 줄 안다.
> 그러나 우리는 원하기만 하면 진실(alēthea)도 노래할 줄 안다."(*Th*. 26-28)

무사 여신들은 시인들을 앞세워 기억과 상상, 참과 거짓의 텍스트를 짜낸

서울: 문학동네, 33-37과 장영란 2010, "기억과 상기의 신화와 철학", 『철학과 현상학 연구』 45집, 152ff.를 참고.

다. 적어도 그리스의 시인들은 그렇게 생각했다. 당시의 시인들은 자신들이 내뱉는 말들이 참이건 거짓이건 그것들을 개인의 창작물로 여기지 않았다. 그들이 보기에 시적인 창작은 언제나 신에게서 오는 영감의 산물이었고, 그렇기 때문에 그들은 언제나 무사 여신들을 불러내어 영감을 구한다.[10] 이 영감의 정체는 무엇이었을까? 무사 여신들의 영감이 사라진 시대를 사는 우리로서는 확실한 대답을 얻을 수는 없지만, 구술문화에 대한 20세기의 연구는 '영감'의 정체를 일부 알려주었다. 그에 따르면 시인들이 영감을 통해 하는 일은 일종의 '짜깁기'(rapsōidein)였다. 서사시인들에게는 오랜 세대를 거쳐 구전된 풍성한 '정형구'(formulae)들이 있었다. 시인들은 이 정형구들을 엮어서 텍스트를 짜낸다.[11] 물론 그렇다고 해서 시인이나 '낭송가'(rapsōidos)[12]에게 아무런 창작 능력도 없었다는 뜻은 아니다. 그리스의 시인들에게 '창조'란 전통의 계승과 변형이었다.[13] 이런 형태의 시적인 창작을 위해서는 무엇보다도 뛰어난 기억력이 필요했으리라는 데는 의심의 여지가 없다. 시를 짓는 데 필요한 기억력은 타고날 수도 있겠지만, 아마도 기술을 통해 연마될 수도 있었을 것이다.

후대의 기록에 따르면 그리스에서 기억술(mnemonics)을 창안한 사람은 기원전 6세기 후반부터 5세기 초반에 걸쳐 활동한 서정시인, 케오스의 시모니데스(Simonides Keos)[14]이다. 시모니데스는 인간의 유한성을 노래한 절창으로 유

---

10 예컨대 『일리아스』(*Il.*) 2. 484ff.를 참고.

11 W. J. Ong 2009, 『구술문화와 문자문화』, 이기우·임명진 옮김, 문예출판사, 42. 그 구체적인 방식에 대한 M. Parry의 고전적 연구에 대해서는 A. Parry (ed.) 1971, *The Making of Homeric Verse,* Oxford, 특히 10ff.를 참고.

12 영감 이론에 대한 대표적인 대화편 『이온』(*Ion*) 530c 등에서 플라톤은 '시인'(poiētēs)와 '낭송가'(rapsōidos)를 구별한다.

13 이에 대해서는 A. Parry (ed.) 1971과 함께 H. Fränkel 2012, 『초기 희랍의 문학과 철학』 1, 김남우-홍사현 옮김, 서울: 아카넷, 11ff.를 참고.

14 이 시인의 몇몇 시편에 대한 해석으로는 조대호 2004, "초기 그리스 서정시에 나타난 인간의 한계 의식과 현실 감각", 『인문언어』, 제6집, 381-405를 참고. 더 자세한 논의는 Fränkel 2012, 567-604를 참고.

명하지만 그의 뛰어난 기억력을 증거하는 일화로도 잘 알려져 있다. 시모니데스는 권투 경기의 우승자를 위해 승전가를 지었다.[15] 하지만 승전가를 넘겨주었는데도 약속한 돈의 일부는 시인에게 지불되지 않았다. 일상적인 관례에 따라 시모니데스는 그의 시 안에 제우스의 두 아들 카스토르와 폴뤼데우케스에 대한 찬사를 끌어들였는데, 그것이 계약 당사자의 신경을 거슬렀던 모양이다. 우승을 축하하는 잔치 도중 시모니데스는 두 젊은이가 말을 타고 와서 자신을 찾는다는 전갈을 받았다. 시모니데스가 문밖으로 나갔지만 젊은이들은 온 데 간 데 없었다. 그런데 바로 그 순간 잔치집 지붕이 무너져 손님들을 덮쳤다. 사고가 어찌나 참혹했던지 죽은 자들의 친척들이 희생자들의 시신조차 분간하지 못할 지경이었다. 이 아수라장에서 난관을 타개한 것은 시모니데스였다. 그는 잔치 자리에 한 사람 한 사람이 앉았던 장소를 정확히 상기해 낼 수 있었고 그 덕분에 친척들은 죽은 자들의 신원을 알아내 장사를 치룰 수 있었다.

시모니데스가 창안했다는 기억술이 어떤 것이었는지는 확실치 않다. 하지만 그의 일화를 소개한 로마의 정치가이자 철학자 키케로(M. Cicero)는 시모니데스의 기억술을 이른바 '장소법'(method of loci)의 전형적인 사례로 소개한다. 키케로에 따르면 장소법이란 익숙한 일련의 장소들에 암기할 내용을 배당하고 그 장소들을 차례로 떠올림으로써 암기 내용을 되살려 내는 방법이다.[16] 이런 장소법이 고대 세계에 널리 퍼져 있었다는 사실을 확인하게 해 주는 기록은 적지 않다. 아리스토텔레스는 『영혼론』(DA III 3, 427b18-20)의 한 곳에서 "기억 장치에 사물들을 배치하고 그것들의 영상들을 만들어내는(eidōlopoiountes) 사람들"에 대해 언급한다. 그런가 하면 「기억과 상기에 대하여」(*Mem*. 2,

---

15 고대의 기억술과 시모니데스에 얽힌 일화에 대해서는 L. A. Post 1932, "Ancient Memory Systems", *The Classical Weekly,* Vol. 25, No. 14, 106을 참고.

16 F. A. Yates 1994, *Gedächtnis und Erinnern*, Berlin, 11을 참고.

452a12ff.)에서는 상기와 장소의 관계에 대해 이렇게 말한다: "하지만 상기를 위해서는 출발점을 잡아야 한다. 종종 사람들이 장소들(topoi)을 출발점으로 삼아 상기를 한다고 생각되는 이유는 바로 그것이다. 그 이유는 한 곳으로부터 다른 곳에 빨리 도달한다는 데 있다." 이런 일련의 기록들은 고대 세계에서 기억술, 특히 장소법이 널리 쓰였다는 데 대한 증거다.

우리에게 기억술을 자유자재로 활용할 수 있는 능력이 있다면 얼마나 좋을까? 우리는 유명한 시구들을 그럴듯하게 짜깁기해서 자신의 창작품인 것처럼 내세울 수도 있겠고, 진기한 정보들로 유창한 이야기를 엮어내어 주위 사람들에게 놀라움을 안겨 줄 수도 있을 것이다. 운이 좋다면 그런 기술로 재주를 부려 큰돈을 벌 수도 있을 것이다. 실제로 그리스나 로마 세계에서 기억술은 연설로 사람들을 사로잡으려 했던 소피스테스들이나 웅변가들에게 큰 인기를 끌었다. 크세노폰의 『향연』(*Symposion*)이나 플라톤의 대화편 『대(大) 히피아스』(*Hp. Ma.*)에는 기억술을 과시해서 많은 사람들을 끌어 모으는 소피스테스 히피아스가 등장한다.[17] 『대(大) 히피아스』에서 주인공은 소크라테스에게 자신이 행한 과거의 역사, 신화들, 도시 건설에 얽힌 이야기들에 대한 연설들을 소개한다. 소크라테스는 솔론 시대부터 당시까지 아테네 지배자들의 목록을 외우도록 요구받은 적은 없었을 것이라는 말로 그를 자극한다. 자존심이 상한 히피아스는 단번에 50명의 이름을 줄줄이 외워 보이고, 소크라테스는 히피아스의 기억술을 잊고 있었다는 변명으로 자신의 도발을 무마한다.

플라톤이 이런 일화를 전하는 것은 히피아스의 놀라운 기억술을 부러워했기 때문일까? 그와 정반대다. 플라톤은 기억술과 그것을 사용해서 재주를 부리는 소피스트나 시인들을 혐오했던 사람 가운데 하나다. 왜냐하면 그가 보기에 기억술은 모르는 것을 아는 척 하는 데 이용될 뿐 참된 앎을 얻는 데 아무 도움

---

17 *Hp. Ma.* 285bff.를 참고.

을 주지 못하기 때문이다. 그는 『파이드로스』에서도 연설 원고를 외우기 위해 성 밖으로 산책을 나서는 동명의 주인공을 끌어들여 당시의 세태를 꼬집는다.[18] 하지만 그렇다고 해서 플라톤이 모든 측면에서 기억을 무시했다고 생각한다면, 이는 성급한 속단이다. 플라톤은 시인들이나 연설가들이 가졌던 것과 다른 종류의 기억에 대해 관심을 가졌고 기억의 문제에 대해서 그 누구보다 철학적인 관심을 기울인 사람이기 때문이다. 다만 그가 기억에 관심을 둔 이유는 신들의 이야기를 기억함으로써 사람들로 하여금 일상의 고단한 현실을 잊게 하기 위함도 아니고 미리 적어놓은 내용을 마치 즉흥적인 연설인양 유창하게 풀어내어 사람들을 설득하기 위함도 아니다. 그의 관심은 기억을 통해 영혼을 지상의 삶으로부터 이데아계의 삶으로 끌어올리는 데 있었다. 그런 뜻에서 플라톤은 영혼의 정화와 구원이라는 목적을 이루기 위해 기억의 문제에 몰두한 인물이다. 그런 그의 관심은 기억과 영혼의 관계에 대한 피타고라스학파의 생각과 맞닿아 있다.

기억과 영혼의 비상

일찍이 기원전 4세기 그리스에서부터 피타고라스는 호메로스와 더불어 그리스적인 삶의 양식을 대표하는 인물로 인용된다. 플라톤은 『국가』(*Resp.*)에서 "호메로스의 삶"을 "피타고라스의 삶"과 비교한다.[19] 하지만 호메로스가 그렇듯

---

18 *Phdr.* 228b, d. 근대 이후에도 똑같은 이유에서 기억에 대한 비판이 이루어졌는데, 그에 대해서는 H. Weinrich 2004, 101-132를 참고.

19 *Resp.* X, 600b.

피타고라스도 전설 속 미지의 인물이다. 그가 남긴 문자 기록은 한 줄도 없다. 피타고라스는 문자를 통한 기억의 보존에 전혀 관심을 두지 않았거나 그런 일을 꺼려했던 것 같다. 그렇지만 그는 누구보다도 기억을 중요하게 여겼던 인물로 알려져 있다.

피타고라스가 기억을 얼마나 중시했는지는 후대 철학사가의 전언이 증거한다.[20] 이에 따르면 피타고라스는 일찍이 "아이탈리데스"라는 사람으로 이 세상에 태어났고 사람들은 그를 헤르메스 신의 아들로 여겼다. 헤르메스는 그에게 "불사"(athanasia)를 제외한 무엇이든 원하는 것을 주겠다고 말했는데, 그는 살아 있는 동안에나 죽은 뒤에나 자신의 신상에 일어난 일들에 대한 "기억"(mnēmē)을 유지할 수 있게 해달라고 부탁했다. 그 결과 그는 살아 있는 동안 모든 것을 확실하게 기억할 수 있었고 죽은 뒤에도 같은 기억을 유지할 수 있었다. 그 뒤 세월이 흐른 뒤 그는 "에우포르보스"라는 사람의 몸으로 환생했는데, 이 사람은 트로이아 전쟁에서 메넬라오스에게 상처를 입는다. 이 에우포르보스는 자신이 과거에 아이탈리데스였다는 것과 헤르메스에게서 선물을 받고 "영혼의 윤회"(peripolēsis tēs psychēs)를 겪었다는 것, 즉 그가 윤회의 과정 속에서 수많은 식물과 동물로 태어났으며 자신의 영혼이 지하세계에서 수많은 일을 겪었고 타인들의 영혼도 수많은 일을 겪어야 한다고 말했다. 한편 이 에우포르보스가 죽자 그의 영혼은 다시 "헤르모티모스"라는 사람 속으로 들어갔는데, 이 사람 역시 자신이 겪은 일에 대한 믿음을 심어주기 위해 아폴론의 신탁소를 관리하는 프란키다이족(族)에게로 떠났다. 그는 아폴론의 신전으로 들어가 메넬라오스가 바친 방패를 증거물로 보여주었다. 이 헤르모티모스가 죽자 그는 다시 델로스 섬의 어부인 "퓌로스"로 태어났고 이 사람에게서 다시 피타고라스가 태어났는데, 그는 전생의 일을 모두 기억(memnēsthai)하고 있었다.

---

20 *Diogenes Laertius* VIII 4.

피타고라스의 전설이 우리의 관심을 끄는 이유는 그 안에 기억에 대한 새로운 생각이 담겨 있기 때문이다. 기억은 이제 인간이 자신의 죽음과 유한성에서 벗어나는 길로 제시된다. 기억에 가사성(可死性)을 넘어서는 길이 있다는 생각은 물론 그리스 영웅들도 가졌던 것이다. 이들이 구차하게 삶을 구하지 않고 영웅적인 죽음을 감수한 이유는 죽은 뒤에도 타인들의 기억 속에서 자신들의 이름이 영원히 살아남기를 기대했기 때문이다. 피타고라스에게도 기억은 영원한 삶의 길이지만, 그런 기억의 주체는 더 이상 후대의 타인들이 아니라 자기 자신, 즉 영혼(psychē)으로서의 자기 자신이다. 위에서 소개한 전설에 따르면 죽음은 삶의 끝이 아니다. 몸이 죽어도 영혼은 살아남는다. 육체의 죽음 뒤에 살아남은 영혼은 저승세계를 경험하고 식물, 동물, 인간의 몸을 입고 다시 태어나는데, 이런 영혼의 윤회 속에서도 영혼이 동일성을 유지할 수 있는 것은 기억 때문이다. 영혼의 기억은 인간의 자기 동일성을 보장하는 조건인 셈이다.[21]

피타고라스의 전설 배후에 오르페우스교의 영혼관이 놓여 있다는 것은 널리 알려진 사실이다. 대략 기원전 7세기 무렵부터 그리스 세계 전역에 퍼져 나간 이 민간 신앙에 따르면 영혼과 몸은 기원이 서로 다르다.[22] 영혼은 디오니소스의 신성을 간직한 선한 존재인 데 반해, 몸은 디오니소스를 살해한 티탄 신들에게서 유래한 악한 존재다.[23] 영혼은 몸과 분리될 수 있지만, 지금은 티탄들의 죄를 대속하기 위해 몸에 갇혀 있다. 몸은 영혼의 무덤(sōma sēma)이고, 영혼의 감옥이다. 영혼이 이 감옥에서 풀려나는 것은 육체의 죽음을 통해서다. 삶은 영

---

21 이 문제는 물론 Locke에 이르러 체계적으로 다루어진다. 이에 대해서는 P. Ricoeur 2000, *La mémoire, l'histoire, l'oubli.* Paris, 123-130과 A. Assmann 2011, 『기억의 공간』, 변학수·채연숙 옮김, 서울: 그린비, 127ff.를 참고.

22 '오르페우스교'(Orphism)와 그것이 후대 철학에 미친 영향에 대한 고전적인 연구로는 예컨대 E. Rohde (1893) 1961, *Psyche. Seelencult und Unsterblichkeitsglaube der Griechen,* Bd. 2, Darmstadt, 103-136을 참고.

23 김인곤 외 옮김 2005, 『소크라테스 이전 철학자들의 단편 선집』, 서울: 아카넷, 35ff.에 소개된 단편들을 참고. G. Thomson 1992, 『고대 사회와 최초의 철학자들』, 조대호 옮김, 서울: 고려원, 275-281도 함께 참고.

혼의 죽음이고 죽음은 영혼의 삶이다. 하지만 죽음을 통해 몸에서 벗어난 영혼이 곧바로 자유를 얻는 것은 아니다. 영혼은 윤회의 고리를 벗어나지 못한 채 짐승이나 인간의 몸으로 다시 환생하기 때문이다. 영혼이 이 고통스런 윤회의 바퀴에서 벗어나기 위해서는 금욕적인 '오르페우스의 삶'을 통해 정화되어야 하며 이렇게 정화된 영혼만이 몸에서 완전히 벗어나 신들의 세계로 돌아갈 수 있다. 이탈리아의 페텔리아에서 출토된 기원전 3-4세기의 황금판에 새겨진 문구는 이런 오르페우스교의 영혼관을 보여준다:

> "그대는 하데스의 집 왼쪽의 샘과 그 옆에
> 우뚝 선 흰색의 실측백 나무를 찾으리라.
> 그 샘에는 가까이 다가가지 말라.
> 너는 다른 샘을 찾으리니, 그 차가운 물이
> 므네모쉬네의 연못에서 흘러오리라. 그 옆에 지키는 자들이 있으니,
> 이렇게 말하라. '나는 땅과 별이 총총한 하늘의 아이이다.
> 나는 하늘의 핏줄에서 난 자로다. 그대들도 이것을 알라.
> 나는 갈증에 목이 말라 죽어가노라. 그러니 즉시
> 므네모쉬네의 연못에서 흐르는 찬 물을 다오.'
> 그러면 그들이 네게 신의 샘에서 물을 마시게 하리라.
> 그 뒤 너는 다른 영웅들과 함께 왕노릇하리라."[24]

기나긴 윤회의 여정을 끝내고 몸의 굴레를 벗어나 저승세계에 도착한 영혼의 모습을 떠올려 보자. 그 곳에는 두 개의 샘, 망각의 샘과 기억의 샘이 있다. 영혼이 "하데스의 집 왼쪽의 샘", 즉 망각의 샘에서 물을 마시면 다시 몸을 입고 환

---

24 H. Diels u. W. Kranz (Hrsg.) 2004, *Fragmente der Vorsokratiker*, Berlin, 1 B 17.

생할 것이다. 반면 "므네모쉬네의 연못"에서 흐르는 차가운 물을 마신 영혼은 자신의 신적인 기원을 잊지 않고 몸에서 완전히 벗어나 신들이나 다른 영웅들과 함께 왕 노릇할 수 있다. 몸에서 벗어난 영혼은 자신의 신적인 근원을 기억함으로써 해탈에 이르는 것이다.

불멸하는 영혼의 관념과, 사멸하는 육체의 구속으로부터 영혼을 벗어나게 하는 힘으로서 기억의 관념, 오르페우스교와 피타고라스학파의 철학에 공통된 그런 관념들은 플라톤의 철학적 신화 혹은 신화적 철학 속에서 보다 체계적인 모습을 띠고 다시 나타난다. 영혼과 기억의 관계에 대한 플라톤의 생각들은 그의 대화편 도처에 흩어져 있지만, 그의 생각들이 가장 생생하게 그려진 곳은 『파이드로스』다.[25] 플라톤은 이 대화편에서 영혼의 본래 모습, 지상 세계로 영혼의 추락, 새로운 상승의 가능성 등에 대해 이야기하면서 기억과 망각의 의미를 새롭게 부각시킨다.

영혼의 운명에 대한 『파이드로스』의 신화에 따르면 죽지 않는 영혼의 형태(idea)는 한 쌍의 날개 달린 말과 마부가 합쳐진 마차와 같다.[26] 신들의 말들과 마부는 좋고 좋은 혈통을 타고났지만 인간 영혼의 마차는 그렇지 못하다. 두 말 가운데 하나는 좋고 하나는 나쁘며, 나쁜 말은 마부에게 어려움을 안겨준다. 영혼은 영혼이 없는 것, 즉 생명이 없는 것들을 돌보면서 온 우주(kosmos)를 여행한다. 날개가 있는 완전한 상태에서는 영혼이 높이 날아오르지만, 날개를 잃으면 무언가 단단한 것에 도달할 때까지 추락해서 흙으로 된 육체(sōma)를 취해 거기 거주한다. 육체는 자기 자신을 움직이는 것처럼 보이지만 사실 그것을 움직이는 것은 영혼이며, 그 둘이 합쳐져서 가사적인 "생명체"(zōion)라고 불린다.

---

25 플라톤이 상기론을 통해 오르페우스교-피타고라스학파의 기억 관념을 철학적으로 지양한 데 대한 평가로는 G. Vlastos 1994, "Anamnesis in the Meno," in: J. Day (ed.), *Plato's Meno in Focus,* London, 101ff.를 참고.

26 *Phdr.* 246aff.

천상을 여행하던 영혼이 육체 속으로 추락하는 것은 여행 중에 일어난 불의의 사고 탓이다. 신들의 영혼이건 사람의 영혼이건 그 짜임새는 마차와 비슷하지만, 그 구성부분의 질적인 수준에 차이가 있고 그 때문에 마차 여행의 양상도 달라진다. 인간들의 영혼은 신들의 영혼을 따라 천궁(ouranos)을 여행하면서 그 가장자리에서 펼쳐지는 복된 광경을 구경한다. 특별한 잔칫날도 있다. 이 날이 오면 신들은 천상의 꼭대기로 수직 상승해서 천궁의 등 위에 올라가 천궁 밖의 구역(to hyperouranion topos)를 바라본다. 이곳은 색깔도 없고 형태도 없으며 만질 수도 없지만 참으로 있는 것들이 놓여 있는 곳이다. 바로 이데아의 세계다. 회전하는 천궁의 등 위에 걸터앉아 정의 자체, 절제 자체, 인식 자체 등을 관조(theōria)하는 것은 신들의 잔칫날 행사다. 이것을 "잔치"라고 부르는 이유는 그 때 신들의 영혼은 "참된 것을 관조하면서 영양을 얻고 기쁨을 누리기"(247d) 때문이다. 이것이 신들의 삶이다.

신들을 따라 천궁을 여행하는 인간들, 더 정확히 말해서 인간들의 영혼에게도 이데아의 세계를 경험할 가능성은 열려 있다. 하지만 인간 영혼의 마차여행은 신들의 경우와 달리 순조롭지 못하다. 인간들의 영혼은 신들을 따라가면서 "소란과 다툼"에 휘말린다. 이 경쟁은 생존경쟁이 아니라 이데아들을 구경하기 위한 경쟁이다. 그런 경쟁에서 '선택'되는 것은 상승 능력을 갖춘 영혼들이고, 이런 영혼들만이 신들과 함께 천궁 밖의 구역을 온전히 구경한다. 반면 어떤 영혼들은 부침(浮沈)을 거듭하는 가운데 이데아계의 일부만을 보는가 하면, 또 다른 영혼들은 천궁 위의 세계를 바라보려 하지만 천궁 밖으로 솟구칠 힘이 없어 그 세계를 거의 구경하지 못한다. 신들을 따라 진상(眞相), 즉 참된 존재인 이데아를 바라본 영혼들은 여행을 무사히 마칠 수 있지만, "따라갈 능력이 없"는 영혼들은 "(참된 것을) 보지 못하고 어떤 우발적인 상황을 겪어 망각과 미숙함으로 가득 차 무거워지고, 무거워져 날개를 잃고 땅으로 추락한다."(248a) 추락하는 영혼들은 맨 처음에는 모두 사람의 몸을 입고 태어나는데, 추락하기 전에 진상을 본 정도에 따라 저마다 운명이 결정된다. "아드라스테이아(Adrasteia)의 법칙", 즉 불변하는 운명의 법칙에 따라 육화(肉化)의 등급은 다음과 같이 아홉 단계로 나뉜다: 1. 지혜를 사랑하는 사람이나 아름다움을 사랑하는 사람 또는 문예를 알고 사랑을 아는 사람; 2. 입법 군주나 전사 통치자; 3. 정치가나 재산가; 4. 운동선수와 의사; 5. 예언자나 비의예식의 집례자; 6. 시인을 비롯한 모방의 기술자; 7. 장인이나 농부; 8. 소피스테스나 민중선동가; 9. 참주.

영혼의 추락이 '망각'(lēthē) 탓이라면, 추락한 영혼에 날개를 돋게 해서 다시 천상으로 끌어올리는 것은 기억(mnēmē), 정확하게 말해서 추락 이전에 영혼이 보았던 이데아 세계에 대한 '상기'(anamnēsis)다. 영혼의 상승을 철학의 목표로 삼은 플라톤에게서 '상기'는 여러 가지 뜻으로 쓰이지만, 그 다양한 의미는 크게 두 가지로 나뉠 수 있을 것 같다.[27] 우리의 영혼은 육체 안으로 들어오면서 망각을 겪었고 지금은 기억 상실의 상태에 놓여 있지만, 그럼에도 불구하고 이데아들의 모방물인 감각의 대상들을 보면서 그것들의 원형을 떠올릴 수 있다. 예컨대 우리가 같은 것들을 보고서 '같음 자체'를 떠올리거나 아름다운 것들을 보고 '아름다움 자체'를 생각한다면, 이것이 바로 넓은 뜻의 '상기'다. 우리의 개념적 일반화는 - 플라톤의 용어로 바꾸면 - 모두 과거에 보았던 이데아들을 상기함으로써 이루어지는 셈이다.[28] 하지만 소나무가 어떤 성질들을 갖는지를 모르는 채 눈앞의 나무가 소나무인지 잣나무인지를 구별할 수 있듯이, 같은 것들을 보고 같음 자체를 떠올리거나 아름다운 것들을 보고 아름다움 자체를 떠올리면서도 같음 자체가 '무엇'인지, 아름다움 자체가 '무엇'인지를 알지 못할 수 있다. 아름다운 것들을 보고 아름다움 자체를 떠올린 뒤 거기에 머물지 않고 이 아름다

---

27 『파이돈』(*Phd.*) 73dff.

28 플라톤의 '상기' 개념과 관련된 논란에 대해서는 조대호 2012b, "플라톤 철학에서 기억과 영혼," 『범한철학』 66집, 53ff.과 이상인 2006, 『플라톤과 유럽의 전통』, 이제이북스, 특히 224-263을 참고.

움 자체가 무엇인지를 다시 탐구할 수 있는데, 이 탐구는 좁은 뜻의 상기다. 넓은 뜻의 상기는 사람이라면 누구나 할 수 있는 일이지만, 탐구로서의 상기를 수행하는 것은 지혜를 사랑하는 자들, 즉 철학자들뿐이다. 『파이드로스』에서 플라톤은 윤회의 문제와 관련지어 상기의 의미를 이렇게 강조한다:

> "그때 사람의 영혼은 짐승의 삶에 이르기도 하고, 한때 사람이었던 짐승에서 다시 사람으로 되돌아오기도 하지. 왜냐하면 한 번도 참된 것을 본 적이 없는 영혼은 사람의 형상에 이르지 못할 것이기 때문이네. 왜냐하면 사람은 형상(eidos)에 따라 불리는 것, 즉 다양한 감각에서 시작해서 논리적인 추론(logismos)을 통해 하나로 통합된 것을 파악해야 하기 때문이지. 이것은, 우리의 영혼이 신과 함께 여행하면서 우리가 지금 있다고 말하는 것들 너머로 눈을 돌려 참으로 있는 것을 쳐다보았을 때 보았던 것들에 대한 상기(anamnēsis)이네. 그러므로 지혜를 사랑하는 사람의 정신만이 날아오르는 것은 지당한 일이지. 왜냐하면 (그의 정신은) 언제나 능력이 닿는 만큼 기억을 통해, 신이 가까이하면서 자신의 신적인 존재를 보존하는 것들과 가까이하기 때문이네. 어떤 사람이 그런 것들에 대한 상기수단들을 올바로 활용하고 항상 완전한 비의예식에 참여한다면 오직 그 사람만이 참으로 완전하게 된다네. 그가 번잡한 인간사에서 물러서서 신적인 것과 가까이하면, 많은 사람에게 제정신이 아니라고 손가락질을 당하겠지만, 많은 사람들은 그가 접신상태에 있음을 모른다네."(*Phdr*. 249b-d)

망각은 영혼의 추락을 낳고, 상기는 추락한 영혼의 상승을 낳는다. 상기는 모든 인간이 공유하는 공통의 능력이다. 동물이 아니라 인간인 한, 모든 인간은 - 정도의 차이는 있더라도 - 망각된 이데아들을 떠올리고 다양한 감각 정보들을 보편적 개념 아래 포섭할 수 있다. 하지만 그렇게 해서 도달한 보편적 개념 자체를 파악하는 것은 지혜를 사랑하는 사람들만이 할 수 있는 일이다. 즉 철학자들은 가장 엄밀한 뜻에서 상기를 하는 자들이고, '철학하기'는 '기억하기'다. 플라톤이 철학의 고유한 방법으로 내세우는 '변증술'(dialektikē)은 사실 '철학적 기억술' 이외에 아무것도 아니다.[29] 상기를 통해 영혼은 육체의 어두운 동굴에서 빠져나온다. 영혼은 가파른 오르막길을 거쳐 동굴 밖의 세계로 나온다. 철학하기는 여러 단계를 거쳐 이데아계를 향해 나아가는 영혼의 등정이다. 하지만 세상사에 얽매인 사람들은 영혼의 등정에 참여할 수 없다. 마치 성문 밖 산기슭의 외로운 양치기들에게 영원한 신들의 세계가 개시되듯이, 번잡한 인간사에게 물러난 철학자들에게만 불변하는 이데아계가 상기된다. 양치기들에게 신적인 세계가 개시되는 것이나 철학자들에게 이데아계가 상기되는 것은 그들이 모두 일종의 "접신상태"(enthousiasmos)에 있기 때문이다. 제정신이 아니라고 손가락질 당하지 않는 자는 참된 시인도, 참된 철학자도 아니다. 플라톤의 눈으로 보면 그렇다.

그렇다면 시인과 철학자는 같은 운명인가? 그렇게 보이지만, 그건 그저 겉보기일 뿐이다. 『파이드로스』에 따르면 시인이 시를 짓거나 철학자가 이데아를 상기하기 위해서는 일종의 접신상태에 들어서야 한다는 것은 사실이다. 그런 점에서 그들은 모두 "신적인 섭리"(theia moira)를 필요로 한다. 그러나 플라톤의 판단에 따르면 그들의 영혼이 지향하는 곳은 서로 다르며, 그래서 시인과 철학자는 한 나라에서 같이 살 수 없다. 철학자들이 상기하는 천궁 위의 세계와 영혼의 운명에 대해 "이 지상의 시인"(tēide poiētēs, *Phdr*. 247c)은 아무것도 알지 못한다. 플라톤이 보기에 시인들이 아는 것은 기껏해야 부도덕한 신들과 울고 웃는 영웅들의 세계일 뿐이다. 천궁 위의 세계에 대해 아무것도 모르기에 시인들은 신들과 영웅들의 세계를 기억하는 데 몰두한다. 그들의 이야기는 듣는 사람들로 하여금 세상살이의 고단함을 잊게 하는 데 효과를 낼지 모르지만, 그와

---

29 '변증술'에 대해서는 *Phdr.* 265d-266c, 269b, 276e를 참고.

더불어 영혼의 고향인 이데아 세계 역시 함께 잊게 한다는 데 심각한 문제가 있다. 시인들은 진상에 대해 무지한 채 인간의 행동을 모방해서 "영상들"(eidola)을 만들어낸다. 이런 뜻의 "영상 제작술"(dēmiourgia eidōlōn, *Resp*. 599a)에 몰두하는 자들은 국가에서 쫓아내야 한다. 기억해야 할 것에 대해서는 아무것도 모르고 기억하지 않아야 할 것들을 기억하게 하는 자들은 사람들을 잘못된 가상의 세계로 인도하는 자들이고, 그래서 이상적인 국가의 시민들로부터 격리되어야 마땅하다. 그런 점에서 "시와 철학 사이의 오래된 불화"(palaia tis diaphora philosophiai kai poiētikēi, *Resp*. 607b)는 기억을 둘러싼 다툼 이외에 아무것도 아니다. 무엇을 기억하고, 무엇을 잊을 것인가? - 바로 여기에 시와 철학의 갈림길이 있다.

하지만 보다 중립적인 입장에서 이 다툼을 바라보면 어떨까? 그런 입장에서 보면 기억을 둘러싼 시와 철학의 싸움은 있지 않은 세계, 시적 상상과 철학적 사변이 만들어낸 가상 세계를 둘러싼 쟁탈전이 아닐까? 호메로스나 헤시오도스가 상상한 영원한 신들의 세계나 플라톤이 사유한 이데아의 세계는 사실 똑같은 세계가 아닌가? 『형이상학』(*Met.*)에서 아리스토텔레스는 바로 이 점을 들어 이데아론을 내세운 아카데미아의 철학자들을 물리친다:

> "그들의 말에 따르면 사람 자체와 말 자체와 건강 자체가 있는데, 이런 주장은 한편으로는 신들이 있다고 말하면서 신들은 사람의 모습을 하고 있다고 말하는 사람들의 주장과 전혀 다를 바 없이 비슷하다. 왜냐하면 이 사람들이 했던 일이 영원한 인간들을 만들어내는 것밖에 아무것도 아니라면, 플라톤주의자들은 형상들을 영원한 감각물들로 만들 뿐이기 때문이다."(*Met.* III 2, 997b10ff.)

아리스토텔레스처럼 현실세계에서의 '경험'(empeiria)을 중시하는 철학자의 눈으로 보면 플라톤의 이데아 세계는 헤시오도스의 신들의 세계와 다를 게 없다. 헤시오도스의 신들이 상상이 만들어낸 "영원한 인간들"(anthrōpoi aidioi)이라면, 플라톤의 이데아 혹은 형상들은 사변이 지어낸 "영원한 감각물들"(aisthēta aidia)이기 때문이다. 플라톤이 헤시오도스를 포함해서 시인들을 비판한다면, 그 비판은 철학적 허상을 내세워 시적인 상상을 배격하는 일과 다를 바 없다. 시문학의 기억이나 철학의 기억은 모두 상상과 허상에 대한 기억, 즉 현실적으로 아무것도 아닌 것에 대한 기억 혹은 '만들어진' 기억이 되는 셈이다. 그렇다면 '진짜' 기억은 무엇일까? 이것은 시문학적인 것도, 철학적인 것도 아닌 새로운 형태의 기억론, 즉 심리학적인 기억론의 출발점이 되는 물음이다.

기억과 숙고적 삶

아리스토텔레스의 기억 이론을 살펴보기에 앞서 먼저 플라톤이 『테아이테토스』(*Theat.*)에서 제시한 두 가지 비유를 떠올려 보자:

> "그렇다면 논의의 목적상 우리의 영혼 속에 자국을 받아들이는 밀랍판(kērinon ekmageion)이 있다고 생각해 보게. 이것은 크기도 하고 작기도 하고, 밀랍이 더 순수하기도 하고 더 더럽기도 하며, 어떤 사람들의 경우는 더 딱딱하고 더 부드러우며, 어떤 사람들의 경우에는 적절한 상태에 있을 수도 있네. […] 그렇다면 그것을 일컬어 우리는 무사들의 어머니 므네모쉬네의 선물(dōron Mnēmosynēs)이라고 부르네."(*Theat.* 191c-d)

> "[…] 이제 다시 각각의 영혼 속에 온갖 새들이 들어 찬 새장(peristereōn)이 있다고 생각해 보세. 이들 가운데 어떤 새들은 무리를 이루고 어떤 새는 다른 새들과

떨어져 있으며 또 어떤 것들은 몇몇이 어울리고 어떤 것들은 혼자서 마음 내키는 대로 모든 새들 사이를 날아다니네."(*Theat*. 197d)

플라톤이 이 두 비유를 통해서 말하려는 바는 그 자체로서 분명하다. 비유에 따르면 기억은 밖에서 온 감각 자극을 받아들여 영혼 속에 저장함으로써 이루어진다. 그런 방식으로 기억이 가능한 것은 우리의 영혼 속에 "밀랍판"과 같은 수용체가 들어 있기 때문이다. 외부에서 유입된 정보들이 해마(hippocampus)의 작용을 거쳐 대뇌피질에 저장됨으로써 장기기억이 이루어진다는 사실을 플라톤이 알았을 리 없지만, 대뇌피질에 상응하는 구조물이 있어서 거기에 기억이 보존된다는 것쯤은 그도 알고 있었다.[30] 한편, 영혼의 "밀랍판"에 새겨진 기억을 다시 불러내는 과정, 즉 '상기'의 과정은 - 플라톤의 비유에 따르면 - 새장에서 새들을 꺼내는 일과 같다. 기억 내용들은 외따로 혹은 무리를 지어 영혼의 새장 속을 날아다닌다. 상기하는 사람은 이미 붙잡아 새장에 가둬 놓은 새들을 '다시' 붙잡아야 하는데, 이것은 또 다른 의미의 '사냥'이다. 대뇌피질에 저장된 기억 내용을 다시 소환해 내려면 집중과 의식적인 노력이 필요한 것과 똑같은 이치다.

플라톤의 두 비유는 우리의 의식에서 일어나는 기억과 상기에 대한 탁월한 현상학적 기술임에 틀림없지만, 이 기술의 내용이 위에서 소개한 그의 철학적 상기론과 어떤 관계에 있는지는 분명치 않다. 『테아이테토스』의 비유들은 영혼의 선재(preexistence)나 인식의 선험적(a priori) 성격에 대한 철학적 가정과 무관한, 기억과 상기에 대한 경험적 설명의 가능성을 시사하기 때문이다.[31] 어쨌건 플라톤 자신은 기억에 대한 그런 경험적인 접근의 길을 제시하는 데 머문 데

30 물론 플라톤은 기억의 담지자를 육체적 기관이 아니라 '영혼'(psychē)이라고 생각했다.

31 이에 대한 자세한 문제제기와 논의로는 조대호 2012b, 62ff.를 참고.

반해, 그 길을 따라 기억과 상기의 문제를 연구한 것은 아리스토텔레스였다. 아리스토텔레스에게 있어서 '기억'(mnēmē)은 감각 정보들을 영혼에 받아들여 저장하는 '소유상태'(hexis)인데, 이는 마치 밀랍판에 도장 자국이 찍혀 있는 것과 같다. 한편 '상기'(anamnēsis)는 그렇게 저장된 기억의 회복인데, 이는 단순한 연상을 통해서 이루어질 수도 있지만 의식적인 노력이 따르는 '탐구'(zētēsis)를 통해서 이루어지기도 한다. 「기억과 상기에 대하여」(*Mem.*)에서 전개된 논의를 통해 이 점은 더욱 더 분명해 진다.[32]

「기억과 상기에 대하여」와 『영혼론』(*DA*)의 기억론에 따르면 기억은 감각(aisthēsis)이나 상상(phantasia)과 더불어 감각능력(to aisthētikon)의 발현 형태들 가운데 하나다. 그 중에서 가장 낮은 형태의 인지 활동인 감각은[33] - 『영혼론』의 감각 이론을 통해 널리 알려져 있듯이 - 신체의 감각기관이 외부 대상으로부터 작용을 받아 질적인 변화(alloiōsis)를 겪으면서 그 대상의 감각적 형상을 수용하는 데서 성립한다.[34] 물론 이런 뜻의 감각은 항상, 현재하는 대상과 관계한다. 밖에 아무 대상도 없다면 신체의 감각기관은 아무 자극도 받아들일 수 없고, 따라서 감각도 일어날 수 없기 때문이다. 하지만 외부 대상이 사라진다고 해도 감각기관을 통해 이루어진 감각의 영향은 계속 존속할 수 있다. 감각 활동은 외부의 감각 대상이 사라진 뒤에도 - "마치 도장을 찍는 사람들이 도장으로 그렇게 하듯이"(*Mem.* 1, 450a32) - 중추 감각기관에 신체적 흔적(typos)을 남기기 때문이다. 이 흔적을 일컬어 현대 심리학에서는 'engram'이라고 한다.

꿈이나 환영 등의 형태로 상상물(phantasma)이 출현하는 이유는 바로 감각

---

32 이 장에서 소개된 아리스토텔레스의 기억론에 대한 더 상세한 논의로는 조대호 2012a, "기억과 상기: 아리스토텔레스의 「기억과 상기에 대하여」 2장에 대한 분석," 『철학연구』 96집, 5-38을 참고.

33 『동물발생론』(*GA*) I 23, 731a33f.에 따르면 감각은 모든 동물이 공유하는 "일종의 인지 능력"(gnōsis tis)이다. 다음 구절도 함께 참고: *DA* II 2, 413b2ff.; *Met.* I 1, 980a28.

34 *DA II* 5, 416b33f. 다음 구절들도 함께 참고: *DA* II 4, 415b24; 5, 417b2ff.

활동이 남긴 흔적이 우리 안에 남아 있기 때문이다.[35] 다시 말해서 과거의 감각 경험이 상상의 형태로 다시 출현한다는 말인데, 상상물 혹은 표상을 산출하는 그런 능력을 일컬어 아리스토텔레스는 "상상력"(phantasia)이라고 부른다.[36] 아리스토텔레스에 따르면 기억은 감각이나 상상보다 더 높은 수준의 인지 활동이지만, 현재하지 않는 상상물을 대상으로 삼는다는 점에서는 상상과 다르지 않다. 기억상(mnēmoneuma, *Mem.* 1, 450b27)은 다른 상상물과 마찬가지로 감각 경험의 잔상(殘像)이다. 다만 기억은 한 가지 본질적인 점에서 상상과 다른데, 기억에는 언제나 시간 의식이 수반된다. 예컨대 나는 언제 보았는지 의식하지 않고서도 용(龍)이나 황금 송아지를 상상할 수 있다. 기억은 이와 다르다. 우리가 어떤 대상을 기억한다면, 그 기억상에는 내가 그것을 과거에 경험했다는 의식이 수반되기 때문이다. 기억을 하는 사람은 기억의 대상인 상상물을 단순한 상상물이 아니라 과거에 자신이 경험한 감각대상의 모방물(eikōn)로 떠올리며,[37] 그런 뜻에서 아리스토텔레스는 기억을 "상상물을 그 상상물의 출처가 되는 대상에 대한 모방물로서 소유하는 상태"[38]라고 정의한다.

이제 아리스토텔레스가 정의한 대로 기억이 과거에 일어난 경험과 연관지어 상상물을 소유하는 상태(hexis)라고 가정해보자. 그런 상태는 어떻게 현실화될까? 과거의 기억을 다시 불러내는 '상기' 과정에서는 어떤 일이 일어날까?

우리가 일상경험을 통해 확인할 수 있듯이, 과거의 일은 외부 자극에 의해 '연상'(association)의 형태로 떠오를 때도 있지만, 나 자신의 의지적인 노력을 통해서 의식적으로 떠오르기도 한다. 또 아무리 애를 써도 상기해 내려는 내용이 떠오르지 않을 때도 있다. 아리스토텔레스도 '상기활동'을 "기억이라고 불리는

---

35 『꿈에 대하여』(*Insomn.*) 1, 459a17ff.과 *DA* III 2, 425b24f.를 참고.

36 *DA* III 3, 428a1ff.

37 다음의 구절들을 참고: *Mem.* 1, 449b15; 450a19ff.

38 *Mem.* 1, 451a15f.

소유상태가 관계하는 것을 다시 회복하는 일"(*Mem.* 2, 451b2-3)이라고 정의하면서 그런 두 가지 형태의 상기, 즉 연상적인 상기와 의식적인 상기를 엄밀하게 구별하려고 한다. 『니코마코스윤리학』(*EN* IX 4, 1166b13ff.)에 소개된 "사악한 사람들"(hoi mochtēroi)에 대한 이야기는 연상적인 상기가 어떻게 일어나는지를 보여주는 좋은 사례이다. 그에 따르면 사악한 사람들은 혼자 있기를 싫어하는데, 그 이유는 혼자 있으면 의지와 상관없이 불쾌한 일들이 '상기'되기 때문이다. 이는 특정한 감정 상태에 의해서 의지와 무관하게 혹은 의지에 반해서 상기가 일어나는 경우다. 『꿈에 대하여』(*Insomn.*)에 나오는 또 다른 예, 즉 멀리서 희미한 형태만을 보고서도 적군이 나타났다고 생각하고 도망을 치는 "겁쟁이"(ho deilos)의 예도 의지와 무관하게 '상기'가 일어나는 경우를 보여준다. 다만 이때는 감정 상태가 아니라 시각적 자극이 상기를 일으킨다는 데 차이가 있을 뿐이다.[39] 그에 비해 「기억과 상기에 대하여」에서 다루는 '상기'(anamnēsis)는 그 두 유형 중 어느 경우와도 다르다. 이 논문에서 '상기'가 가리키는 것은 보다 엄밀한 뜻에서의 상기, 즉 의식적이고 의지적인 사유 과정을 통해 일어나는 상기이다. 아리스토텔레스는 이런 형태의 상기를 일컬어 "일종의 탐구"(zētēsis tis)이자 "일종의 추론"(syllogismos tis)이라고 부른다:

> "[…] 똑같은 사람들이 (좋은) 기억 능력과 상기 능력을 갖는 것은 아니다. 상기와 기억의 차이는 시간의 측면뿐만 아니라, 여러 다른 동물들도 기억에 관여하지만 이른바 우리에게 알려진 동물들 가운데 사람을 제외한 어떤 것도 상기에는 관여하지 않는다는 사실에 있다. 왜냐하면 상기는 일종의 추론과 같은 성질을 갖기 때문이다. 상기하는 사람은 이전에 보았거나 들었거나 혹은 그런 방식으로 그가 겪었다는 사실을 추론하는데, 참으로 그런 일은 일종의 탐구와 같은 성질

39 *Insomn.* 2, 460b5ff

을 갖고 있다. 이런 일은 본성적으로, 숙고능력(to bouleutikon)도 함께 가진 자들에게만 속한다. 왜냐하면 숙고(bouleusis)는 일종의 추론이기 때문이다."(*Mem.* 2, 453a4-14)

상기가 추론적이고 탐구적인 사유과정으로서 숙고와 동질적이라는 주장을 통해서 아리스토텔레스가 말하려는 것은 무엇일까? 『니코마코스윤리학』(*EN* III 3, 1112b12ff.)의 정의에 따르면 '숙고'는 미래 지향적인 사유 과정이다. 다시 말해서 숙고는 주어진 목적에서 시작해서 그 목적을 실현하는 데 필요한 행동의 선택으로 끝나는 사유 과정이다. 예컨대 체중을 줄이기 위해서 나는 무엇을 해야 할까? - 이 물음을 놓고 나는 숙고한다. 이때 체중을 줄이려는 나의 바람 자체는 숙고의 대상이 아니다. 나는 체중을 줄일 것인지 말 것인지에 대해서가 아니라 "무엇을 통해서" "어떻게" 그렇게 할지에 대해 숙고한다. 물론 체중을 줄이는 방법이 하나밖에 없다면 숙고를 거칠 필요도 없이 곧바로 그 방법을 취하면 되겠지만, 목적에 도달하는 수단이 여럿인 경우에는 그 수단들을 서로 비교하면서 어떤 수단을 통해서 가장 쉽고 가장 훌륭하게 목적에 도달할 수 있는지를 생각해야 할 것이고, 그 가운데 한 가지 수단을 선택한 뒤에는 다시 어떻게 그것을 실행해야 할지에 대해 더 생각해야 할 것이다. 숙고가 "일종의 탐구"이자 "추론"이라는 말은 그런 뜻이다. 숙고는 주어진 목적을 실현하기 위해 내가 당장 할 수 있는 일을 발견하기 위한 "탐구"이고, 이 탐구가 완료되면 우리는 목적을 실현하는 데 필요한 전체 과정을 다시 일련의 상상물들, 예컨대 체중 조절에 필요한 행동들에 대한 일련의 상상물들로 이루어진 가설적 "추론"의 형태로 형식화할 수 있다: "T를 위해서는 x가 필요하고, x를 위해서는 y가 필요하고 y를 위해서는 z가 필요하다." 이때 마지막 z의 자리에는 '지금 여기서' 내가 실행할 수 있는 일이 온다.

과거에 대한 상기도 이런 형태의 미래에 대한 숙고와 유사한 과정을 거친다는 것은 아리스토텔레스 기억론의 핵심 주장 가운데 하나다. 예컨대 내가 지금 어떤 사람의 얼굴을 생각하면서 그의 이름이나 만났던 때를 다시 떠올리려 한다고 치자. 내게는 그 사람의 얼굴이 상상물의 형태로 미리 주어져 있다. 이는 숙고에서 미리 목적이 주어져 있는 것과 마찬가지다. 하지만 목적과 함께 그것을 실현하는 데 필요한 방법까지 저절로 주어지는 것이 아니듯이, 어떤 사람의 얼굴이 떠올라도 그의 이름이나 그를 만난 때는 즉시 떠오르지 않을 수 있다. 그때 나는 그 사람의 이름이나 그와 만난 때를 떠올리기 위해서 이미 주어진 상상물에서 시작해서 감각기관 안에 보존되어 있는 과거 경험의 흔적을 찾아가는 운동을 거쳐야 한다. 아리스토텔레스에 따르면 이 운동은 외부 대상이 우리의 감각기관에 영향을 미쳐 일어나는 감각의 운동과 달리 우리의 영혼 속의 상상물에서 시작해서 일련의 상상물들을 거쳐 감각기관에 보존된 흔적으로 진행한다. 그런 뜻에서 "감각은 개별적인 대상들로부터 시작되고 상기는 영혼으로부터 시작해서 감각기관들 안에 있는 운동들이나 남은 흔적들에 미친다."[40] 아리스토텔레스는 이런 맥락에서 상기를 "신체적인 것 안에서 상상물의 탐구"(zētēsis en toioutōi phantasmatos, *Mem*. 453a15)라고 부르는데, 그 까닭은 상기의 과정에서 탐구되는 과거 경험은 공통감각(koinē aisthēsis) 안에 남은 흔적을 자신의 신체적 대응물로 가지기 때문이다. 상기하는 사람은 지나간 경험의 흔적을 쫓는 사냥꾼이다. 상기하는 사람이 여러 상상물을 거쳐 공통감각에 새겨진 흔적 혹은 과거의 경험을 찾아내는 "탐구"에 성공해서 과거의 경험을 상상의 형태로 되살려 내면 그때 그는 자신이 그것을 "이전에 보았거나 들었거나 혹은 그런 방식으로 겪었다"는 결론을 추론(syllogizetai)할 수 있다.[41] 숙고가 주어진 목적에 부합되는 수단적 행동을 발견함으로써 완결된다면, 상기는 주어진

---

40 *DA* I 4, 408b16-18.

41 *Mem*. 1, 450a20f.; 2, 453a10ff.

상상물의 원형이 되는 경험 내용을 발견함으로써 완결되는 셈이다. 숙고와 상기는 과거와 현재와 미래를 잇는 시간축 위에서 서로 반대 방향으로 치닫지만 - W. James가 적절히 표현했듯이 - "미지의 것에 대한 의지적 탐구"(the voluntary quest of the unknown)[42]라는 점에서 그 둘은 동질적인 의식 과정이다.

아리스토텔레스의 철학 혹은 심리학 안에서 숙고와 상기의 개별적 측면들이 어떻게 규정되고 그 둘의 관계가 어떻게 설명되는지를 더 자세하게 살펴보는 것은 흥미로운 일이겠지만, 우리의 논의 범위를 훨씬 벗어나는 일이다. 기억과 상기를 다루는 아리스토텔레스의 고유한 방식과 기본 관점이 무엇인지를 밝히는 데 우리의 논의 목적이 있는 만큼, 여기서는 지금까지의 이야기로부터 따라 나오는 그의 기억론의 몇 가지 주장들을 소개하는 것으로 충분할 것 같다.

(1) 기억은 '과거'와 관계한다. 물론 플라톤도 같은 말을 할 것이다. 우리가 이데아들을 상기해 낼 수 있는 것은 과거에 우리의 영혼이 그것들을 경험했기 때문이다. 하지만 플라톤의 상기론의 맥락에서 기억되는 사태 자체는 과거의 사건이 아니다. 왜냐하면 상기의 대상인 이데아들은 - 삼각형의 세 변의 합이 180도라는 기하학의 진리가 그렇듯이 - 시간의 차원을 넘어서 영원히 존재하는 것들이기 때문이다. 하지만 아리스토텔레스의 기억론에 따르면 기억은 일차적으로 과거에 일어났던 사태에 속한다. 그리고 그런 기억을 낳은 감각적인 경험은 아무런 선험적인 인식도 필요로 하지 않는다. 감각 경험의 흔적이 각인되기 이전의 나의 영혼은 백지 상태다. 본래 백지 상태인 영혼은 감각 경험을 통해 생겨난 과거의 흔적을 저장하게 되는데, 이것이 바로 기억이다.

(2) 기억 혹은 상기되는 과거는 '나'의 과거이다. 플라톤의 이데아들은 영원할 뿐만 아니라 보편적이다. 따라서 내가 이데아들을 기억한다면, 그 기억 안에는 기억의 주체인 내가 들어 있지 않다. 이는 마치 파리가 프랑스의 수도라는 사

42 W. James (1890) 1950, *The Principles of Psychology,* Vol. 1, 585.

실에 대한 기억 속에 그 도시를 여행했던 내가 들어 있지 않은 것과 마찬가지다. 오늘날의 용어로 표현하면, 플라톤의 기억은 '정보기억'(semantic memory)에 가깝다. 하지만 아리스토텔레스가 말하는 탐구와 추론을 통해 되찾는 기억, 예컨대 "나는 2011년 6월 20일에 파리의 개선문 위에 있었다"는 기억은 '나의' 기억, 즉 나의 개인적 체험에 대한 '에피소드 기억'이다. 그 기억의 중심에는 내가 있고, 나는 내가 기억하는 것들 혹은 상기하는 것들을 통해 존재한다. 비록 자아를 구성하는 기억의 역할에 대해서는 훗날 로크(J. Locke)에 와서야 보다 분명하게 연구되었지만, 그런 연구의 실마리는 이미 아리스토텔레스의 기억론 안에 놓여 있다.

(3) 과거의 기억을 의식적으로 상기해 낼 수 있는 것은 오직 인간뿐이다. 플라톤이 상기의 능력을 인간의 고유한 조건으로 강조했던 점을 다시 떠올려보자. 그는 "다양한 감각에서 시작해서 논리적인 추론을 통해 하나로 통합된 것을 파악"하는 상기의 능력을 가진 것은 인간뿐이라고 말한다.[43] 아리스토텔레스도 탐구와 추론으로서의 상기를 인간에게 고유한 활동으로 규정한다. 그는 예컨대 서커스단의 코끼리나 새들에게도 기억과 학습의 능력을 인정하지만,[44] 의식적인 노력을 통해서 지나간 자신의 경험을 되살려낼 수 있는 능력은 오직 인간만이 갖는다고 말한다. 다시 말해서 의식 속에서 숙고를 통해 미래 여행을 하거나 상기를 통해 과거 여행을 할 수 있는 것은 오직 인간뿐이다. 이 점에서 숙고 능력과 더불어 상기 능력은 인간을 동물과 구별해서 정의할 수 있게 해 주는 본질적인 요소가 된다.[45]

---

43 *Phdr.* 249e.

44 D.-H. Cho 2012, "Lautäußerungen der Vögel in der aristotelischen *Historia animalium,*" *Antike Naturwissenschaft und ihre Rezeption,* Bd. XXII, 11-38.

45 기억과 상기에 대한 아리스토텔레스의 관찰 내용들은 흥미롭게도 '에피소드 기억'(episodic memory)에 대한 현대 심리학의 정의 내용과 일치한다. 에피소드 기억에 대한 다음 E. Tulving의 정의와 비교: "Episodic memory is a recently evolved, late developing, and early deteriorating brain/mind (neurocognitive) memory

아리스토텔레스는 상기 능력을 인간에게 고유한 것으로 보지만, 그런 능력에 대한 논의를 인간 삶의 목적에 대한 논의와 결부시키지는 않았다. 이 점에서도 아리스토텔레스는 이데아에 대한 상기를 인간의 고유한 능력으로 보았을 뿐만 아니라 그 능력의 실현을 인간이 추구해야 할 삶의 이상으로 본 플라톤과 다르다. 하지만 상기에 대한 아리스토텔레스의 사실적 발언들에서 규범적인 의미를 찾아내기는 어렵지 않다. 『동물지』(*HA*)의 한 구절을 읽어보자. 여기서도 아리스토텔레스는「기억과 상기에 대하여」에서 했던 주장을 반복한다:

> "동물들 가운데 오직 인간만이 숙고할 수 있다. 많은 동물이 기억과 학습에 참여하지만, 인간 이외에 어떤 동물도 상기하는 능력이 없다."(*HA* I 1, 488a24-25)

동물과 인간의 차이에 대한 이 사실적 진술을 우리는 이렇게 읽을 수도 있을 것이다. "상기도 하지 않고 숙고도 하지 않는 한 우리는 단순한 동물일 뿐 인간이 아니다." 아리스토텔레스에 따르면 동물은 기억이나 학습에 의해 형성된 습관(ethos)에 머무는 존재이고 그런 동물적 삶에 머무는 인간은 '노예'(doulos)이다.[46] '노예'의 삶은 기억을 통해 고정된 습관에 머문다. '자유민'(eleutheros) 혹은 '시민'(politēs)은 그와 다르다. 시민은 한편으로 숙고(bouleusis)와 판단

system. It is oriented to the past, more vulnerable than other memory systems to neuronal dysfunction, and probably unique to humans. It makes possible mental time travel through subjective time – past, present, and future. This mental time travel allows one, as an 'owner' of episodic memory ('self'), through the medium of autonoetic awareness, to remember one's own previous 'thought-about' experiences, as well as to 'think about' one's own possible future experiences. The operations of episodic memory require, but go beyond, the semantic memory system. Retrieving information from episodic memory ('remembering') requires the establishment and maintenance of a specific mental set, dubbed episodic 'retrieval mode'. [···] The essence of episodic memory lies in the conjunction of three concepts – self, autonoetic awareness, and subjective time." E. Tulving 2005, "Episodic Memory and Autonoesis. Uniquely Human?" In H.S. Terrace & J. Metcalf (edd.), *The Missing Link in Cognition. Origins of Self-Reflective Consciousness*, Oxford, 9.

46 다음의 구절들을 참고:『정치학』(*Pol.*) III 9, 1280a32-34; VII 12, 1332b3ff.

(krisis)을 통해 과거의 습관에서 벗어날 수 있다.[47] 하지만 다른 한편으로 숙고가 행동의 다양한 가능성을 떠올림으로써 이루어지는 한, 그런 가능성들을 과거의 기억으로부터 불러내지 않고서는 '숙고'라는 시민적 활동도 불가능할 것이다. 그런 뜻에서 아리스토텔레스의 윤리적 삶의 이상인 '실천적인 지혜를 가진 자', 즉 '프로니모스'(phronimos)는 잘 숙고하는 자이고, 잘 숙고하는 데 필요한 풍부한 '경험'(empeiria)의 소유자이다.[48] 프로니모스나 노예 모두 경험에 의존한다는 점에서는 다를 바 없지만, 노예에게는 과거의 경험이 고정된 습관의 형태로 주어지는 데 반해, 프로니모스에게는 경험이 숙고를 위한 의식적인 탐구의 계기로서 주어진다는 데 근본적인 차이가 있는 것이다. 프로니모스는 과거의 경험을 불러내어 미래의 일을 사유한다. 플라톤의 '철학자'가 상기를 통해 영혼이 과거에 경험했던 보편적 이데아의 세계를 떠올리는 자라면, 아리스토텔레스의 '프로니모스'는 상기를 통해 자신이 과거에 겪었던 개별적이고 현실적인 경험의 세계를 떠올리는 자이다. 그의 목적은 영혼의 해방이 아니라 시민적 삶의 주체가 되는 데 있다. '상기'는 아리스토텔레스에게 이르러 플라톤이 생각했던 것과 다른 의미에서 인간다운 삶의 조건이 되는 셈이다.

'영혼의 인도'를 위한 다툼

현대 생물학의 관점에서 보면 기억은 개체의 생존 가능성을 높이기 위해 진화된 인지 능력이다. 사자에게 공격을 받았던 적이 있는 숲을 다시 찾는 기억력

---

47 *Pol.* III 1, 1275b17-21.

48 다음의 구절들을 참고: *EN* I 3, 1094b27ff.; II 1, 1103a14ff; VI 5, 1140a25-28; VI 7, 1141b14ff.

없는 사슴은 뛰는 능력이 부족한 사슴과 똑같이 생존경쟁에서 살아남기 어려웠을 것이고, 이는 호모 사피엔스의 경우도 크게 다르지 않았을 것 같다. 하지만 인간의 삶에서 기억이 수행하는 역할은 동물의 경우와 비교가 되지 않는다. 인간에게 있어서 기억은 생물학적 생존의 조건을 넘어서 모든 형태의 문화적 삶을 제약하는 조건이기 때문이다. 인간의 삶을 이루는 서로 다른 영역과 현상들, 즉 시문학과 철학, 신적인 세계와 인간의 세계, 거짓과 진실, 상상과 사유, 삶과 죽음, 개별적 자아의 내면세계와 보편적 진리의 대상 세계, 'vita contemplativa'와 'vita activa'는 모두 기억을 통해 형성되고 또 기억에서 갈라진다. 기억을 통해 인간은 모든 대립적 세계의 경계를 넘나든다.

우리는 헤시오도스의 서사시, 플라톤의 철학, 아리스토텔레스의 심리학에서 그런 기억의 힘에 대한 서양 최초의 원형적 사유들을 만날 수 있다. 물론 지금까지 소개한 상고기나 고전기의 그리스 사상이 기억의 모든 측면을 드러낸다고 말한다면, 이는 분명 기억과 관련된 현대적 논의의 의의를 과소평가하는 일이 될 것이다. 기억에 대한 심리학이나 인지과학의 연구 내용을 제쳐둔다고 하더라도 인문학의 여러 분야에서 이루어진 기억 연구의 주요 주제들, 예를 들어 기억의 무의식적 차원, 집단기억, 기억의 왜곡과 억압, 기억과 매체의 관계 등은 고대 그리스 기억론에서 전면에 등장하지 않는다.[49] 그리고 그런 관점에서 보면 기억에 대한 고대 그리스의 사유는 일정한 한계를 지닌 것처럼 보일 수도 있는데, 이에 대해서는 별도의 연구가 필요하다. 하지만 그런 연구의 결과가 어떤 것이건 간에, 기억에 대한 헤시오도스, 플라톤, 아리스토텔레스의 사유를 역사적·통시적인 관계 속에 배치해 보는 것은 기억에 대한 서양 사유의 원형적 형태들을 우리에게 알려준다는 점에서뿐만 아니라 또 다른 한 가지 점에서도 흥미롭

49 현대 기억이론들에 대한 일목요연한 요약으로는 A. Erll 2011, *Kollektives Gedächtnis und Erinnerungskulturen*, Stuttgart를 참고.

다. 그러한 논의는 '영혼의 인도'(psychagōgia)를 둘러싼 다양한 기억 사이의 경쟁 관계를 전형적으로 드러내기 때문이다.

'영혼의 인도'란 플라톤이 『파이드로스』에서 연설의 기술(rhetorikē)을 일컬어 사용한 표현이다. 플라톤은 '소크라테스'의 입을 빌어 "일반적으로 볼 때 연설의 기술은 법정에서나 그런 종류의 다른 대중연설에서뿐만 아니라 사적인 자리에서도 말을 통해 이루어지는 영혼의 인도가 아닌가?"(261a-b)라고 묻는다. 기억의 힘을 놓고도 우리는 똑같은 말을 할 수 있다. 기억은 우리의 의식을 어디론가 이끌어가지만, 그것이 우리를 '어디로' 인도할지는 우리가 '무엇'을 기억하는가에 달려 있다. 헤시오도스나 플라톤에 따르면 시문학의 기억과 철학의 기억은 우리의 의식을 각각 지나간 영웅들과 신들의 세계나 시간을 넘어선 이데아의 세계로 이끈다. 그런가 하면 아리스토텔레스의 기억론은 어떻게 현실적인 삶의 맥락에서, 즉 폴리스적인 삶의 현장에서 기억이 개인의 삶에 관여하는지를 이해할 수 있는 실마리를 제공한다. 그런데 이처럼 기억을 통해 '영혼의 인도'가 이루어지지만 인도의 방향이 서로 다르다면, 기억은 갈등의 장(場)이 되지 않을 수 없다. 시인들에 대한 플라톤의 비판, 또 시인들이나 플라톤이 지향하는 세계가 똑같이 상상과 가상의 세계에 불과하다는 아리스토텔레스의 비판은 기억을 둘러싼 갈등의 전형적인 사례들이 아닌가? 헤시오도스의 무사 여신들이 토로하듯이 기억과 망각이 서로 공속(共屬)하는 관계에 놓여 있다면, 그런 갈등과 긴장의 출현은 당연한 일이다. 어떤 것 하나를 기억하기 위해서는 다른 것을 망각해야 하기 때문이다. 기억의 내용은 망각의 과정을 통해 살아남는 것들이다. 영웅들과 신들의 세계를 기억하는 가운데 우리는 관념적인 철학의 세계나 폴리스의 삶을 잊게 되고, 초월적인 이데아계에 기억이 머무는 한 우리는 시민적 삶에서 비껴 설 수밖에 없다. 한 개인이나 사회의 정체성은 다른 무엇보다도 기억의 주체들이 무엇을 기억하고, 또 그 개인이나 공동체에게서 '가장 지배적인 기억'이 무엇인지를 통해 규정되는 셈이다. 그리고 필자가 보기에 바로 이 점에서 기억에 대한 논의는 인문학의 탐구 영역을 훨씬 넘어서는 것 같다. 인문학 안팎의 여러 분야가 인간의 의식과 행동을 이해하기 위해 만나려고 할 때 가장 중요한 접점을 제공하는 것이 바로 '기억'이라는 주제이다.

참고문헌

A. 원전, 번역, 주석

Aristoteles. 2012.『형이상학』, 조대호 옮김. 파주: 나남출판사.

Hesiodos. 2004.『신통기』, 천병희 옮김. 서울: 한길사.

Homeros 1996.『오뒷세이아』, 천병희 옮김. 서울: 단국대학교 출판부.

Homeros 1996.『일리아스』, 천병희 옮김. 서울: 단국대학교 출판부.

Platon. 2003.『플라톤의 네 대화편: 에우티프론, 소크라테스의 변론, 파이돈, 크리톤』, 박종현 역주. 서울: 서광사.

Platon. 2005.『플라톤의 국가-정체』, 박종현 역주. 서울: 서광사

Platon. 2008.『파이드로스』, 조대호 역해. 서울: 문예출판사.

Platon. 2009.『메논』, 이상인 옮김. 서울: 이제이북스.

Platon. 2009,『법률』, 박종현 역주. 서울: 서광사.

Burnet, J. 1900-1908. *Platonis opera.* Oxford.

Bostock, D. 1986. *Plato's Phaedo*. Oxford.

Bywater, L. (1894) 1979. *Aristotelis ethica Nicomachea* (OCT). Oxford.

Diels, H. u. Kranz, W. (1903) 2004. *Fragmente der Vorsokratiker* I-III. Berlin. (우리말 발췌 번역: 김인곤 외 옮김 2005.『소크라테스 이전 철학자들의 단편 선집』. 서울:아카넷.)

Hackforth, R. (ed.) 1952. *Plato's Phaedrus*. Cambridge

Hicks, R. D. (1925) 2005. *Diogenes Laertius. Lives of Eminent Philosophers.* 2 Vol. Cambridge/ Mass.

Ross, W. D. 1955. *Aristotle: Parva Naturalia. A revised text with introduction and commentary*. Oxford.

(1956) 1989. *Aristotlis de anima* (OCT). Oxford.

(1957) 1990. *Aristotlis politica* (OCT). Oxford.

Sorabji, R. (1972) 2006. *Aristotle on Memory*. Chicago.

B. 논문 및 단행본

이상인. 1999. "초, 중기 대화편에서의 플라톤의 상기."『철학』59집: 47-74.

2006.『플라톤과 유럽의 전통』. 서울: 이제이북스.

장영란. 2010. "기억과 상기의 신화와 철학."『철학과 현상학 연구』45집: 139-170.

조대호. 2002. "카오스와 헤시오도스의 우주론."『철학』71집: 51-74.

2004. "초기 그리스 서정시에 나타난 인간의 한계 의식과 현실 감각."『인문언어』 6집: 381-405.

2012a. "기억과 상기: 아리스토텔레스의「기억과 상기에 대하여」2장에 대한 분석."『철

학 연구』 96집: 5-38.
2012b. "플라톤 철학에서 기억과 영혼." 『범한철학』 66집: 51-85.
최문규·고규진 외. 2003. 『기억과 망각: 문학과 문화학의 교차점』. 서울: 책세상.
Assmann, A. 2011. 『기억의 공간』. 변학수-채연숙 옮김. 서울: 그린비.
Cho, Dae-Ho 2012. "Lautäußerungen der Vögel in der aristotelischen Historia animalium." *Antike Naturwissenschat und ihre Rezeption*, Bd. XXII: 11-38.
Crombie, I. M. 1962. *An Examination of Plato's Doctrines*. London-New York.
Erll, A. 2011. *Kollektives Gedächtnis und Erinnerungskulturen*. Stuttgart.
Fränkel, H. 2012. 『초기 희랍의 문학과 철학』 1, 김남우-홍사현 옮김. 서울: 아카넷.
James, W. (1890) 1950. *The Principles of Psychology*. Vol. 1. New York.
Ong, W. J. 2009. 『구술문화와 문자문화』, 이기우·임명진 옮김. 서울: 문예출판사.
Parry, A. (ed.) 1971. *The Making of Homeric Verse*. Oxford.
Post, L. A. 1932. "Ancient Memory Systems." *The Classical Weekly*. Vol. 25, No. 14: 105-110.
Ricoeur, P. 2000. *La mémoire, l'histoire, l'oubli*. Paris.
Rohde, E. (1893) 1961. *Pschye. Seelencult und Unsterblichkeitsglaube der Griechen*, Bd. 2. Darmstadt
Scott, D. 2000. "Platonic Recollection." In: G. Fine (ed.), *Plato*. Oxford, 95-126.
Snell, B. (1946) 1986. *Die Entdeckung des Geistes*. Göttingen.
Thomson, G. 1992. 『고대 사회와 최초의 철학자들』, 조대호 옮김. 서울: 고려원.
Tulving, E. and Craik, F. I. M. (eds.) 2000. *The Oxford Handbook of Memory*. Oxford.
Tulving, E. 2005, "Episodic Memory and Autonoesis. Uniquely Human?" In: H. S. Terrace & J. Metcalf (eds.), *The Missing Link in Cognition. Origins of Self-Reflective Consciousness*. Oxford, 3-56.
Vlastos, G. 1994. "Anamnesis in the Meno." In: J. Day (ed.). *Plato's Meno in Focus.* London, 88-111.
Weinrich, H. 2004. 『망각의 강 레테』. 백설자 옮김. 서울: 문학동네.
Yates, F. A. 1994. *Gedächtnis und Erinnern. Mnemonik von Aristoteles bis Shakespeare. Berlin.*

토론

이경훈 저는 선생님께서 "오뒷세우스의 귀향 이야기는 과거에 대한 기억이 한 인간의 영혼을 어떻게 고양시킬 수 있는지를 보여주는 전형적인 서사적 사례"라고 쓰신 부분을 읽으면서 이상의『날개』가 떠올랐어요. 이상이 재미있는 표현을 썼습니다. 이상은 자신을 기억세포 마비환자로 규정했습니다. 오뒷세우스가 사이렌의 유혹을 뚫고 페넬로페를, 아내를 찾아 간다면,『날개』의 주인공 같은 경우는 열두 시 정오 사이렌 소리를 듣고 도시에 붙잡히죠. 그러면서 "희망과 야심의 말소된 페이지", 그것이 "딕셔너리처럼 펄럭인다"고 말합니다. 그리고 "지금은 없는 이 날개. 다시 한번 날아보자꾸나!" 합니다. 박제가 된 천재라는 표현에서부터 나타났듯이, 기억세포 마비환자가 됐든 또 박제가 됐든 이 주인공은 말소된 과거의 야심과 희망을 떠올리고 다시 날개를 상기합니다. 이것은 새로운 유형의 식민지 도시의 오디세우스일 텐데, 물론 이야기는 다르죠! 오뒷세우스는 페넬로페한테 돌아가지만.『날개』의 주인공은 아내에게 돌아가야 하는지 그건 잘 모르겠다고 말하고 있습니다. 그래서 어쨌든 지금 선생님께서 말씀해주신 기억의 문제와 관련해서, 한국 근대문학을 논의할 수 있는 상당히 흥미로운 시각을 얻었습니다.

두 가지 정도, 토론이기보다는 질문을 하겠습니다. 플라톤의 접신 상태에 대한 것입니다. 저는 잘 몰라서 그렇습니다만, 이렇게 알고 있었거든요. 플라톤이 시인들을 공화국에서 추방하려 하는 원인은 여러 가지가 있지만, 시가 이데아로부터 몇 단계 멀어진 것이고 또 시인은 자기가 말하는 것에 대해 잘 모르기 때문이다. 즉 호메로스는 마차 얘기를 하지만 사실 그는 마차에 대해 잘 알지도 못하면서 그런 말을 한다는 겁니다. 그뿐 아니라 무사, 즉 뮤즈 신들에 의해 신들린 상태에서 쓰고 있다. 그게 시인들을 믿지 못하는 이유로 제시되고 있습니다. 그래서 자제력을 발휘하는 시인들은 광기에 빠진 시인들의 시 앞에서는 광휘를 잃는다. 이렇게 말합니다. 어쨌든 플라톤은 시인의 접신 상태를 굉장히 부정적인 것으로 평가한다고 저는 알고 있었습니다. 이것과 철학자의 접신상태는 어떻게 다른지, 이 부분에 대해 조금 더 설명을 부탁드립니다.

두 번째는 "플라톤의 철학자가 상기를 통해 영혼이 과거에 경험했던 보편적 이데아의 세계를 떠올리는 자라면, 아리스토텔레스의 프로니모스는 상기를 통해 자신이 과거에 겪었던 개별적 경험의 세계를 떠올리는 자이다."라고 쓰신 부분에 대한 것입니다. 첫째는 보편적 이데아의 세계가 과연 경험의 영역인가, 플라톤은 이에 대해 어떻게 생각했던가 하는 문제입니다. 그리고 선생님께서는 아리스토텔레스가 이상적인 인간으로 생각한 프로니모스가 개별적 경험의 세계를 떠올린다고 쓰셨는데, 『시학』에서 아리스토텔레스는 역사와 시를 비교하면서 역사는 있었던 일을 다루는 반면에 시는 있을 수 있을 것이라고 예측되는 일 또는 있을 수 있는 일, 그러니까 개연적인 일을 다루기 때문에 시가 역사보다 더 철학적이라고 말합니다. 또 역사는 더 개별적인 반면에 시는 더 보편적이라고 합니다. 그런데 개연성으로 나아가면 기억을 넘어서는 면이 있지 않은가 합니다. 실제 있었던 일이기보다는 구성된 것, 즉 만들어낸 것이죠. 그리고 바로 그 구성, 즉 플롯이 비극의 영혼이라고 규정했습니다. 이 문제에 대해서 말씀해 주셨으면 좋겠습니다.

조대호 이상의 『날개』 얘기를 선생님께서 하시는 걸 들어보니까 정말 신기하게 들어맞는 부분이 있네요. 그리고 언뜻 이상이 플라톤의 『파이드로스』를 읽었나, 이런 의문이 들어요. 사실 이상이 『날개』에서 기술하는 자신의 상황은 오뒷세우스의 경험보다는 오히려 『파이드로스』의 내용하고 잘 부합되는 것 같아요. 그래서 저도 그 점을 더 알았으면 좋겠습니다. 혹시 이상이 일본어로 『파이드로스』를 읽었을까… '기억세포 마비환자', 이게 사실 우리 삶의 상태이고 이런 삶의 상태로부터 벗어날 수 있도록 뭔가를 기억하게 하면서 우리의 영혼에 날개를 달아주어 이데아세계로 올라갈 수 있게 해 주는 힘이 에로스이거든요. 그래서 정말 이건 굉장히 흥미로운 부분이고, 저한테도 아주 유용한 지적을 해주신 것 같습니다. 그 다음에 세 가지 정도 질문을 해주신 것 같은데, 먼저 '접신상태'에 대해서 말씀을 드리지요. 적어도『파이드로스』에서 보면 철학자나 시인이나 접신상태가 되는 점에서는 비슷합니다. 다만, 시인은 무사 여신들에 의해 접신이 되는 반면, 철학자는 에로스에 의해서 접신이 되어 아름다운 광경이라든지 아름다운 사람을 보면 그 사람에 대한 체험으로부터 아름다움의 이데아 자체를 생각하게 되고 그 아름다움의 체험이 우리의 영혼에 날개를 달아줌으로써 이데아 세계를 기억하면서 천상으로 날아오르게 되는 거죠. 그렇게 본다면 플라톤이 얘기하는 아름다움의 체험과 그 다음에 그것이 가져오는 결과로서 날개가 돋아나는 것은 결국은 시적인 체험이 아니냐, 결국은 플라톤이『파이드로스』에서 얘기하는 철학적 체험이라는 것은 시문학적 체험과 다를 것이 뭐가 있느냐, 이런 질문이 가능합니다. 사실 플라톤 자신도 철학은 최고의 시문학이다, 이렇게 얘길하죠. 그래서 플라톤은 사실상 수사학이나 시문학, 이런 모든 것을 철학하고 비교하면서 최고의 수사술, 최고의 시문학은 철학이라고 말하면서 그것들을 모두 철학으로 통폐합하려고 합니다. 이건 너무 앞서 나간 얘기지만, 어쨌든 철학자나 시인이나 접신상태가 되는 것은 똑같은데. 접신상태를 낳는 신이 다르고 또 그로부터 얻게 되는 결과는 다르다, 이런 점에 철학과 시문학의 차이가 있는 것 같습니다. 그 다음, 플라톤은 우리가 이데아계를 떠올린다고 했는데 이것은 일종의 보편적 경험이고 그에 비해서 개별적인 자아의 경험, 그러니까 에피소드나 자신의 개인적 체험은 개별적이다, 저는 이런 식으로 대비를 해

놨는데 사실 이때 말하는 '경험'이라는 것은 플라톤에게 있어서는 메타포로 이해해야 할 것 같습니다. 저는 보편적 '경험'보다도 '보편적' 경험을 강조하려고 그런 대비를 했습니다. 그러니까 이데아의 세계를 우리가 떠올린다고 할 때, 이것은 $A^2+B^2=C^2$라는 피타고라스의 정리를 떠올릴 때와 비슷합니다. 그 사태 자체는 보편적인 것이죠. 하지만 내가 그것을 어떻게 배웠는지, 언제 그것을 배웠는지를 떠올리는 건 에피소드 기억입니다. 수학적인 정식이라든지 공리에 대한 기억이 보편적 사태에 대한 기억이듯이, 기억을 통해서 우리가 이데아를 떠올린다고 플라톤이 말할 때 그런 기억 내용도 보편적인 수준에 머문다는 말입니다. 물론, 플라톤의 다른 대화편들을 보면 개별적인 기억에 관한 논의를 끌어낼 수 있는 부분들도 있지만, 그가 기억과 상기의 문제를 얘기할 때 그 대상으로 얘기하는 건 이데아 세계, 즉 보편적 세계입니다. 마지막으로 『시학』에서 아리스토텔레스는 역사와 시를 구별하면서 역사와 시 가운데서 시가 더 철학적이라고 말합니다. 철학이 보편적 사태를 다룬다면, 역사보다는 시가 다루는 것이 그런 보편적 사태에 더 가깝기 때문이라고 합니다. 역사는 개별적인 것을 다루지만 시는 그럴듯한 것을 다룬다는 거지요. 시문학이 개별적인 역사적 사건을 다룬다고 하더라도, 거기에는 시문학적인 가공의 요소가 들어있기 때문에 그런 말을 하는 것 같습니다. 예컨대 소포클레스의 『오이디푸스 왕』 같은 경우에도 그것이 다루는 것은 어쨌든 전설적인 사건, 개별적인 사건이지만, 그 작품은 그 개별적 사건을 개별성이나 일회성의 관점에서 그려내는 것이 아니라 이러저러한 인간이 겪을 수 있는 이러저러한 사태로서 그려냄으로써 보편적 관점을 취하는 거겠지요. 그런 점에서 아리스토텔레스에 따르면 시문학이 다루는 세계는 어떻게 보면 개별성과 보편성이 융합된 세계가 아닐까, 이런 생각이 드는데, 선생님께서 질문하신 것에 대해 충분하고 적절한 대답이 되었는지는 잘 모르겠습니다.

이기언 이데아를 진상이라고 하셨는데, 진상(眞相)은 '사물이나 현상의 거짓 없는 모습이나 내용'이라는 뜻으로, 불교용어로 말하자면, '본래 있는 그대로의 모습'을 뜻하는 '진여(眞如)'에 해당한다고 할 수 있는데, 이 용어가 과연 플라톤의 이데아와 정확하게 부합하는지요? 그리고 기억(mnēmē)과 상기(anamnēsis)를 논하고 있는데, 폴 리쾨르는 『기억, 역사, 망각』에서 아리스토텔레스의 "mnēmē"와 "anamnēsis"를 분명하게 구분해 놓고 있거든요. 리쾨르에 따르면, "mnēmē"는 떠오르는 것이고, "anamnēsis"는 떠올리는 것입니다. 선생님의 발표문에도 보면, "anamnēsis"를 언급하면서 "떠올린다"라는 표현을 많이 쓰고 있습니다. "mnēmē"라는 것은 기억하는 사람의 입장에서 수동적으로 떠오르는 것이고, "anamnēsis"는 떠올리는 것, 의도적인 것이거든요. 이런 점에서 보면, "mnēmē"는 '기억'이라기보다는 '떠오름'으로, "anamnēsis"는 '상기'라기보다는 '떠올리기'로 표현하는 게 적절하지 않은지요? 마지막으로 발표문에서 선생님이 인용한 "동물들 가운데 오직 인간만이 숙고할 수 있다"(플라톤)에서 "숙고"가 원어로 "reflexion"인가요?

조대호 여기서 숙고는 '깊이 생각하다'는 뜻이 아니라 '미래의 일을 계획하다'는 뜻입니다.

이기언 영어 "reflexion"인가요?

조대호 "deliberation"입니다.

이기언 내용적으로 봤을 때 오히려 "deliberation"보다 "reflexion" 같은데,

'숙고'라기보다는 반성철학에서 말하는 '반성'인 것 같거든요.

조대호 제 발표문에서 그 부분은 읽지 않았습니다만, 어떤 특정한 목적이 주어져 있는 경우 그 목적을 실현하는 데 필요한 수단적 행동들을 찾아가는 사유 과정이 있는데, 이 과정을 일컬어 '숙고'라고 부릅니다. 물론, '숙고'라는 말이 일상적인 맥락에서 쓰일 때는 '깊이 생각하다'는 뜻으로 쓰일 수도 있지만, 그리스 철학을 전공하는 사람들이 "deliberation"에 대한 번역으로 '숙고'라는 말을 쓸 때 그 말은 '미래 일을 계획하다'는 뜻을 갖습니다.

이기언 내용적으로 봤을 때는 과거 일을 과거로 돌아가서 반성하는 "reflexion"인 줄 알았습니다.

조대호 숙고에는 물론 "reflexion"도 필요하겠지요. 그리고 처음에 '진상' 말씀을 하셨는데, 사실 저도 불교에서 '진상'이라는 말이 본래 어떤 맥락에서 쓰이는지 잘 모르지만…

이기언 본래 있는 그대로의 모습, 참된 모습을 말합니다.

조대호 예컨대 플라톤에 따르면 이런 식의 비례관계가 성립합니다. 몸: 눈: 사물의 외형 = 영혼: 지성: 이데아. 그러니까 우리가 몸에 속한 눈을 가지고 외형적인 모습들을 보는데 그것도 일종의 '이데아'라고 불릴 수가 있어요. 하지만 그런 이데아는 사물이 겉으로 드러난 모습에 불과하고 존재의 참 모습은 우리 영혼에 있는 눈과 같은 정신 혹은 지성을 통해서만 드러나는 것이라는 말입니다. 그래서 이제 어떤 분들은 '진상'이라는 말을 쓰는 거고, 이렇게 '진상'이라는 말로 '이데아'를 번역을 한다면, 그 뜻은 겉으로 드러나는 바의 것, '허상', '가상'에 대비되는 개념이겠지요.

이기언 '가상(假相)'도 '겉으로 나타나 있는 덧없고 헛된 현실 세계'를 일컫는 불교용어입니다.

조대호 그런 뜻으로 '진상'이라고 쓴 것이고요. 그 다음에 "mnēmē"와 "anamnēsis"를 어떻게 번역할 것인가는 상당히 어려운 문제입니다. 영어에서도 "remembering"과 "recollection"라는 번역어를 사용하긴 하지만 과연 그 낱말들이 아리스토텔레스가 염두에 두었던 "mnēmē"와 "anamnēsis"의 구분을 정확하게 반영하느냐라는 문제입니다. 사실 어떤 말을 쓰건 원어에 완전히 적합한 번역어를 찾거나 만들어내기는 어렵지만, 다만 이제 문맥을 통해서 우리가 '기억'이나 '상기'라는 말을 쓴다면 이런 뜻이다,라고 거꾸로 나아갈 수밖에 없을 것 같습니다. 그런데 앞서 한 가지 말씀을 하셨는데, 이 "mnēmē"의 본래 뜻은 '떠오르기'보다도 '보존'의 의미입니다. 어떤 외적인 자극이 주어져서 저장되고 보존되는데 그것은 일종의 수동적인 일이죠. 그리고 그 보존되었던 것이 외부의 감각적 자극에 의해서 내가 원하지도 않는데 우연히 연상되어 떠오를 때, 이 경우 그 "mnēmē"와 어근이 동일한 "memneisthai"라는 말도 쓰이고 "anamnēsis"와 어근이 동일한 "anamimneiskesthai"라는 말도 쓰여요. 이 수동적으로 외적인 자극에 의해서 뭔가가 떠오르는 사태를 표현할 때는 "mnēmē"와 "anamnēsis" 구분이 약간 모호해집니다. 그런데 제가 발표를 하면서 읽지 않은 부분에 인용을 해 놓았듯이, 어떤 성질이 나쁜 사람, 잘못된 일을 많이 한 사람은 혼자 있기를 싫어한다고 합니다. 왜? 혼자 있으면 자기가 저질렀던 나쁜 일들이 떠올라서 기분이 나쁘기 때문이지요. 그때 어떤 기억이 '떠오른다' 할 때도 "anamnēsis"를 쓰거든요. 그렇기 때문에 대체적으로 "anamnēsis"를 두 가지 의미로 구별해야 하는데, 우리가 '연상', 즉 "association"이라고 말하는 그런 의미, 자동적으로 어떤 과거의 기억이 현재의 자극으로 인해서 떠오르는 경우, 이것도 "anamnēsis", 즉 넓은 의미에서의 "anamnēsis"라고 부를 수 있고, 그보다 좁은 의미에서의 "anamnēsis"라고 하는 것은 내가 떠오르지는 않는데 예를 들어 2011년 6월 20일 지금 4시 25분에 뭘 했느냐 그러면 한참 생각을 해서 그걸 찾아내는 거거든요. 그것도 "anamnēsis"라고 하는데, 그 경우에는 "anamnēsis"가 상당히 좁은 의미에서 쓰인 겁니다.

이기언 기억과 상기라고 할 때, "mnēmē"와 "anamnēsis"의 본래 의미가 충실하게 드러나지 않는 부분이 있다는 점을 말씀드리고 싶은 것인데, 아마도 이런 경우가 번역어의 한계에 해당하는 것이겠죠.

조대호 제가 보기에는 어떤 용어를 써도 다 반영이 되지는 않을 것 같고, 중요한 것은 이런 용어를 쓰고서 이 용어의 의미를 설명하는 일인 것 같습니다.

이기언 전적으로 동감합니다. 하지만, 제가 생각하기엔, 상기가 오히려 "mnēmē"에 가깝다는 거죠.

조대호 왜 우리가 "상기하자 6.25"라고 할 때 6.25를 자꾸 잊어버리니까 6.25를 떠올리자 라는 의미로 쓰지 않나요?

이기언 ‘상기하다’는 ‘떠오르다’라는 의미가 아닌가요?

조대호 글쎄요. 한자어로 할 때 ‘상기’는 ‘상을 불러일으키다’라는 뜻이 아닌가요?

이기언 프랑스어로는 ‘회상’이라는 의미의 “rappel” 또는 “recollection”을 사용하고 있거든요.

조대호 아마도 ‘상기’라는 용어는 일본 사람들이 최초로 썼던 용어일 것이고 플라톤의 “anamnēsis” 혹은 “recollection”에 대해 그 번역어를 사용했을 때는 ‘상을 떠올리다’라는 의미로 썼던 것 같습니다.

조주관 그리스 신화의 므네모쉬네 개념에서 주로 기억의 긍정적인 측면을 다양하게 이야기하지만 부정적인 측면에 대해선 거의 언급하지 않는 것 같아요. 또 나중에 동물과 인간에 대한 차이나 인간의 조건을 언급할 때도, 기억의 긍정적인 측면만 가지고 이야기를 하는데요. 어떻게 보면 기억의 고통을 생각해 볼 수 있습니다. 특정 기억 때문에 평생 고통에서 헤어 나오지 못하는 사람들에 대한 이야기도 많지요. 너무 많은 것을 기억하여 불행해지는 경우도 있고요. 기억을 상실한 인간에 대한 정의도 생각해 볼 필요가 있습니다. 우리가 살아가다보면 한 번 쯤 치매를 생각해보지 않을 수 없지요. 치매 걸린 사람처럼 행복한 사람들이 없다고 합니다. 주변 사람들만 괴롭지요. 주로 기억의 긍정적인 측면만 가지고 얘기하는데, 왜 기억의 부정적인 측면은 언급하지 않는지. 기억의 부정적인 면에 대해서 한번 얘기를 해주세요.

조대호 헤시오도스가 기억이 갖고 있는 부정적인 측면에 대해서 시사하는 부분이 있다면, 거짓도 만들어 낼 수가 있다, 과거를 조작할 수가 있다, 이런 점을 얘기하면서 넌지시 기억이 갖고 있는 부정적인 측면을 얘기하고 있는 거 같구요. 플라톤의 경우에는 기억이 참된 앎과 어긋난 의식 상태를 낳을 수 있다는 뜻에서 기억의 부정적인 측면을 얘기하죠. 그렇지 않고 선생님께서 말씀하셨듯이 기억이 있음으로써 우리에게 생겨나는 고통들이라든지, 기억이 있음으로써 우리에게 부담스러운 상태, 이런 것들은 주제적으로 다뤄지지는 않지만, 조금 전에 말씀드렸듯이, 예컨대 평소에 행실이 나쁜 사람이 혼자 있기를 싫어할 때의 예, 이런 것들을 통해서 언급이 되는 거 같습니다. 기억에 대한 조작의 문제, 기억이 갖고 있는 부정성 문제에 대해서는 제가 훑어본 바로는 제가 발표문에서 다룬 세 사람에게서는 그렇게 주제가 돼서 체계적으로 다뤄지지는 않는 것 같습니다. 그런 문제들은 오늘날의 기억 이론에서 더 많이 얘기되는 것 같습니다.

유현주 바로 이 부분이 제가 드리려던 질문과도 연결되는 것 같습니다. 제가 구상하는 주제가 현대매체에서의 기억의 문제인데, 매체이론에서 기억은 정보의 저장과 전달, 그리고 재현에 해당하는 과정으로 이해할 수 있습니다. 특히 독일의 매체학자 키틀러에 따르자면, 1900년을 전후로 해서 기억 혹은 정보기록의 주체가 인간에게서 기술매체로 완전히 전이된 것으로 보고 있는데요, 문제는 이러한 종류의 기억은 모두 조작의 가능성을 내포하고 있다는 점입니다. 현대 매체학자들은 어떠한 매체에 의한 기억도 지금까지 조작으로 이루어지지 않은 것은 없었다고 거의 단언할 정도입니다. 이렇게 현재의 논의에서 핵심이 되고 있는 기억의 허구성과 조작 가능성이 기억에 대한 고대 철학적 논의에서는 어떻게 등장하고 있는지가 제가 궁금한 부분입니다.

조대호 제가 발표문에서 다룬 범위에서는 기억의 조작 가능성에 대해서는 현대 기억이론처럼 그렇게 적극적으로 다루어지는 것 같지 않습니다. 그렇지만 헤시오도스도 무사들이 거짓도 말할 줄 안다고 말했고, 플라톤도 - 발표에서 읽지는 않았지만 - 『파이드로스』 등에서 문자를 굉장히 비판적으로 다루거든요. 상기 수단으로서의 문자를 비판하는데, 그 비판의 이유는 그것이 일종의 거짓 지식을 낳는다는 데 있습니다. 기억의 조작 가능성에 대한 이런 발언들을 찾아보는 것은 또 다른 연구 주제에 속할 거 같습니다. 고대 문헌 속에서 기억의 조작 가능성, 기억의 허구성, 이런 것들이 어떻게 다뤄졌는지는 더 생각해보고 자세한 출처를 찾아봐야 대답할 수 있는 문제인 것 같습니다.

조경식 다른 질문이 있습니다. 기억이나 상기의 조작 내지는 구성 가능성은 역사 기술과 밀접한 연관을 갖고 있다고 여겨지는데요, 예컨대 아리스토텔레스가 『시학』에서 역사를 언급할 때 그것이 구성되고 만들어지는 의미의 뮈토스와 연관해서 언급하고 있지 않나요? 하필이면 비극의 필연성과 개연성에 따른 뮈토스, 플롯을 다루는 부분에서 비극과 역사가 서로 비교되었을까요? 제 질문은 다음과 같습니다. 혹시 『시학』에서 아리스토텔레스는 역사를 기억을 위한 서사물로 이해하고 있고, 그럼으로써 그런 맥락에서 이 기억의 서사물 역시 필연성이나 개연성에 따라 만들어진 일종의 뮈토스 아니냐 라는 식의 관점이 들어가 있지 않느냐 하는 것입니다.

조대호 제가 아는 한 아리스토텔레스는 기억과 역사의 상관성에 대해서 자세히 다루지는 않은 것 같습니다. 그렇지만 아리스토텔레스의 심리학 이론과 그의 시학 이론을 서로 비교하면서 둘 사이의 관계를 추측해 볼 수는 있겠지요. 사실 『시학』에서 아리스토텔레스가 말하는 역사가 도대체 어떤 역사이냐는 문제를 놓고서는 많은 논란이 있습니다. 예컨대, 투키디데스 같은 사람이 펠로폰네소스 전쟁을 서술하면서 서술의 목적은 미래의 영원한 재산으로 만들기 위해서다, 왜냐하면 이 펠로폰네소스 전쟁의 역사는 계속 되풀이 될 것이기 때문이다, 이러한 과거를 회상함으로써 미래에 유사한 사태가 빚어졌을 때 거기에 대응을 할 수 있도록 하기 위함이다, 라고 얘기를 하고 있거든요. 그런데 이러한 의미에서의 역사, 계속해서 되풀이된다는 의미에서 보편적인 사태를 동반하는 역사라고 하는 것은 사실 아리스토텔레스가 시학에서 얘기하는 역사와는 다른 것 같습니다. 그래서 보통 사람들은 아리스토텔레스가 시와 대비시켜 '역사'라고 부르는 것은 연대기적으로 그 연대에 무슨 일이 일어났는지를 기록하는 것으로서의 '역사'지, 투키디데스가 서술한 그런 펠로폰네소스 전쟁사와 같은 의미에서의 역사는 아니라고 이야기합니다. 이런 점을 전제하고서 시학에서 아리스토텔레스가 역사와 시를 어떻게 구별을 하는지 이해해야 할 것 같습니다.

첫사랑의 기억, 혼혈아의 내선일체:
이광수와 야마사키 도시오

이경훈 (연세대, 국문학)

1. "미스터 리"의 추억

김선형에게 영어를 가르치게 된 이형식이 그 "교수하는 방법"을 놓고 고심하는 것은 『무정』이 제시한 근대문학의 명장면이다. 이형식은 책상을 놓고 선형과 마주 앉을 것을 생각한다. 그리고 "그러면 입김과 입김이 서로 마주치렷다. 혹 저편 히사시가미가 내 이마에 스칠 때도 있으렷다. 책상 아래에서 무릎과 무릎이 가만히 마주 닿기도 하렷다."[1]라고 예상하며 얼굴을 붉힌다. 이는 근대화와 더불어 '남녀칠세부동석'이나 '내외(內外)' 등의 관념과 풍속이 소멸되기 시작함을 표현한다.[2] 그리고 이 점이야말로 '중문(中門)' 안쪽의 선형 방에서 이루어진 영어 공부의 역사적 의의다. 이 근본적인 변화를 스스로 체현하게 됨으로

1 김철 교주, 『바로잡은 <무정>』, 문학동네, 2003. 36쪽. 표기는 인용자가 수정함.

2 이에 대해서는 이경훈, 「<무정>의 패션」(『오빠의 탄생』, 문학과지성사, 2003.)을 참고할 것.

인해 이형식은 "'미스터 리 어디로 가는가' 하는 소리에 깜짝" 놀랄 정도로 "교수하는 방법"에 골몰할 수밖에 없었다.

따라서 이형식이 "미스터 리"로 불린 것은 상징적이다. 이는 신우선이 "예, 월향아!"라고 부르던 영채에게 "여보시오. 박영채 씨."라고 말 걸게 되는 일, 그리고 유학을 마친 영채, 선형, 병욱이 "훌륭한 레이디"[3]가 될 것이라고 전망되는 일 등과 함께 사회적 관계의 문명개화적인 재배치를 암시한다. 이는 "하인들로 하여금 아씨니 마님이니 하는 말을 못 쓰게"[4] 하는 대신 "선생님"으로 호칭되기를 바라는 일로도 나타날 것이다.[5]

그런데 이형식을 "미스터 리"로 부른 신우선에 해당하는 실제 인물이 심훈(심대섭)의 형인 심우섭(심천풍)임은 잘 알려진 사실이다.[6] 그는 『매일신보』 기자였는데, 총독부 기관지인 이 신문은 이광수를 통해 청년학생층 독자에 대한 본격적인 계몽과 포섭에 나섰다.[7] 또한 이 신문은 춘원의 『무정』이나 「오도답파 여행」 등과 나란히 심우섭의 「산중화(山中花)」도 연재했다. 즉 심우섭은 『무정』의 이야기 내부에 등장할 뿐만 아니라 『무정』이 연재되던 바로 그 시기에 이광수와 『매일신보』의 지면을 공유하고 있었다. 한편 심우섭은 1915년부터 1917년까지 『매일신보』 사장이었던 아베 미츠이에[阿部充家][8]와 이광수의 만남을 주선하기도 했다. 이에 대해 이광수는 1939년 『경성일보』에 실린 글에서 다음과 같이 회고했다.

---

3 김철 교주, 앞의 책, 717쪽

4 이광수, 『흙』, 문학과지성사, 2005, 324쪽.

5 이에 대해서는 이경훈, 「예배당, 오누이, 죄」(『대합실의 추억』, 문학동네, 2007)을 참고할 것.

6 김윤식, 『이광수와 그의 시대 2』, 한길사, 1986, 506쪽 참조.

7 이에 대해서는 함태영, 「1910년대 『매일신보』 소설 연구」(연세대 박사논문, 2008)을 참고할 것.

8 함태영, 위의 논문, 18쪽 참고.

> 내가 처음 무부츠[無佛] 옹을 만난 것은 타이쇼(大正) 5년(1916년)의 초가을이었다고 생각한다. 당시에 나는 학교 교사를 그만두고 시베리아 유랑에서도 돌아와, 다시 와세다 대학에 학적을 두고 있던 때였는데, 여름 방학을 마치고 동경으로 돌아가는 도중 경성에 들른 어느 날 아침 일찍, 심우섭(沈友燮) 군에 이끌려 욱정(旭町)에 있는 우거(寓居)로 옹을 찾아갔던 것이다. 그때 심군은 매일신보의 솜씨 좋은 기자 중 한 사람으로, 이상협 씨와 함께 문명을 날리고 있었다. 심군은, "아베라는 사람은 조선인을 잘 이해하고 있으며, 조선 청년과 만나 이야기하는 것을 기뻐하네. 아베 씨에게 군 이야기를 벌써 해두었어. 오늘 군을 데려 가겠다고 약속했다"고 말하는 것이었다.[9]

인용에서 알 수 있듯이, 춘원은 아베를 1916년 초가을에 만났다. 이는 춘원이 비슷한 시기에 『매일신보』 감사 나카무라 겐타로[中村健太郎]를 찾아간 일과 더불어 중요한 의미를 지닌다. 이광수는 나카무라에게 보내는 「증삼소거사(贈三笑居士)」라는 한시를 『매일신보』 1916년 9월 8일에 게재한[10] 후, 곧 이어 이 신문에 「대구에서」(1916.9.20-23.)와 「동경잡신」(1916.9.27-11.9.)을 연재하게 되기 때문이다. 그리고 그해 12월에 『매일신보』로부터 신년 소설을 쓰라는 전보 청탁을 받고 『무정』(1917.1.1-6.14.)을 싣는 것이다. 즉 아베나 나카무라는 이형식을 "미스터 리"로 부른 소설 속의 신우선에 대응하는 현실 세계의 호명자였다. 이렇게 『매일신보』는 이광수를 『무정』의 작가 "미스터 리"로 호출했다.

한편 인용에서 또 한 가지 중요한 것은 춘원이 이 시기를 "학교 교사를 그만두고 시베리아 유랑에서도 돌아와, 다시 와세다 대학에 학적을 두고 있던 때"로 규정한다는 점이다. 이때 "학교 교사를 그만두고 시베리아 유랑"을 떠난 것은 주

---

9 이광수, 「무부츠 옹의 추억」(김원모, 이경훈 편역, 『동포에 고함』, 철학과현실사, 1997, 244쪽.)

10 김영민, 「이광수 초기 문학의 변모 과정」, 『현대문학의 연구』 34호, 2008.2. 116쪽.

목할 필요가 있다. 춘원은 교회와의 갈등 등으로 인해 1913년 11월에 오산학교를 떠나게 되는데,[11] 이때 그는 "모든 것을 잊어버릴 양으로", "잊음의 나라"를 찾아간다고 말하고 있기 때문이다. 그는 "조선 사람들의 마음속에 내 기억을 일으키지 말아 달라!"라고 외치며 조선에 대한 실망과 증오를 다음과 같이 표명했다.

> 나는 압록강을 건너서서 조선과 외면한 고개를 영원히 돌리지 아니할 것이다. 불신한 사람을 낳고 기른 조선을 향하여 나는 결코 고개를 돌리지 아니할 것이다. 만일 우연히 내 고개가 조선 있는 방향으로 돌아갔다 하면 그 모가지를 찍어 버리기 위하여 날카로운 칼 하나를 항상 몸에 지닐 것이다.[12]

위의 글에서 춘원은 오산학교 학생들을 생각하며 "행여 그것들이나 자라서 새 종자를 펴 주기나 할까?"라고 회의하는데, 이는 조선 민족이 "아이누나 다름없는 종자"가 될 것을 두려워하는『무정』의 태도를 상기시킨다. 즉『무정』에는 춘원으로 하여금 오산학교를 떠나게 한, "불신한 사람을 낳고 기른 조선"을 향한 종족적인 회의 및 민족적인 열패감이 작용한다. 이는 학문과 과학을 통한 낙관적인 전망으로 전환되어야 했거니와, 그 서사적 시도의 장을 제공한 것은 조선 청년에 대한 "본격적인 계몽과 포섭"에 나선『매일신보』였던 것이다. 이는 조선을 떠나 시베리아에서 유랑한 일과 와세다 대학을 다니다 아베를 만난 일이 일련의 사건으로 기억되는 이유일 수 있다. 이 일들은 단지 시간적 선후관계를 맺고 있지만은 않을 터이다.

따라서 1913년의 오산학교 "탈출"[13]은 적어도 그 출발의 동기에서 춘원이

---

11 이에 대해서는 김윤식,『이광수와 그의 시대 1』, 한길사, 1986. 331-352쪽을 참고할 것.

12 이광수,「잊음의 나라로」,『이광수전집 13』, 삼중당, 1962. 325쪽.

13 김윤식, 앞의 책, 같은 곳.

1919년에 <2.8 독립선언서>를 쓴 후 상해로 가 임시정부의 『독립신문』을 만든 일을 마주보고 있다. 다시 말해 "오산학교는 탈출하는 지사들의 역원(驛院)[14]" 이었다는 점에서, 춘원의 상해 망명은 1913년의 일과는 달리 오히려 오산학교로의 복귀(춘원이 치타를 떠나 1914년 9월에 오산학교로 돌아간 사실과는 별도로), 즉 조선(민족)으로의 복귀였던 셈이다. 그 점에서 이광수가 1911년 가을쯤에 오산학교에서 처음 만났던 이승만을 1920년에 상해에서 재상봉하게 된 것은 자연스럽다. 그리고 이는 아베 및 『매일신보』의 "미스터 리"와 구분되는 "미스터 리"의 또 한 가지 기원을 함축한다. 1931년에 이광수는 다음과 같이 썼다.

> 다음 이 박사를 만난 것은 상해서였다. 1920년 박사가 임시정부 대통령으로 상해에 와 있을 때다. (중략)
>
> "아 미스터 리시오?" (중략)
>
> "7, 8년 전에 정주 오산에서 한 번 선생을 뵈었습니다."
>
> 하고 나는 어느 석양에 오산의 논둑길에서 박사가 가방을 들고 고읍 역에서 오는 것을 만난 것과 학생들에게 훈화를 청한 것을 말하였다.
>
> "아 그렇소?"
>
> 하고 박사는 그때 일을 기억하고, 유쾌한 듯이 무릎을 치며 웃고 내 얼굴을 들여다보았다. (중략)
>
> "얼마나 노심(勞心)하시오. 내가 화성돈 있을 때에도 미스터 리의 말은 다 들었소."[15]

물론 위의 글을 수양동우회 기관지 『동광』에 실은 이광수는 이승만보다는

---

14 김윤식, 위의 책, 292쪽.

15 이광수, 「생각키는 망명객들」, 『이광수전집 17』, 삼중당, 1963(중판). 386쪽.

안창호의 "미스터 리"였다. 한편 파벌 싸움 등으로 인해 임시정부 내부의 상황은 "불신한 사람을 낳고 기른 조선"과 크게 다르지 않았다. 따라서 춘원은 "이천만 흰 옷 입은 무리"의 "입술에서 거짓의 뿌리를 뽑아주소서"라고 기도했으며, "서로 믿고 싶다"(「미쁨」,『창조』 6호, 1920.5.)고 썼다. 이 모든 상황은 춘원과 아베의 관계와 더불어 "미스터 리"에 복잡한 성격을 부여한다. 그리고 그 복잡성은 이광수가 이승만이 오산학교에서 훈화한 일에 대해, "박사는 약 십 분 간 무슨 훈화를 하였다. 그 말은 지금 기억이 없다"고 말한 것, 또 이승만과 상해에서 만나 이야기한 일에 대해서도 "이때에 우리는 아마 삼십 분 이상이나 말하였으나 그 말은 다 기억할 수 없다"고 회고한 일과 무관하지 않을 것이다.

하지만 이 기억 불능은 다른 여러 요인들과 함께 무엇보다도 위 글의 마지막 7행이 생략(검열)된 일과 가장 직접적으로 관련될 터이다. 아마도 춘원은 이승만의 말을 잊지 않았으리라. 아니면 "다 기억할 수 없다"고 했으므로, 부분적으로 기억된 말이 생략된 7행에 제시되었었던 것인지도 모른다. 그리고 이는 아베로부터 소개받은 도쿠토미 소호[德富蘇峰]가 춘원에게 한 말, 즉 "내 조선 아들"[16]이 되어 달라고 한 부탁이나 "조선의 입장에서 본 동양사를 써보라"[17]고 한 주문이 선명히 직접 인용되는 것과 대비된다. 더 나아가 「무부츠 옹의 추억」이 다음과 같이 끝나는 것과도 비교된다.

> 무부츠 옹이 서거한 지 벌써 4주년, 내 생애 잊을 수 없는 선배 중 한 사람인 고(故) 아베 무부츠 거사(居士)의 추억을 멈추지도 못하고 이렇게 쓰고야 말았다.[18]

---

16 김원모, 이경훈 편역, 앞의 책, 257쪽.

17 이광수, 「도쿠토미 소호 선생과 만난 이야기」(김원모, 이경훈 편역, 위의 책, 282쪽.)

18 김원모, 이경훈 편역, 위의 책, 259쪽.

2. 동경·경성·나라

그런데 「무부츠 옹의 추억」이 회고하는 것은 아베 미츠이에와 도쿠토미 소호 및 그들과 관련된 춘원 자신의 일만은 아니다. 이 글의 한 가지 핵심은 교토에서 겪은 다음과 같은 경험에 있다.

> "지금 일본인 중에 최소한 천팔백만 명은 고구려인이나 백제인이나 신라인의 자손이니까."
> "교토 거리도 옛날 신라 도시와 건물에서부터 풍속까지 닮았다는 것 아닌가."
> "지금도 교토에는 조선식 사원 건물이 남아 있어."
> "히라노진자[平野神社]는 간무텐노[桓武天皇]님의 어머님이 태어나신 나라인 백제에서 가져온 세 주(柱)의 신께 제사 드리고 있어요."
> "나라[奈良]조 시대에는 한층 더 두 나라 사이의 관계가 밀접해서, 형제 이웃 같아서 말야, 민족적 대립 따위의 감정은 없었단 말야."
> "음, 쇼토쿠타이시[聖德太子]님의 법화경 스승이 고구려 스님이 아닌가."
> "그래, 혜자(慧慈)라는 사람이지. 백제의 자총(慈聰)이란 스님도 그렇지."
> 아무리 봐도 덧없는 세상에서 벗어난 이 두 노인은 정자에 앉아 더불어 술을 마시면서, 촉촉이 내리는 빗속에 남아 있는 옛 절과 옛날 그대로의 풍경을 바라보면서, 일본과 조선은 옛날부터 이미 하나라는 기분으로 말하고 있었다. 나도 그 기분 속으로 녹아들 수 있었다.[19]

위와 같이 「무부츠 옹의 추억」이 구성해 내는 것은 고대(古代)로 소급된 '내선일체'의 기억이다. 잘 알려져 있듯이, 춘원에게 삼국시대는 '내선일체'를 합리

---

19 위의 책, 254쪽.

화할 역사적, 문화적, 종교적 근거로 작용했다.[20] 예컨대 이광수는 가야마 미츠로[香山光郎]로 '창씨개명'하면서 "지금 우리가 쓰고 있는 석자 성명은 지나식의 것"이며 "그 전까지는 지금 내지인이 사용하고 있는 씨명"과 같은 계통이었으므로 "칠백 년 전의 조상들을 다시 따라가는 셈"[21]이라고 주장했다. 또한 춘원은 이 상상된 역사적 기억을 불교적 의미의 "인연"으로 심화시키려 했다. 그는 "우리가 오늘날 일본 국민이 된 것은 인연 중에도 큰 인연"이라고 규정하면서, "우리는 전생(前生) 다생(多生)에 천황의 신민으로 갱생한 인(因)을 쌓았다."[22]고 말했다. 한편 동경에서 열린 '제 1회 대동아문학자대회'(1942.11.4-5.)에 참가한 후 '나라[奈良]'에 간 이광수는 1942년 11월 10일 밤의 일을 다음과 같이 썼다.

> "마셔 마셔"라는 가와카미 씨의 권유로 대여섯 잔을 거푸 비웠다. 가와카미 씨는 내가 취하기를 바란 모양이다. 하야시 후사오 씨의 수완이다. 가야마[香山]란 자식, 한번 속내[本音]를 드러내 보란 투였다. 혹은 가와카미 씨도 나도 나라 시대에 아라이케[荒池] 기슭에서 함께 마시다 대취한 구연(舊緣)이 있었는지도 모른다. 내가 혜자(慧慈)의 수행원이 되어 왔는지도 모른다. 행기(行基)와 동반해서 왔는지도 모른다. 훌쩍훌쩍 울고 있는 산새 소리를 미카사야마[三笠山]에서 들었는지도 모른다. 그리하여 나는 나라가 한없이 그립다. 가와카미 씨도 동경에서 일부러 와서 나와 나라라는 수도의 초승달에 가슴이 뛰었던 것이리라.
> 좋다 마시자. 속내뿐 아니라 마음속 진흙을 토해도 좋다. 나에게는 중생에 대해 감출 어떤 일도 없다. 취해서 보여줄 추함이 있다면 그것이 나의 참된 모습이리

---

20 이에 대해서는 이경훈, 『이광수의 친일문학 연구』, 태학사, 1998.을 참고할 것.

21 이광수, 「지도적 제씨의 선씨 고심담」, 『매일신보』, 1940.1.5.

22 이광수, 「생사관」, 『신시대』, 1941.2. (이경훈 편역, 『춘원 이광수 친일문학 전집 2』, 평민사, 1995. 175쪽에서 인용함.)

라. 나에게 진심을 구하는 벗에게 내 있는 그대로를 안 보이고 어쩔 것인가.[23]

가와카미 데츠타로[河上徹太郎]는 춘원에게 산토리 위스키를 계속 권한다. 이는 식민지인으로서 '내선일체'를 주장하고 실천하는 이광수의 "가면"[24]을 벗겨 그 "속내"를 엿보기 위해서다. 하지만 김윤식 교수가 말하듯이 그의 시도는 성공할 수 없다. 나라에 간 이광수는 "식민지 조선인이 아니라 고대인 조선인"[25]이기 때문이다. "아라이케 기슭에서 함께 마시다 대취한 구연"이 상기되고 재현되는 한, 춘원은 더 이상 식민지인이 아니며, 가와카미 역시 어엿한 제국의 국민이 아니다. "혜자의 수행원"이라는 점에서 춘원은 오히려 가와카미의 스승에 가깝다.

춘원이 '나라'를 '수도'로 칭하며 "나는 나라가 한없이 그립다"고 한 것은 그 때문이다. 춘원은 경성을 떠난 자기 자신이 그러한 것처럼 "동경에서 일부러" 온 가와카미 또한 시골 출신의 한낱 "중생"임을 선포한다. 그들은 기껏해야 제국(동경)과 식민지(경성)를 벗어나지 못하는 우승열패의 나라(국가)를 초월하는 나라, 즉 '나라[奈良]'를 수도로 하는 불법의 나라에서 "진심을 구하는 벗"으로 서로 만났다. 아니, "나에게는 중생에 대해 감출 어떤 일도 없다"고 확신하는 그는 「무명(無明)」의 화자처럼 가와카미를 포함한 뭇 "중생"들을 굽어보는 위치에 있는지도 모른다. 이는 하야시 후사오의 집에서 "왠지 내가 주인이 된 듯"[26] 느꼈던 이유와도 무관하지 않다. 따라서 이렇게 생각하는 춘원은 "고대인 조선

23 이광수, 「삼경인상기」, 『문학계』, 1943.1. 김윤식 편역, 『이광수의 일어 창작 및 산문선』, 역락, 2007. 130쪽에서 인용함. 인용 중 "속내뿐 아니라 마음속 진흙을 토해도 좋다"의 원문은 "本音ところか泥を吐いてもいい"이므로 "속내 아니라 모든 걸 다 털어놓아도 좋다"(김철, 『식민지를 안고서』, 역락, 2009)는 번역이 더 정확한 듯하다.

24 김윤식, 『일제 말기 한국 작가의 일본어 글쓰기론』, 서울대출판부, 2003. 136쪽.

25 위의 책, 137쪽.

26 김윤식 편역, 앞의 책, 125쪽.

인"도 넘어서고자 한다. "포즈였다고 해서 그것이 진심이 아닌 가면이었다고 말할 수 있을까?"[27]라는 질문은 이와 관련된다. 즉 그는 '나라'의 역사적 기억을 통해 자신을 식민지인으로 만든 역사 또는 "다윈주의의 도배(徒輩)[28]"들이 지배하는 근대 자체를 초극하려 한다. 그는 다음과 같은 의미의 "무차별세계"를 지향한다.

> 나는 이것을 믿소. 이 중생 세계가 사랑의 세계가 될 날을 믿소. 내가 법화경을 날마다 읽는 동안 이 날이 올 것을 믿소. 이 지구가 온통 금으로 변하고 지구상의 모든 중생들이 온통 사랑으로 변할 날이 올 것을 믿소. 그러니 기쁘지 않소? 내가 이 집을 팔고 떠나는 따위, 그대가 여러 가지 괴로움이 있다는 따위, 그까진 것이 다 무엇이오? 이 몸과 이 나라와 이 사바세계와 이 왼 우주를(왼 우주는 사바세계 따위를 수억만 헤아릴 수 없이 가지고 있었고 있고 있을 것이오) 사랑의 것으로 만드는 일이야말로 그대나 내나가 할 일이 아니오? 저 뱀과 모기와 파리와 송충이, 지네, 거르마, 참새, 새매, 물, 나무, 결핵균, 이런 것들이 모두 상극이 되지 말고 총친화(總親和)가 될 날을 위하여서 준비하는 것이 우리 일이 아니오? 이 성전(聖戰)에 참례하는 용사가 되지 못하면 생명을 가지고 났던 보람이 없지 아니하오?[29]

그런데 「삼경인상기」와 관련해 하타노 세츠코[波田野節子] 교수는 흥미롭고도 중요한 문제를 제기한 바 있다. 대동아문학자 대회 기간 중 이광수는 메이지 중학 시절의 친구로서 춘원에게 톨스토이를 소개한 야마사키 도시오[山崎俊

27 김철, 앞의 책의 「머리말」 중. 쪽수 표시 없음.

28 이광수, 「대동아문학의 길」, 『국민문학』, 1945.1. (이경훈 편역, 『춘원 이광수 친일문학전집 2』, 평민사, 1995. 456쪽.)

29 이광수, 「육장기」, 『문장』, 1939.9. 35쪽.

夫][30]를 다섯 번이나 만났지만, 이상하게도 「삼경인상기」는 이 일에 대해 단 한 마디도 언급하지 않는다는 것이다.[31] 즉 야마사키가 「경성의 하늘 밑[京城の空の下]」(1956)과 「경멸[けいべつ]」(1968)에서 이광수와 함께 한 1942년 11월 4일, 5일, 8일, 9일의 일을 이야기했던 것과는 달리, 춘원은 대회가 열린 날이기도 했던 11월 4일과 5일의 일조차 전혀 기록하지 않는다. 이광수는 11월 3일에 제국극장에서 열린 개회식을 "처음 보는 호화판"으로 평가한다. 그리고 이어서 "그대도 동경에서 소설을 파는 모양이지. 그렇다면 동경의 문인들과 만나두는 편이 좋아"라고 춘원에게 말한 기쿠치 칸[菊池寬] 및 가와카미, 요코미츠 리이치[横光利一], 하야시 후사오[林房雄] 등과 만났던 그 날 저녁의 이야기를 한 후 곧바로 6일로 넘어가버린다. 또한 8일과 9일의 일에 대해서도 춘원은 야마사키의 월광장(月光莊) 집에 초대되어 식사한 사실이나 도쿄를 떠나는 춘원을 야마사키가 배웅했던 일은 생략한 채 기술한다. 이는 야마사키가 자기 집에서 이광수에게 대접한 음식 종류 및 춘원이 자기 아이들에게 선물한 책의 제목까지 자세히 밝히는 것과 대비된다. 야마사키는 11월 5일의 일을 다음과 같이 서술한다.

> 그 다음날 밤은 대동아문학자들이 가부키좌에 초대되었다. 나는 저녁 때 외출하여 가부키좌의 복도에서 주재자 중 한 사람인 기쿠치 칸과 만났다.
>
> "우리는 중학 시대의 친구입니다. 삼십삼 년 만입니다."
>
> 이군은 이렇게 말하며 기쿠치 칸에게 설명했다.
>
> "야마사키 군, 설마 가야마 군을 유혹하러 온 것은 아니겠지."
>
> "아니, 실은 조금 빚을 갚으러 온 거야."

---

30 야마사키의 소설은 일본 무사시대학의 와타나베 나오키(渡邊直紀) 교수를 통해 입수할 수 있었다. 와타나베 교수께 감사를 표한다.

31 이에 대해서는 하타노 세쓰코, 「이광수와 야마사키 토시오, 그리고 기쿠치 칸」, 『사이間SAI』11호 , 2011.11.을 참고할 것.

이렇게 말하고 나는 이군을 납치해서 가부키좌의 현관으로부터 도망쳤다. 유혹이라고 해봤자 나는 화류계 거리를 알 리도 없다. 스에히로에 가서 비프스테이크를 먹고 맥주를 마셨을 뿐이다. 이군은 그때 가야마 미츠로[香山光郎]라는 일본 이름을 사용하고 있었다. 나에게는 역시 이군은 이군인 것이 좋았다.[32]

이 야마사키와 관련해 춘원은 "왠지 첫사랑을 나누었던 사이처럼 평생 잊히지 않고 언제나 그리움"[33]을 느낀다고 피력하면서, "이번에 동경에 가면 제일 먼저 찾아가자고 생각하고 있습니다."라고 쓴 바 있다. 실로 춘원은 1941년 5월에 모던일본사를 통해「가실」,「유정」,「사랑」전후 편을 야마사키에게 보냈고, 야마사키는 이에 감격해 "오오, 내 그리운 보경아, 너는 또 다시 내 품으로 돌아왔다"[34]고 춘원에게 써 보냈다. 이때 춘원이 "첫사랑" 운운한 것은 기쿠치가 언급한 "유혹"과 함께 야마사키의 다음 문장을 상기시킨다. 물론 야마사키는 "유혹"을 "화류계 거리"와 연결시키며 방어적인 태도를 취하지만 말이다.

그 물레방앗간으로 갈 때까지의 좁은 샛길 길가에 피어 있던 엉겅퀴 꽃이라든지 건초 냄새라든지 휘파람이라든지, 그런 것들을 발설하는 날에는 이보옥[35]이 마치 '춘기 발동한'(春のめざめ) 주인공이 되는 것 같으므로 이쯤에서 그만두기로 한다.[36]

그러나 두 사람의 이러한 관계에도 불구하고 문학자대회 참석차 동경에 간

---

32 山崎俊夫,「けいべつ」,『古き手帖より』, 奢灝都館, 1998, 114-115쪽.

33 이광수,「나의 교우록」,『모던일본(조선판)』, 1940.8. (김원모, 이경훈 편역, 앞의 책, 265쪽.)

34 山崎俊夫,「京城の空の下」,『古き手帖より』, 奢灝都館, 1998, 101쪽.

35 이보옥은 이보경, 즉 이광수의 소설 속 이름이다.

36 山崎俊夫,「悪友」,『古き手帖より』, 奢灝都館, 1998, 211쪽.

춘원은 야마사키에게 먼저 연락하지 않았다. 야마사키가 개조사에 춘원의 주소를 물어 가족사진을 보내 주었던 1937년의 일처럼, 이번에도 야마사키가 신문기사를 읽고 제국호텔로 춘원을 찾아왔다. 그리고 야마사키가 동경에서 춘원과 만난 일을 몇 번에 걸쳐 서술했던 것과는 반대로, 춘원은 오직 나라에서 가와카미와 만난 일을 썼으며, 야마사키가 아닌 가와카미를 "나에게 진심을 구하는 벗"이라고 불렀다.

이에 대해 하타노 교수는 첫째, "야마사키와의 재회라는 사적인 '감격'"을 궁성요배, 국민연성대회, 문학자 대회, 해군 항공대 훈련 등의 "공식적인 '감격'과 나란히 쓰는 것에 대해 이광수는 위화감과 거부감"을 느꼈을 터이며, 따라서 야마사키에 대해 쓰지 않은 것은 "자기 마음의 영역"[37]을 "주체적"으로 지키고자 하는 "적극적이라고도 할 수 있는 면모"를 보인다는 점, 둘째, 「삼경인상기」에 여러 일본 문인들과 만난 이야기를 쓴 것은 "일본 문단으로 진출하려는 이광수의 선전활동(promotion)"[38]이므로, 야마사키와의 재회를 언급하는 것은 "어울리지 않는다고 판단"했을 수 있다는 점, 셋째, 야마사키는 춘원뿐만 아니라 기쿠치 칸[菊池寬]과도 친했으므로[39], "기쿠치와 야마사키의 소년애적 관계를 입에 올리는 것이 내키지 않았"[40]을 것이라는 점을 그 이유로서 "추측"한다.

그러나 필자는 "야마사키와의 우정이라는 '마음의 영역'을 보존하려 했기보다는 오히려 자신을 가야마 미츠로로 명명한 '마음의 영역'을 야마사키로부터 지켜내려 한 것"일 수 있고, 이는 "야마사키와 관련된 춘원의 '자기 마음의 영역 자체가 그야말로 복잡[41]"했기 때문이라는 의견을 제출한 바 있다. 그리고 이에

---

37 하타노 세츠코, 앞의 책, 17쪽.

38 위의 책, 19쪽.

39 기쿠치는 「야마사키 군의 일」(『三田文學』, 1937.8.)이라는 글을 쓴 바 있다.

40 하타노 세츠코,, 앞의 책, 21쪽.

41 이경훈, 「'이광수와 야마사키 도시오, 그리고 기쿠치 칸 - <삼경인상기>에 씌어 있지 않은 것'에 대하여」,

대해 하타노 교수는 "두 사람 사이의 추억이 꼭 아름답고 따뜻한 것만은 아니었을지도 모른다"는 필자의 지적에 동의하며 "한 가지 더 유력한 추측"을 다음과 같이 덧붙이고 있다.

> 그립기는 해도 떠올리는 것은 역시 고통스러운 존재, 어느 쪽인가 하면 차라리 잊고 싶은 존재가 야마사키였다면, 이광수가 야마사키에 관해 언급하지 않았던 것은 오히려 당연했다고 할 것이다.[42]

그렇다면 이광수가 야마사키와 만난 일을 쓰지 않은 것은 무엇보다도 야마사키가 "가야마 미츠로라는 일본 이름"을 낯설어한다는 사실과 관련될 터이다. 즉 "역시 이군은 이군인 것이 좋"다고 하는 야마사키에게 보일 고대인의 "가면"은 있을 수 없었을 것이다. 천이백 년 전 나라의 "구연"을 상상하기에는 삼십 년 전 동경 유학 시절에 노출된 벌거숭이 맨얼굴의 기억이 너무나도 생생히 남아 있었으리라. "아라이케 기슭에서 함께 마시다 대취한 구연"과는 달리, "니혼에노키[二本榎]에 있는 야마사키 군의 집에 놀러가서 어머니와 형을 만난 일"[43]은 식민지의 가난한 고아 소년 이광수의 심리에 다양한 반응을 초래했을 실제 사실이었다. 실로 춘원은 "나는 단 한번 내지 친구의 가정에서 묵은 적이 있지만, 그 따뜻하고 아름다운 일본 가정의 인상은 내 혼에 깊이깊이 각인되어 지금도 잊을 수 없다"[44]고 쓴 바 있다. 이는 다케오의 집에서 "일생 잊지 못할 정도로 깊

『서사의 기원과 글쓰기의 맥락』, (제 5회 한국 언어, 문학, 문화 국제학술대회 자료집, 2011.7.29-30.), 18쪽.

42 하타노 세츠코, 앞의 책, 22-23쪽.

43 이광수, 「나의 교우록」, 앞의 책, 264-265쪽.

44 이광수, 「내선일체 수상록」, 『춘원 이광수 친일문학 전집 2』, 평민사, 1995. 252쪽.

은 인상"[45]을 받는 충식 오누이의 에피소드 또는 니시모도 박사의 집에 살며 "조선 사람의 가정생활이 어떻게 방만하고 무질서한 것"[46]을 깨달았음에도 불구하고 그 딸을 사랑한다는 이유로 결국 쫓겨나는 이원구의 일로도 서사화되었다.

다시 말해 이광수와 야마사키의 "첫사랑"은 개인들의 친밀함과 상호 이해를 강조하며 '내선일체'와 '황민화'를 위해 활용될 수 있는 것이었던 동시에, 다른 한편으로는 가난하고 열등한 식민지인의 타자성을 상기시킴으로써 오히려 나라의 "구연"을 방해하기도 했다. 즉 하타노 교수가 말하듯이, 이광수는 야마사키와의 재회라는 "사적인 감격"을 "공식적인 감격"과 나란히 쓰는 것에 거부감을 느꼈기보다는 야마사키에 대해 쓰는 순간 이 사적 교류에 전제되고 스며들었던 제국과 식민지의 근대적 관계를 벗어날 수 없다고 느꼈던 것이다. 이는 춘원이 야마사키와 만난 일뿐 아니라 4일과 5일에 열린 대회의 내용에 대해서도 전혀 쓰지 않은 이유일 수 있다. 대동아문학자대회는 나라가 아닌 동경에서 개최되었기 때문이다.

3. 두 크리스마스

그렇다면 도대체 메이지 중학 시절의 이광수와 야마사키에게는 어떤 일이 있었을까? 이와 관련해 우리는 『제국문학』 1914년 1월호에 게재된 야마사키의 「야소강탄제전야(耶蘇降誕祭前夜)」와 1916년 2월 중순경 제작되었다고 추정

45 이광수, 「진정 마음이 만나서야말로」, 『진정 마음이 만나서야말로』, 평민사, 1995. 54-55쪽.
46 이광수, 「그들의 사랑」, 위의 책, 121쪽.

되는 『학지광』 8호의 「크리스마슷밤」[47]을 비교 고찰할 필요가 있다. 먼저 「야소강탄제전야」는 이보경(李寶鏡), 즉 이광수의 아명이 실명으로 등장하는 소설인데, 특히 주목할 것은 이보경이 다음과 같이 묘사된다는 점이다.

> 이보경은 금발(金髮) 청안(靑眼)의 키가 큰 소년으로, 피부색조차 황색 인종과는 달랐으므로 항상 '혼혈아'라는 험구가 이보경의 신변에 붙어 다니고 있었다. 특히 그 코가 뚜렷하게 러시아풍의 곡선을 띤 것이 나에게조차 쉽게 러시아의 청년 사관과 조선의 박명한 아가씨 사이의 박행한 연애 이야기를 눈앞에 방불하게 하기에 충분하고도 남았다. 그러나 이보경은 언제라도 다른 사람들이 그렇게 말할 때마다 어디까지든 거세게 부정하는 것이 보통이었다.[48]

이러한 이보경은 "금발이나 푸른 눈에는 어울리지 않을 만큼 유창한 일본어"로 '나'에게 말을 걸며, "평소 조선인 따위와 말을 나누는 것조차 유쾌하지 않은 일로 생각하던" '나'는 이에 응답하고 만다. "이보경에 대해서는 오히려 나의 추접스런 황색 피부가 부끄럽게" 느껴졌기 때문이다. 그리하여 "겁 많고 신경질적인 나와 일본인 생도로부터도 조선인 생도로부터도 지탄받는 이보경"은 예배당이나 강당에서 "무릎을 나란히 하여 좌석을 차지"한 채, 다음과 같은 "첫사랑"을 나누게 된다.

> 내가 부드럽고 가는 털이 난 새하얀 이보경의 손을 지켜보면서 평소에 품고 있는 혼혈아 동경(憧憬)의 이상한 생각을 몰래 키우고 있노라면, 이보경은 또 내 노란 피부 위에 한탄스런 한숨을 슬며시 닿게 하면서 처량한 망국(亡國)의 노래

---

47 이에 대해서는 김영민, 「이광수의 새 자료 <크리스마슷밤> 연구」, 『현대소설연구』 36호를 참고할 것.

48 山崎俊夫, 「耶蘇降誕祭前夜」, 『美童』, 奢灞都館, 1986, 177쪽.

를 입술 속에 다시 떠올리는 것이었다.[49]

그런데 이보경은 "망국"에 대해, "조선의 망국"이 아니라 몇 천만 년 전에 망해서 물 밑에 가라앉았다는 "폐시(廢市)"를 의미하는 것이라면서, "나뿐 아니라 당신도 그 망국의 백성"이라고 주장한다. 한편 '나'는 이보경이 혼혈아라고 "지탄"받는 것에 대해, "나라면 그렇게 되고 싶다"고 말한다. 이런 식으로 두 소년은 각각 "망국의 백성"과 "혼혈아"로서 동일화되고자 하는데, 이는 아주 흥미롭다. 혼혈아로 의심되는 금발의 이보경은 우승열패의 패자인 "망국의 백성"으로서 '나'와 동일화되고자 하며 이는 일본인 역시 백인이 아님을 환기시키는 반면, 순수한 일본인인 '나'는 승자, 즉 백인의 흰 피부를 동경함으로써 백인 혼혈아인 이보경과 동일화되고자 하기 때문이다.

따라서 정반대의 방향을 바라보고 있는 두 소년은 화합될 수 없다. '나'의 "혼혈아 동경"은 일본인으로서 백인의 위치에 있기를 지향하는 것이며, 따라서 이는 "흰 피부에 대한 황색인종으로서의 콤플렉스가 정직하게 고백"[50]된 것을 넘어 서양과 닮은 승자로서의 일본을 열망하는 "탈아입구(脫亞入歐)"의 논리를 상기시킨다. 이보경의 러시아 혈통에 투사된 '나'의 욕망은 이보경의 조선 혈통에 대한 배제 및 차별을 함축한다. '나'에게 가치 있는 것은 오직 이보경의 서양인적인 모습이다. 그리고 그런 의미에서 이보경은 서양(일본)의 비서양(조선) 지배를 자신의 존재로써 체현한다. 그는 승자로서 혼혈(서양 혈통)이고자 하는 '나'에 굴복한 패자로서의 혼혈아(조선 혈통)인 셈이다.

이 소설의 또 한 가지 주요 서사인 이른바 "작년 야소강탄제의 추억" 역시

---

49 위의 책, 182쪽.

50 川村湊,「他者への視線」,『타자와 문화표상』, 고려대 일본학센터 2005년도 국제학술심포지엄, 2005.11.19. 118쪽.

이 문제와 관련되어 있다. 그것은 일본인 아버지와 비엔나 출신 어머니 사이에서 태어난 "오한나상(おはんなさん)"과 이보경을 둘러싼 이야기이기 때문이다. 요약하자면 야소강탄제에서 바이올린을 연주하게 된 "오한나상"은 축제 전날 강탄제를 준비하고 좌석을 정리하는 자리에 찾아와 앞에서부터 네 번 째 열, 좌측으로부터 열 번 째 의자에 흰 쪽지를 묶어 놓는데, 오한나상을 짝사랑하던 학생이 이를 발견한다. 그 학생은 그것이 자기에게 보내는 메시지로 알고 기뻐하지만, 축제 당일 그 자리에는 이보경이 앉아 있다. 더 나아가 오한나상은 바로 그 "실연자" 학생에게 "이보경 님께" 주는 크리스마스 선물을 맡기기까지 했으며, 이에 분노한 그 일본인 학생은 선물을 전해 주는 대신 발로 밟아 난로 속에 집어 넣어버렸다는 이야기다. 다음은 이 이야기를 들은 학생들의 반응이다.

> "연인을 조선인, 그것도 혼혈아 따위에게 횡탈(横奪) 당하는 것은 일본인으로서 커다란 치욕이 아닌가."
> "도대체 혼혈아 주제에 다른 사람의 연인을 함부로 횡탈하다니, 뻔뻔한 것도 정도가 있지."
> "하지만 오한나상도 이보경과는 잘도 사랑이 움텄군."
> 듣던 사람이 제각각 하고 싶은 말을 다 하자 마지막으로 실연자는 막 울음을 그친 떨리는 목소리로,
> "분명히 동병상련이라고나 할 수 있겠지."[51]

이때 혼혈아를 질병과 관련시키는 "동병상련"이라는 말은 단순한 관용적 표현을 넘어서는 듯한데, 이는 "오한나상과는 달리 이보경은 러시아의 타락 사관과 조선의 노는 아가씨 사이에서 나온 사생아니까 꽤 불쌍한 놈이지만, 어쨌든

51 위의 책, 197쪽.

둘 다 혼혈아라는 것은 변함이 없지 않은가”라는 평가 때문이기도 하다. 즉 일본인 부계 혈통을 지녔으며 합법적 결혼과 더불어 일본 가정에 입적된 오한나상과 조선인 모계 혈통의 사생아 이보경은 서로 사랑할 수 있는 동등한 위치에 있지 않다. “혼혈아 따위에게 횡탈 당하는 것” 운운은 이러한 생각을 드러낸다. 오한나상은 백인, 즉 일본인(아버지, 남성)으로서의 혼혈아며 이보경은 비백인, 즉 조선인(어머니, 여성)으로서의 혼혈아다. 당연히 오한나상과 사귀기에 적당한 것은 일본인이다.

하지만 오한나상이 이보경에게 크리스마스 선물을 준 “괴담(怪談)”은 이미 일어나 버린 이야기다. 학생들이 두 사람의 관계를 “동병상련”으로 재평가하지 않을 수 없었던 것은 그 때문이다. 오한나상 역시 순수한 일본인은 아니며, 그렇게 그녀를 타자(병자)로서 배제할 때 “일본인으로서 커다란 치욕”은 위로 받을 것이다. 오한나상은 이보경과 똑같은 “혼혈아 따위”며, 따라서 이효석의 표현을 빌리면 이 둘의 관계는 “쭉정이끼리”의 만남일 뿐이다.[52]

이광수의 「크리스마슷밤」은 이 같은 「야소강탄제전야」에 대한 춘원 식의 회답이라고 판단된다. 김영민 교수가 지적했듯이, 일단 이 소설은 「어린 벗에게」나 「사랑인가」 등에 제시되는 이야기를 상기시킨다. “澁谷[시부야] 철도 선로에서 자살을 하려 하여 유시(遺詩)를 써 놓고 선로에 누어서 마지막 그를 생각하면서 기차가 어서 와서 내 생명을 마저 끊기를 기다렸다”는 서술은 그 대표적인 예다. 미사오[操]에게 냉대 받은 「사랑인가」의 문길 역시 시부야의 철로에 누워 기차가 자기 머리를 부수기를 기다리며 울고 있는 것이다.

그러나 우리의 논의와 관련해 더 중요한 것은 다음의 두 장면이다.

> 회당 벤치는 반쯤 차고 부인석이 많이 비었다. 집사들은 모두 기름 바른 머리로 분

---

52 이효석, 「벽공무한」, 『이효석전집 4』, 창미사, 1990, 260쪽.

주하다. 양인은 부인 자리를 찾아 바로 강단 앞에 앉았다. 경화는 성순에게,
"회석 같은 데서는 뒤에들 앉기를 좋아해요."
"그것도 일종 자존심이어요."
"이 중에 신자가 몇 사람이나 될까요."
"오분의 일이나 될까. 대부분은 크리스마스에 온 것이 아니라, 활동사진 구경 왔지요. 교인 중에도 다른 예배일에는 아니 오다가 오늘 저녁에는 남보다 먼저 왔을 사람도 있을 것이오."
"그러니까 세상은 다 유희예요. 진심으로 무엇을 하는 이가 드물구려." (중략)
"노형은 평생 여학생 생각만 하시오? 지금껏 여학생석만 보고 있었구려." 하고 경화도 웃는다.[53]

제 일에 <주악(奏樂) ……O양>이라 한 것을 보고 경화는 몸을 흠칫하면서 놀란다. 가는 무늬 하오리에 침향색(沈香色) 하까마 입은 O양은 고개를 숙이고 바로 양인 앞 피아노께로 온다. 경화는 슬쩍 보고 얼굴이 붉어지며 가슴이 뛴다. (중략) 집사 하나이 아직도 이층 석에서 분주하다가 고양이 걸음으로 내려와 피아노 곁에 섰더니 수줍은 생각이 나는지 몇 걸음 물러나 걸터앉는다. (중략)
"이런 수치가 있소? 수천 원 짜리 피아노를 수천 원 들인 솜씨로 타는데도 무슨 맛을 모르겠구려. 내 곡조 없는 동적(洞籍) 소리만도 못 하외다그려."
"본래 음악의 소양 없는 것이야 어떡하겠소. 타는 당자는 그 진미를 알고 타는지?"
"곡조 이름이라도 알았으면 좋겠소이다. ……아무러나 꼴 되었어요. 사백 명 동경 유학생에 피아노 곡조 하나 이해하는 사람이 없소구려."[54]

---

53 거울, 「크리스마슷밤」, 『학지광』 8호, 35쪽. 『학지광』 8호는 김영민 교수로부터 입수했다. 감사를 표한다.
54 위의 책, 36쪽.

인용된 두 부분은 공히 조선 유학생들을 비판하고 있다. 조선 유학생들은 음악도 이해하지 못할 뿐더러 신앙심 때문이 아니라 활동사진을 보고 여학생과 교제하는 "유희"를 위해 교회에 온다는 것이다. 물론 이러한 비판은 춘원의 계몽적 태도와 잘 어울린다.

그런데 야마사키의 소설과 관련해 더욱 주의해서 읽어야 할 것은 이 소설의 첫 장면에 등장하는 좌석의 문제다. 이를테면 김경화가 "바로 강단 앞"의 "부인자리"에 앉았음을 적시하면서 등장인물들이 좌석에 대해 여러 가지로 신경을 쓰는 모습을 서술하는 것은 "작년 야소강탄제전야의 추억"을 발생시킨 흰 쪽지가 묶인 "앞에서부터 네 번 째 열, 좌측으로부터 열 번 째 의자" 사건을 상기시키기 때문이다. 이는 집사, O양과 그녀의 피아노 연주, 그리고 O양과 김경화의 관계 등도 마찬가지다. 즉 피아노 근처에 왔다가 "수줍은 생각이 나는지 몇 걸음 물러나" 앉은 "기름 바른 머리"의 집사는 강탄제를 준비하고 좌석을 정리하다 오한나상의 쪽지를 발견한 "애교 있는" "미소년" "실연자"에 대응한다. 한편 O양과 그녀의 피아노 연주는 오한나상과 그녀의 바이올린 연주에, 7년 전 "○○여학교 응접실[55]에서 보던" O양과 김경화의 관계는 한때 "바이블 클래스"에 다니며 서로 알게 된 오한나상과 이보경의 관계를 떠오르게 한다. 더 나아가 「크리스마슷밤」의 성순과 「야소강탄제전야」의 '나'는 각각 김경화와 O양의 관계 및 이보경과 오한나상의 관계에 대해 캐묻는다. 이에 대해 김경화는 연애를 뛰어넘는 "큰 일"을 언급한 시를 보여주며, 이보경은 자신이 "망국의 백성"임을 강조하는 것이다. 다음은 김경화와 이보경이 추궁 당하는 장면이다.

"옳지, 왜 일찍 오신지 내가 압니다." 하고 장한 듯이 웃는다. 경화도 웃으면서,

"나는 또 무슨 큰일이나 났는가 했지요. 헐떡거리고 뛰어 들어오기에. 왜 다 보

---

55 원문은 "응원실(應援室)"이지만 이는 응접실(應接室)의 오식인 듯하다.

지 않고 왔소."
"큰 일이 있지요. 내가 다 알아요. 모르는 줄 아시는구려. 내가 언제 선생의 일기를 훔쳐보았지요. 그 속에 O가 어쩌고어쩌고 했습디다그려. 오늘 그 O가 그 O가 아니야요?"
"그 O가 그 O지 무엇이야. 내 일기에 무슨 O란 말이 있는가…… 잘못보신 게지요."[56]

다음날 나는 이보경을 불러내 어슬렁어슬렁 성심여학원(聖心女學院) 문 쪽으로 걸어갔다. 그러자 때마침 문 안에서 나온 오한나상과 엇갈렸다. 이보경은 냉담하게 가벼운 인사를 하고 지나쳤지만 오한나상은 지나친 이후 두세 번 뒤돌아보았다. 나는 이보경의 시치미를 떼는 듯한 그 태도에 오히려 반감을 품지 않을 수 없었다.
"당신은 오한나상과 친한 사이입니까."
나는 일부러 이렇게 물어 보았다.
"아니요, 친하다고 할 만하지도 않습니다. 한때 조금 랜디스 상의 바이블 클래스에 다닌 일이 있으니까, 그래서 알고 있습니다."
"저 사람 어머니는 비엔나 사람이라고 합니다."
"저도 그런 말을 들었습니다."
"실은 어젯밤, 헤본관(ヘボン館)에서 재미있는 이야기를 들었습니다."
"아, 그 이야깁니까? 그 이야기라면 제가 훨씬 잘 알고 있습니다. 하지만 당신은 그런 이야기를 듣고 있을 수 있는 일이라고 생각했습니까."[57]

---

56 거울, 「크리스마슷밤」, 앞의 책, 38쪽.
57 山崎俊夫, 「耶蘇降誕祭前夜」, 앞의 책, 198-199쪽.

요컨대 춘원은「야소강탄제전야」와 비슷한 에피소드를 말하면서도 "혼혈아 주제" 운운한 일본인 학생들을 직접 거론하며 그들에게 반응하는 대신, 자신의 사랑 고백 및 조선인 학생들을 향한 비판을 전면에 내세운다. 그리고 이 일종의 자기 반성적인 서사를 통해 야마사키 소설과의 관련성을 눈에 띄지 않게 한다. 하지만 일견 비겁해 보이는 이러한 태도는 스스로 일본인 학생들과 맞서지 못하는 열패자임을 패배주의적으로 인정하는 것이 아니다. 이렇게 일본인 학생들과의 사건을 조선인 학생들의 일로 전환해 비판하면서 춘원은 일본인 학생들에게도 조선인 학생들과 똑같은 반성을 촉구하는 것이다. 즉 "연인을 조선인, 그것도 혼혈아 따위에게 횡탈 당하는 것"이 문제가 아니라는 것, 그보다는 신앙도 음악도 모르는 한심한 "주제에" 여학생이나 만나려 하거나 다른 사람의 이성 관계를 질투하는 일 따위가 조선인과 일본인 학생들의 공통된 문제라는 것이다. 아니면 이는 "새 애인" "배달"을 알게 된 그가 "작년 야소강탄제의 추억"을 타산지석으로 삼아 조선인 학생들을 계몽할 뿐, "타산(他山)"에 있는 일본인 학생들의 문제는 치지도외(置之度外)하겠다는 것일 수도 있다. 이때 오한나상에 대응하는 O양은 오스트리아 이름 '한나'를 "오한나상"으로 부르는 일본어의 용법을 냉소적으로 환기시키며 '한나'라는 이름을 환기(은폐)한다. 이렇게 야마사키와 "첫사랑을 나누었던" 시절은 끝났다. 분명히 이광수는『제국문학』에 실린 야마사키의 소설을 읽었던 것이다.

이때 또 한 가지 흥미로운 것은「야소강탄제전야」와「크리스마슷밤」에 공히 서술된 교회와 연애가 "크리스마스 날 저녁에 한 일이 잘못"[58]이라는『개척자』의 말을 떠오르게 한다는 점이다. 더 나아가 "금발 청안"의 이보경은 "내 딸년은 머리가 노랗고 길지를 못한데 정임은 동양식 미인의 특색으로 칠 같은 머리가

58 이광수,「개척자」,『이광수전집 1』, 삼중당, 1962. 427쪽.

치렁치렁"[59]하다고 한 최석의 말도 상기시킨다. 또한 최석은 하얼빈에서 소비에트 육군 소장으로서 러시아 여인과 결혼한 조선인 R을 찾아가 바이칼 호수로 가기 위한 여행권을 부탁하는데, 이때 R은 최석을 위한 소개장에 최석과 자신이 "처남 매부간"[60]이라고 썼던 것이다.

물론 위와 같이 소설에 근거해 이광수와 야마사키 사이의 실제 일을 논의하는 것은 한계가 있으며 또 오류에 빠질 위험도 있을 터이다. 그러나 그와 동시에 주목하지 않을 수 없는 것은 야마사키가 1956년과 1968년의 글에서도 춘원을 "혼혈아"로 제시했으며, 1942년 11월 5일에는 춘원에게 직접「야소강탄제전야」의 혼혈아 묘사에 대해 말했을 뿐 아니라, 춘원의 반응을 다음과 같이 옮겼다는 점이다.

> 나에 대해 군이 어떤 공상을 그려도 그건 군 마음이지만, 그러나 인간이라는 것, 공상의 날개를 가지고 있는 동안이 최고다. 공상의 날개가 시들어 버리면 다 끝이지.[61]

> 나에 대해 군이 어떤 공상을 그려도 그건 군 마음이지만, 그러나 인간에게 가장 중요한 것은 인간과 인간의 마음의 접촉이 아닐까.[62]

---

59 이광수,「유정」,『이광수전집 8』, 삼중당, 1962. 12쪽. 이때 흥미로운 것은 노란 머리의 순임과 대비되는 "동양식 미인"인 정임이 조선인과 중국인 사이의 혼혈이라는 점, 그리고『흙』의 허숭이 유순에게 그렇게 하듯이 최석 역시 정임에게 수혈을 해 준다는 점이다. 이는 공히 주인공들의 결혼을 대신하는 민족적 결합을 상징하는 듯하다. 즉 피의 문제는『사랑』에서 수행되는 안빈 박사의 혈액 검사와 더불어 춘원 문학의 한 가지 중요한 맥락을 이룬다.

60 위의 책, 71쪽.

61 山崎俊夫,「京城の空の下」,『古き手帖より』, 奢灞都館 , 1998, 106쪽.

62 山崎俊夫,「けいべつ」, 위의 책, 115쪽.

즉 춘원이 혼혈아건 아니건 상관없이, 야마사키 및 일본인 학생들이 춘원을 혼혈아로 생각했던 일은 실재했다. 그리고 춘원은 그렇게 "공상"했던 이들의 "마음"을 인정할 수밖에 없었다. "이군은 이군인 것이 좋았다"고 했던 야마사키의 "이군"은 이러한 "이군"이었다. 그는 하필이면 인류에 대한 보편적 사랑을 환기하는 크리스마스 전날 밤에 "조선인, 그것도 혼혈아 따위"로 지칭되었던 것이다.

4. 이보경과 가야마 미츠로

그렇다면 "일본과 조선 양 민족은 혈통에 있어서도, 신앙에 있어서도 같은 조상 같은 뿌리"[63]라고 주장하는 「삼경인상기」가 야마사키와의 일을 전혀 언급하지 않는 것은 자연스럽다. 이광수를 혼혈아 이보경으로 보는 야마사키에게 야마토[大和] 민족 가야마 미츠로는 가당치도 않다. 이와 관련해 필자는 다음과 같이 논한 바 있다.

> 야마사키는 민족적인 차이를 인종적인 차이로 확대함으로써 이보경의 타자성을 극대화했을 뿐만 아니라, 서양 인종의 세계 지배라는 제국주의의 일반적인 장면을 역상으로 표현했다. 즉 야마사키의 주인공이야말로 백인의 위치에 있었으며, 그의 소설 제목처럼 이보경은 토인으로서 '경멸' 당했다.[64]

---

63 김윤식, 『이광수의 일어 창작 및 산문선』, 역락출판사, 2007, 142쪽.

64 이경훈, 「원한의 화자 이광수」, 『현대문학의 연구』 45호, 2011.10. 326쪽.

그렇다면 "가야마란 자식 한번 속내를 드러내 보란 투"로 술을 권하는 가와카미 앞에서, "좋다 마시자. 속내뿐 아니라 마음속 진흙을 토해도 좋다"고 결심하는 가야마 미츠로의 가면 쓰기는 결국 이보경을 혼혈아로 규정한 야마사키의 시선에서 비롯된 것이다. 야마사키는 황금과 용모가 없다는 이유로 윤광호의 사랑을 받아들이는 대신 "특대생"인 그에게 "생존경쟁에 열패할 자격"[65]을 부여한 일본인 남학생 P를 상기시키거니와, 이로 인해 자살하기 전의 윤광호는 "조물주의 싫증이 나서 되는 대로 만들어 놓은" 자신의 얼굴을 한탄하며 몰래 "화장"을 하지 않을 수 없었던 것이다.[66] 따라서 이는 자기 곁에서 떨어지지 않으려는 이보옥(이보경)에게 "짜증"을 내면서, 그를 누가복음 16장의 거지 라자로와 함께 연상하는[67] 「악우(悪友)」의 에피소드도 떠오르게 한다. 즉 야마사키에게 이보경은 후쿠자와 유키치[福澤諭吉]가 말했던 "악우"[68](「탈아론」)와 다르지 않았다. 「야소강탄제전야」의 다음 부분은 사실과 허구를 넘나드는 이 모든 일의 기원적 장면을 묘사하는 듯하다.

> "그만큼 약속했으면서 이제 와서 말하지 않는 것은 비겁해요. 자, 나는 말씀하신 대로 혼혈아라고 단 한 마디만 말해요, 그걸로 만족할 테니까."
>
> 그러나 이보경은 침묵하고 있다. 조금 후에 나는 세 번째로 재촉했다.
>
> "아무도 듣지 않아요, 말해도 괜찮아요."
>
> 그러자 이보경은 내 무릎에 머리를 대고,

---

65 이광수, 「윤광호」, 『이광수전집 14』, 삼중당, 1962. 76쪽. 춘원은 1917년의 「개척자」(『이광수전집 1』, 삼중당, 1962. 403쪽.)에서 이러한 류의 "사랑"을 "세상에서 항용 말하는 우정"이라고 규정하면서, "고급의 우정", "연애"보다 못한 최하위의 "사랑"으로 평가한다.

66 이에 대해서는 이경훈, 「원한의 화자 이광수」, 앞의 책, 320-327쪽을 참고할 것.

67 山崎俊夫, 「悪友」, 『古き手帖より』, 奢灞都館 , 1998, 210쪽.

68 춘원은 "악우"라는 말을 다음과 같이 사용하고 있다. "성재와 변과는 친척의 관계가 되었고 민은 친구의 처녀를 유혹하려다가 실패한 악우(悪友)와 같이 되고 말았다."(「개척자」, 앞의 책, 411쪽.)

"눈이 듣고 있는 걸요, 눈이 듣고 있는 걸요."

라고 말하면서 노예가 폭왕(暴王)에게 탄원할 때처럼 눈 위에 꿇어앉았다.[69]

따라서 춘원은 1942년 11월 나라에서 가와카미 데츠타로라는 이름의 야마사키 도시오를 또 다시 만난 것이다. 야마사키가 이보경으로부터 혼혈아임을 고백 받으려 했듯이, 가와카미는 가야마 미츠로로부터 새어나오는 식민지인의 표정을 읽으려 한다. 하지만 이제 춘원은 눈이 들을까 두려워하며 이 "진심을 구하는 벗" 앞에 "노예"처럼 꿇어앉아 침묵하지 않는다. 앞서도 말했듯이 가야마는 식민지인도 혼혈아도 아닌 고대인이며, 가와카미는 "폭왕"이 아니라 "중생"이기 때문이다. 사실 "조물주의 싫증이 나서 되는 대로 만들어 놓은" 얼굴이야말로 식민지인에게 씌운 제국의 가면이다. 이보경을 "금발 청안"의 혼혈아로 보는 것 역시 마찬가지다. 하지만 나라 시대를 기억하고 재현하는 한, 가야마는 자신의 "추함"조차 부끄러워할 필요가 없다. 그것은 "나의 참된 모습"이기 때문이다. 가야마는 이미 식민지인이라는 사실에 전전긍긍하는 "소아(小我)"가 아니다. 그는 "미스터 리"임을 벗어났다.

이렇게 「삼경인상기」에 서술된 가야마와 가와카미의 산토리 위스키 일화는 「야소강탄제전야」에 제시된 이보경과 '나'의 일을 마주보고 있다. 아니, 전자는 후자에 대한 삼십 년 만의 대답이다. 이광수는 술을 권하는 가와카미를 보며 삼십여 년 전의 야마사키를 상기했으리라. 그리고 그런 의미에서 「삼경인상기」는 야마사키에 대해 말하지 않은 것이 아니다. 이 글은 야마사키를 전혀 언급하지 않으면서도 처음부터 끝까지 야마사키와의 사건을 쓰고 있다. 다시 말해 천이백 년 전의 추억은 야마사키와의 일을 망각하게 하지는 못했다. 오히려 "조선인, 그것도 혼혈아 따위"로 경멸되던 일을 잊을 수 없으면 없을수록 '나라'는 한없이

---

69 山崎俊夫, 「耶蘇降誕祭前夜」, 앞의 책, 203-204쪽.

그리웠을 터이다. 반대로 "나라"가 한없이 그리울 때마다 "조선인, 그것도 혼혈아"의 "첫사랑"은 고대인 가야마의 발목을 잡았을 것이다.

「혈서」의 일본 여성 노부꼬[信子]가 김군의 사랑을 얻지 못한 채 죽을 수밖에 없었던 것은 그 때문이다. 김군은 "사랑하는 마당에 국경이 무슨 상관"이냐고 하면서도, "나라에 몸을 바치는 중과 같은 생활을 하기로 맹세"했음을 이유로 노부꼬와의 결혼을 거절한다. 그리고 이로써 김군과 결혼하기 위해 조선어까지 공부했던 그녀를 결국 죽게 한다. 즉 김군을 "지아비"로 부르는 '혈서'를 남기고 죽은 후에야 그녀는 김군의 가슴 속 "새 집에 영원히" 받아들여진다.[70] 요컨대 윤광호가 상처를 간직한 채 자살했던 것처럼 노부꼬 역시 반드시 죽어야 했다. 오직 말살됨으로써 그녀는 다음과 같이 "국경"을 넘는 김군에게 끝내 기억되는 것이다.

> 유리표박하느라고 다시는 사랑할 새도 없었고 사랑할 생각도 없이 사십이 가까워지고 말았다. 그렇더라도 혹은 시베리아 벌판에, 혹은 양자강 어구에, 혹은 감옥의 철장 속에, 혹은 몰래 넘는 국경의 겨울밤에 일찍이 노부꼬를 잊은 일은 없었다.[71]

요컨대 김군은 위와 같이 노부꼬의 죽음을 되새김질함으로써 야마사키에게 계속 복수했다. 혼혈아임을 밝히라고 압박하는 야마사키를 향해, 춘원은 혼혈아를 생산하게 될 조선인과 일본인의 결혼을, 오히려 식민지인(혼혈아)으로서 거부하는 김군을 제시했다. 그리고 김군으로 하여금 이 사랑의 실패를 결코 망

---

70 노부꼬가 죽는 장면은 「개척자」에서 성순이 죽는 장면을 상기시키기도 한다. (앞의 책, 458-464쪽을 참고할 것.) 즉 「개척자」에서 "악우"로 불린 민은 김군에 대응한다.

71 이광수, 「혈서」, 『조선문단』, 1924.10. 30쪽.

각하지도 못하도록 했다. 「크리스마슷밤」을 오로지 조선인 학생들의 이야기로 만 써 냈던 것처럼, 이로써 춘원은 조선인 역시 혼혈아(일본인)를 배제할 수 있음을 주장한 듯도 하다. 그런 의미에서 노부꼬와 김군의 관계는 다음과 같이 서술된 순영에 대한 봉구의 생각을 강력히 환기시킨다.

> 나는 조선을 사랑한다—순영이를 낳아서 길러준 조선이니 사랑한다. 만일 순영이가 없다고 하면 내가 무슨 까닭으로 조선을 사랑할까?[72]

따라서 이는 "불신한 사람을 낳고 기른 조선을 향하여 나는 결코 고개를 돌리지 아니할 것"이라고 결심했던 1913년의 국경 건너기와 짝을 이루면서 「진정 마음이 만나서야말로」(『녹기』, 1940. 3-7.)가 시도하는 "내선일체"의 월경(越境)을 복잡하게 완성한다. 즉 "불신한" 식민지인이나 "혼혈아"로부터 "야마토도 고구려도 하나가 되기를"[73] 바라는 훌륭한 고대인으로 환골탈태한 조선 여성 석란은 바야흐로 제국의 남성 히가시 다케오[東武雄]와 결혼해 "대동아공영"의 이상을 이해하지 못하는 중국군 지역으로 선무공작을 겸한 "신혼여행"을 떠난다. 소아(小我)를 벗어난 그녀에게 혼혈의 문제는 하찮은 일이다. 그것은 "내선일체"와 "대동아"라는 대아(大我) 속에서 해소될 터이기 때문이다.

그러나 이 소설에서 무엇보다도 인상적인 것은 눈멀고 중국어도 하지 못하는 부상병 다케오가, 건강할 뿐 아니라 중국어도 유창한 간호부 석란에게 "매달려" "어린애처럼 어리광"[74]을 피우고 있다는 사실이다. 더 나아가 동경 "여자학원의 영문과"에서 공부한 석란은 경성의 일본인인 다케오보다도 "유창한 진짜

---

72 이광수, 「재생」, 『이광수전집 2』, 삼중당, 1962, 22쪽.

73 이광수, 「진정 마음이 만나서야말로」, 앞의 책, 9쪽.

74 위의 책, 83쪽.

동경말"[75]을 구사한다. 이는 내지인으로서 "히가시 집안의 명예" 운운하며 두 사람의 교제를 반대했던 다케오의 모친을 침묵시킬 것이다. 법화경을 날마다 읽는 수행자 가야마 미츠로에게조차, 아니 가야마 미츠로가 되면 될수록 이보경의 '원한'은 더욱 더 잊히지 않았던 것이다.[76]

75 위의 책, 53쪽.

76 들뢰즈는 "노예의 유형은 놀랄 만한 기억"에 의해 정의된다고 논한 바 있다. 질 들뢰즈(이경신 역), 『니체와 철학』, 1992(2쇄), 211쪽 참조. 「혈서」와 「진정 마음이 만나서야말로」에 대한 자세한 논의는 이경훈의 「원한의 화자 이광수」를 참고할 것.

토론

조대호 제가 무정에 대해서, 이광수에 대해서 그렇게 많이 아는 것도 아니고 또 이 글에서 상당히 많은 등장인물들이 등장하고 그 관계가 상당히 복잡하기 때문에, 그 전체적인 내용을 세부적으로 재구성해서 이해하는 데는 어려움이 있었습니다. 하지만 이 발표가 기억, 상상, 망각, 이런 주제를 가지고 이루어지는 콜로퀴엄에서 하는 것이기 때문에, 그런 틀 안에서 이 작품을 이해해 보려고 합니다. 그런 관점에서 보면 이경훈 선생님의 발표 내용에는 제게 상당히 흥미로운 부분이 있었는데, 그것은 바로 이런 점이죠. 예컨대 이광수는 플라톤과 어느 정도의 비교도 가능한 것 같아요, 지난번에 제가 했던 발표와 관련해서 말입니다. 예컨대 플라톤의 관점에서 보면 우리는 과거에 속한 존재입니다. 다시 말해서 과거, 이데아계가 우리 안에 들어와 있고, 그런 이데아계로 되돌아가는 것, 이것이 플라톤에게는 굉장히 중요한, 그러니까 삶의 구원의 길이죠. 그런데 이러한 이데아계로의 복귀를, 어떤, 현실적인 상황들이 막고 있죠. 몸의 세계가 막고 있단 말이에요. 따라서 이 몸의 세계에 속할 것이냐, 아니면 정신의 세계, 이데아계로 돌아갈 것이냐를 두고서 삶의 갈등이 일어날 수밖에 없는데, 이 갈등의 결과가 어떤 것이냐는 내가 무엇을 기억할 것인가에 달려 있거든요. 예컨대 내가 이 몸의 세상에서 일어나는 개별적인 사건을 기억하면서 거기에 몰입한다면, 이데아 세계로부터 점점 벗어날 것이고, 그렇지 않고 이 현실의 세계를 망각하고 과거의 세계, 즉 이데아의 세계를 기억해 내려고 노력한다면, 그것은 나에게 구원의 길이라는 겁니다. 그런데 이때 흥미로운 점은 이 과정에서 사랑이라고 하는 테마가 중요한 요소가 된다는 점입니다. 사랑이 나를 육체적인 존재로 묶어놓을 수도 있고, 사랑이 나로 하여금 아름다움의 이데아를 기억하게 함으로써 저세상으로 나아갈 수 있도록 하는 힘이 되기도 하기 때문입니다.

'에로스'가 이런 양면적인 기능을 갖는데, 오늘 이경훈 선생님의 발표를 들어보면, 지금까지 간단히 말씀드린 도식에 따라서 이광수의 작품세계를 이해해도 상당히 재미있는 것 같아요. 어떻게 보면 이광수는 조선인들의 삶, 조선인들의 행태, 조선의 문화, 뭐 이런 것들에 대해서 상당히 실망을 느꼈고, 그리고 그러한 삶으로부터 벗어나는 길을 찾는데, 그것은 그에게 '나라'가 상징하는 어떤 불법의 세계겠죠. 그리고 그는 잃어버린 과거의 내선일체의 세계를 기억함으로써 그 불법의 세계로 나아가려고 하는거죠. 이광수는 이런 작업을 계속해서 개인적으로 해나가지만, 그런 그의 노력을 방해하는 요소가 있습니다. 그건 바로 야마사키 노시오와 자신의 중학생 때의 경험입니다. 이것이 자꾸 자신의 실제 현실을 되돌아보게 함으로써, 자기가 상상 속에 구성한 먼 과거의 세계, 불법의 세계로의 퇴행을 가로막는 겁니다. 이런 점들이 제게는 무척 흥미롭게 느껴졌습니다. 그래서 제가 이경훈 선생님의 발표를 제대로 이해했는지 모르지만, 지금까지 말씀드린 측면에서 이광수의 작품 세계는 기억과 망각과 상상, 그리고 현실로부터 탈출하려는 노력, 이러한 노력 속에서 기억이 하는 역할, 또 그러한 탈출을 기억이 방해하는 측면들에 비추어 다시 생각해 볼 만한 것 같습니다. 그런 것들이 복잡하게 얽혀서 무척 긴장감 있는 스토리를 만들어내는 것 같아서 상당히 재미있었습니다. 제 이야기는 그 정도로 하고 한 가지 질문을 드리고 싶은 것은, 구체적으로 이광수가 조선의 현실에 대해서 그렇게 실망을 느끼고, 그 '불신한' 조선인들이라고 얘기를 했을 때, 그가 보았던 그 당시 조선인들의 모습은 과연 어떤 것이었는지, 과거를 한 번 역사적으로, 좀 구체적으로 얘기해 주실 게 있으면 좋겠고요. 또 다른 측면에서는, 아마도 이광수의 경험, 뭔가 기억을 통해서, 과거의 세계에 대한 상상의 기억을 통해서 현실로부터 벗어나려고 하는 그의 노력은 꼭 이광수만의 노력이 아니었을 것 같아요. 어떻게 보면 그 당시 망국의 한, 망국의 설움을 지닌 조선 지식인들의 일반적인 모습일 수도 있었을 것 같은데, 이광수의 그런 탈주노력, 과거로의 탈주 노력 속에 담겨 있는, 정말 이광수 개인의 측면과 그리고 그 당시 지식인들이 가졌던 경험의 보편적 측면, 이 둘을 어떻게 구분해서 얘기할 수 있을지, 그 문제에 대해서 좀 더 말씀을 해주시면 고맙겠습니다.

이경훈 플라톤의 이데아와 관련해 말씀해주신 부분은 상당히 저도 공부가 됐습니다. 이광수 소설이 변화하는 모습을 보면, 지금 선생님께서 말씀하신 대로, 이광수는 정말 불교나 불법이라는, 일종의 이데아로 회귀하려는 모습을 그려 가고 있어요. <사랑>이나 <애욕의 피안>이나 다 그렇습니다. 예를 들면, 몸의 사랑을 극복하기 위해서 스토아학파처럼 스스로 숨을 멈춰서 자살을 하는 주인공까지 만들어냅니다. 더 이상 육체의 노예가 되지 않겠다고 하면서, 심장과 폐의 고통을 억누르면서 자살에 성공합니다. 이쯤 되면 대단한 경지에 이른 것이지요. 이렇게 보면, 지금 말씀하신 건 상당히 저에게 도움이 되었습니다. 감사합니다.

그 다음으로 불신한 조선인에 대해 말씀드리면, 이것은 조선인에 대한 일종의 회의론인데, 여러 형태로 나타납니다. 발표문에서도 보이듯이, 상해 임시정부의 파벌 싸움이라든지 이런 것에 아주 치를 떨고 있어요. 그 후 국내에 들어와서, 처음 <무정> 같은 작품에서는 긍정적이고 낙관적인 미래를 기도했다면, 그 이후로는 세태비판 쪽으로 나가죠. 공동체나 민족은 잊어버리고 점점 개인화되는 데에 대해 집중적으로 비판합니다. 한 예로 이런 경우가 있습니다. <무정>에서 재미있는 현상 중에 하나가, 기차에서 우연히 만난 영채를 병욱이가 집에 데려가서 자기 아버지 돈으로 유학을 보냅니다. 공짜 유학인데, 사실 그런 일이 있을 수 없죠, 요새 생각하면 말도 안 되는 이야기입니다. 그런데 바로 이것이 이광수가 생각하는 민족의 이념을 표현하는 것이었습니다. 그렇게 해야 된다는 것이지요. 이른바 "선량한 부모"의 역할은 그런 것이어야 된다, 자기 자식들에 대한 보살핌을 넘어서야 한다는 것입니다. 하지만 후에 이것이 어떻게 변질되었는가 하면, 유학 비용을 미끼로 학교 교사가 여학생을 농락하는 이야기로 바뀌는 것입니다. 사회에 대한 이광수식 비판이죠. 여학생들 역시 예전같이 계몽과 민족의 문명개화를 위해서 유학을 가는 것이 아니라, 유학도 일종의 허영이자 사치가 되는 겁니다. 개인화되면서 민족보다는 일본 국가나 시장에 더 깊이 소속하게 되는 것이지요. 춘원은 바로 이 문제를 비판했던 것입니다.

그리고는 불교적인 논의가 강화되면서, 개인적인 이욕에 빠진 사람들을 비판하는데, 이것은 소설 제목도 있습니다만, '무명'이라는 불교적인 개념에 집약됩니다. 초기에 썼던 '새 아이' 같은 시에서 새 아이라는 새로운 근대주체의 핵심적인 덕목 중 하나로 엑스빛을 듭니다. "네 눈이 엑스빛 같다" 라고 썼지요. 엑스선으로 과학과 진리를 추구하겠다고 했던 것이, 이제 인간들이 진리를 보지 못하고 무명에서 벗어나지 못하고 있다는 통찰로 나아가게 되는 것이죠. 그래서 근대주체는 그 적극적인 면을 잃고 오히려 불교적인 중생으로서 무명을 비판받게 됩니다.

다음으로, 과거로 탈주한다고 표현하셨는데, 이것은 식민지 시기 말기의 보편적인 논리를 배경으로 한 이광수의 특수성과도 관련됩니다. 잘 아시다시피 "근대의 초극"이라 한, 탈서양, 탈근대, 탈합리주의가 일본의 사상가나 문학자들을 중심으로 논의되고 있었습니다. 물론 여러 가지 탈근대의 방향이 있었을 터인데, 예컨대 잘 알려진 전향자 중 백철 같은 사람은 서양 중심의 사고방식, 즉 필연이라고 믿었던 역사적 발전 도식이 결국 서양 중심의 사고에 불과하며, 따라서 현재의 상황을 우연으로 보는 대신, 오히려 "시대적 우연"을 받아들여서 그것을 필연으로 전환시켜야 한다는 식의 논의를 펼칩니다. 즉 역사철학적인 곡예를 벌이면서 여러 가지 얘기를 하는데, 이광수 같은 경우에는 불교와 고대를 특히 강조합니다. 이광수에게 삼국시대는 인종적으로 문화적으로 중요합니다. 내선일체를 증명하기 위해 이광수는 여러 예를 드는데, 한글은 일본에서도 사용했던 고대 문자라고 한다든지, 당대 일본 인구가 칠천만 정도 되는데, 그 중 <신찬성씨록>에 기재된 조선 출신만 해도 한 이천만 된다고 한다든지, 여러 가지 얘기들을 합니다. 그리고 이를 주로 불교적인 인과관계, 인연을 통해 납득하고 설명하려 합니다.

일종의 재배치라고 할지, 역사의 재맥락화를 시도하는 것입니다. 아까도 말씀드렸듯이, 이 점에서도 삼국시대는 중요합니다. 유교가 보편화되기 이전의 삼국시대가 진짜 고향이라는 겁니다. 특히 조선의 탈불교 친유교가 나라를 문약에 빠뜨렸다고 보는 거죠. 즉 민족의 원형은 고대에 있고, 유교보다는 불교에 있다는 것입니다. <세조대왕>에서도 이광수는 세조대왕을 그런 관점에서 높이 평가하고 있습니다. 세조는 억불숭유와 좀 달랐다는 거죠. 에. 오히려 불교에 가까웠고, 또 중국보다 일본에 가까웠다는 것이지요. 뭐, 이 정도로 하겠습니다. 두서없이 말씀드렸습니다.

김철 이경훈 선생님의 논문은 언제나 여러 텍스트들이 서로 교차하면서, 아주 현란한 댄스를 벌인다고 할까, 그런 느낌을 주는데 이 논문도 역시 그렇군요. 하타노 세츠코가 "<삼경인상기>에서 이광수가 말하지 않은 것"이라는 논문을 쓴 게 있지요? 오늘 선생님의 논문은 하타노의 논문과는 배치되는 결론, 즉 이광수가 야마자키를 줄곧 의식하고 그 기억을 계속 환기시키고 있다는 결론을 제시하고 있습니다. 그것이 상당히 설득력 있게 전개되고 있습니다. 특히 그 과정에서 야마자키 소설이 아마 처음 소개되는 거지요? 아주 흥미로웠습니다.

<삼경인상기>는 굉장히 복잡한 텍스트인 게 분명합니다. 이 선생님 논문에서 별로 언급되지 않은 부분을 조금 말씀드리면, <삼경인상기>는 이광수가 일종의 위치 전도를 꾀하고 있는 텍스트로 보입니다. 조선과 일본의 고대를 끊임없이 환기시킴으로써 일본과 조선의 우열관계를 바꾸어 보려는 그런 시도를 하고 있지요. 또 한편, 가와카미, 하야시 후사오 등과 벌이는 술자리도 일종의 살벌한 게임이 벌어지는 장면이잖아요? 일본 최고의 지식인들이 식민지 출신의 지식인 이광수를 앉혀놓고 "술 취한 이광수를 보여달라"고 한단 말입니다. 이 요구에 대한 이광수의 반응이 재미있지 않습니까? 며칠씩 거듭되는 '술 취한 이광수의 모습을 보여달라'는 요구에 대해 이광수는 "하야시 후사오 씨는 술 취한 가야마(香山)가 보고 싶은 모양이다. 그래, 보여 주마" 라고 합니다. "가면을 벗고 너의 맨얼굴을 보여라, 너는 누구냐?" 라고 윽박지르는 상대방에게 "나는 숨길 것이 없다, 나는 가야마 미츠로(香山光郞)다"라고 대꾸하고 있는 것이지요. 겉으로는 온갖 친절과 호의로 감싸인 친교의 자리지만 이면에서는 아이덴티티를 둘러싼 기억의 투쟁이랄까, 하는 것이 벌어지고 있는 것이지요. 그 점이 저에게는 특히 흥미롭습니다.

이경훈 말씀하신 점과 관련해 좀 더 명확히 기술해야 하겠습니다. 요컨대 경성의 가야마나 도쿄의 가야마가 아니라, 또 경성의 이광수도 아니라 나라의 가야마라는 것이 이광수의 입장이라는 말씀입니다. 이 부분은 글을 완성할 때 더 명확하게 해야 하겠습니다.

임성모 저는 이광수가 근무했던 오산고등학교 출신인데 교가 첫 구절이

"네 눈이 밝구나 엑스빛같다"입니다.

김철 "네 눈이 밝구나 엑스빛같다"라는 이광수 시에 나오는 구절이 오산교가였군요.

임성모 국어 선생님이 우리들에게 무지몽매한 놈들이라고 하면서 조만식이나 김소월 선생 얘기를 해주시던 기억이 납니다. '엑스빛'이라는 말에서 떠올린 기억인데, 그와 비슷한 말이 나와서 질문 드립니다. 3장 끝부분을 보면 야마자키가 이광수를 찾아갔던 걸 회고하면서 "이 군이 이 군인 것이 좋았다"는 회상을 남기고 있는데, 그 이야길 하면서 마지막에 "인간과 인간의 마음의 접촉이 중요하지 않을까"라는 말을 합니다. 제가 글을 전체적으로 이해를 못 해서 그렇겠지만, 선생님께서는 야마자키가 기쿠치와 비슷한 관점으로, 그러니까 카야마 이전의, 조선인으로서의 어떤 정체성을 들씌우는 그런 맥락에서 이걸 보신 것 같습니다. 그런데 이 "인간과 인간의 마음의 접촉"이란 말은 다케우치 요시미도 하거든요? 다케우치도 비슷한 체험이 있었던 것인데, 1930년대 말에 외무성이 파견한 중국 시찰단의 일원으로 경성에 왔다가 아마 자유시간이 주어졌나 봐요. 회상기에는 강원도 K시라고 했으니까 아마 강릉인 것 같습니다만, 오사카 고등학교 시절의 조선인 동창생을 만나러 갑니다. 거기서 사복형사가 미행했다고 하니까 아마 사회주의 운동을 하던 요주의 인물이었던 것 같습니다. 그 짧은 만남을 정리하면서 "마음과 마음의 접촉"을 느꼈다고 했습니다. 제 느낌에는 다케우치의 경우 조선인에 대해서, 발제에서 '혼혈화' 얘기를 하셨듯이 그런 식으로만 보지는 않았던 것 같아요.

김철 아먀자키가 다케우치 글을 읽은 게 아닐까요?

임성모 그럴 수도 있겠지요.

이경훈 57번, 58번 각주 부분은 사실 야마사키가 똑같은 일을 두 번에 걸쳐 약간 다르게 쓴 것입니다. 그런데 이광수의 대답이 앞은 같지만 뒤는 달라졌어요.

김철 그 구절은 다케우치 글을 읽었을 가능성을 말해줍니다.

임성모 어쨌든 보통 다케우치는 아시아를 말하면서도 주로 중국 얘기만 하고 조선에 대해서는 거의 기술이 없습니다만 그 극소수의 기술 중 하나에서 이런 표현을 씁니다. 제 심증으로는 다케우치의 행적을 생각할 때 조선인을 지금 결론을 내리신 것처럼 보지는 않았던 것 같습니다. 그렇다면 당시 일본인과 조선인의 관계를 다르게 볼 가능성도 열려 있는 게 아닌가 하는 거죠.

이경훈 저도 예전에는 야마자키라고 읽었었는데 야마사키라고 하게 된 것은, 하타노 교수가 이광수 스스로 야마사키라고 불렀으므로 야마사키가 맞지 않겠는가 해서 저도 받아들인 겁니다. 어쨌든 제가 초점을 맞춘 것은 어린 시절의 얘기고, 그리고 이 군은 이 군인 것이 좋았다는 말이 반드시 혼혈아로 생각하던 어린 시절에 머물러 있다고 생각할 수는 없겠죠. 삼십 몇 년이 지나 이제 중년들이 되었으니까요. 따라서 말씀하신 반론도 가능하다고 생각합니다. 하지만 야마사키가 1968년도까지 계속 혼혈아 운운했던 사실에 고집스럽게 집착하고 있기 때문에……, 한편 춘원과 야마사키의 관계가 좀 묘하기도 하고, 기쿠치 칸

얘기가 나온 것도 야마사키가 기쿠치 칸과도 묘한 관계였던 듯합니다. 기쿠치 칸도 야마사키에 대해서 뭔가 쓰지요.

최문규 독일문학을 전공하는 저로서는 이광수에 대해서 깊이 알고 있는 점이 없어서 아주 기본적인 질문을 한 가지 드립니다. 이광수와 야마사키는 어떤 관계를 맺고 있는 것인가요? 흔히 서구에서 말하는 상호텍스트성라는 측면이 두 사람 사이에도 존재하는 것인지요? 소설을 집필하면서 이광수는 계속 자신의 글을 보내는 것 같습니다. 그리고 야마사끼는 마치 우월한 위치에서 이광수를 평가하는 듯 합니다.

이경훈 여기 인용됐듯이, 이광수는 야마사키에게 첫사랑을 느낀 것 같다고 했습니다. 대단히 친했고 톨스토이를 이광수에게 소개했다고 되어 있습니다. 이광수의 <나의 교우록>을 보면 제일 첫 번째로 등장하는 인물이 야마사키입니다. 야마사키의 집에 가서 가족들도 만난 것으로 되어 있습니다. 그런데 일본 친구의 집에 간다는 것은 중요한 사건이었을 수 있습니다. 더군다나 이광수는 부모들이 어린 시절에 돌아가셨고, 거의 고아처럼 동가숙 서가식 하면서 살았었기 때문에 더 그렇습니다. 일본 가정의 따뜻함 같은 것이 소설이나 수필 같은 데에서 논의됩니다.

최문규 두 사람이 어떻게 소설을 주고받았는지, 문학적 교류는 없었나요?

이경훈 그렇지는 않고 오랫동안 음신이 끊어졌었습니다. 이광수가 일본어로 번역된 자기 소설을 보낸 것도 야마사키가 먼저 연락을 하고 사진도 보내고

한 후의 일입니다. 계속 동경에 가면 찾아가겠다고 해 놓고는 실제로는 연락도 하지 않습니다. 언제나 야마사키가 먼저 연락을 하고, 이광수는 나중에 답하는 식입니다. 사실 일본에서 야마사키는 별로 중요한 작가가 아닌 듯합니다. 하지만 이광수와 관련해서 읽을 부분이 있는 거죠.

김철 이광수 때문에 야마사키가 빛을 봤다고까지는 할 수 없지만 약간 이름이 알려진 것이지요. 이광수가 워낙 거물이어서 야마사키는 자꾸 찾아가서 연락도 하고 만나고 싶어 했지만 이광수는 전혀 그렇지 않았습니다.

신형기 아주 미묘한 글 읽기를 전개하는 이경훈 선생님의 글인 것 같습니다. 질문이라기보다 간단한 부연의 말씀을 드리자면, 이경훈 선생님의 글은 식민지 지식인, 식민지 식자가 어떤 위치에서 어떤 생각을 하는지를 보여준 것이라고 할 수 있습니다. 식민지 지식인, 식민지 지식인과 제국 간의 관계라고 하는 것 말입니다. 식민 지식인의 모습을 고정하거나 어떤 역사적인 책무를 부과하려 하는 것이 우리의 통상적인 행위라면, 소설이나 그 소설에 흐르고 있는 이광수의 행적 같은 것을 보면 사실 그 내면이 매우 복잡하고, 또한 식민지 제국의 지식인 역시 그리 간단치 않다는 점을 알 수 있죠. 정말 식민지란 숙제 같아요. 식민지 개념이 정치적으로나 경제적으로 간단히 규정될 수 있을지 모르지만, 그 역사적 시간에 대한 이해는 그렇게 호락호락하지 않습니다.

잃어버린 기억을 찾아서

이승종 (연세대, 철학과)

대국굴기(大國崛起)를 앞세운 중국의 패권주의는 자신의 이념을 역사적으로 정당화하기 위해 동북공정이라는 왜곡도 서슴지 않고 있다. 왜곡의 피해자인 우리 민족의 한 편은 잘못된 이데올로기와 국정 운용이 초래한 압제와 가난에 신음하며 중국의 원조를 바라고 있고, 다른 한 편은 상대적 풍요 속에서 민족과 국가를 신화로 치부하며 그 정체성을 부정하는 것이 세계화 시대에 걸맞은 지식인의 덕목처럼 간주되는 이상한 유행에 빠져 있다. 이 글은 이러한 현재의 모습을 반성하기 위한 목적에서 씌어졌다.

우리는 이 글에서 신화나 이데올로기로 왜곡되거나 오해된 한국과 중국의 민족적 정체성을 역사적으로 추적하면서 그 베일을 벗겨보려 한다. 이를 위해서는 먼저 우리의 영원한 이웃인 중국의 정체를 똑똑히 해부해야 한다. 아주 오래전 언젠가부터 우리는 자신의 역사를 그들의 눈으로 보기 시작했고 아직도 그 질곡에서 벗어나지 못하고 있기 때문이다. 이 문제에 관한 한 우리는 현대의 미국이나 근대의 일본으로부터는 고사하고 고대의 중국으로부터도 온전히 자주

독립을 얻지 못한 상황이다. 그래서 우리는 중국이라는 중화주의적 용어의 등장이 함축하는 바를 살펴보고, 단군과 고조선을 신화와 전설로 폄하하는 제설(諸說)들을 비판적으로 분석할 것이다. 그 과정에서 민족 정체성에 대한 현재 한국과 중국의 인식이 모두 각기 다른 방식의 왜곡된 기억, 혹은 망각에 근거한 것임을 보일 것이다.

1. Us and Them

오랫동안 동양사에 대한 세계적 표준으로 군림해온 책으로 페어뱅크, 라이샤워, 크레이그가 같이 쓴 *East Asia: Tradition & Transformation*이 있다. 1,000쪽이 넘는 이 대작의 우리말 번역본은 상, 하 분권으로 나와 있다. 그 중 원저서의 *Tradition* 부분에 해당되는 상권의 목차를 보자. 첫 장부터 중국으로 시작하더니 9장까지 중국으로 도배가 되어 있다. 한국은 책의 10장에서만 언급될 뿐이다. 이 책의 고작 7%에 불과한 분량이다. 세계의 독자들은 동양사는 결국 중국사라는 인상을 갖게 된다. 한국의 독자들은 이와 아울러 중국에 대한 열패감을 갖지 않을 수 없다. 현재의 강역 상으로도 중원과 만주에 걸쳐 있는 중국과 두 동강난 한반도는 비교가 되지 않는데 역사적 무게감으로는 양국의 차이가 이보다 더 심하다는 점 때문이다.[1]

동양의 전통 철학도 중국이 독점하다시피 하고 있기는 마찬가지이다. 그런데 한국과 관련해서는 동양사보다 상황이 오히려 더 나쁘다. 세계인들이 읽는

1 한국이 푸대접받기는 다른 역사서에서도 대동소이하다. 예컨대 동반구 문명에 관한 퀴글리의 도표에는 인도, 중국, 일본만이 등장한다(Quigley 1979, 83쪽). 동아시아 문명권에서 한국은 아예 존재하지 않는 것이다.

동양철학사들 중에는 한국에 대한 언급이 아예 없는 경우가 허다하다.[2] 아니 이건 해도 너무한 것 아닌가 하는 생각에 우리나라에서 간행된 한국철학사들을 들춰본다. 대개는 단군신화에 대한 아주 소박한 해석을 소개한 뒤로는 바로 원효나 최치원으로 건너뛴다. 최근에 나온 책들의 경우에는 단군신화에 대한 언급 없이 아예 원효나 최치원으로부터 시작하기도 한다.[3] 그렇다 해도 우리 철학사가 왜 세계인들이 읽는 동양철학사에서는 왕왕 보이지 않는 것일까?

세계인을 상대로 한 동양철학사의 집필 자료를 모으고 있는 서양인의 눈으로 한국철학사를 검토해보자. 그는 단군, 원효, 최치원의 활동연대를 검색한다. 단군은 그가 BC 2333년에 건국했다는 고조선의 군장인 듯싶다. 원효와 최치원에 대해서는 보다 확실한 년대를 얻는다. 원효는 7세기에 신라에서 활동한 불교 승려이고 최치원은 9세기에 당나라와 통일신라에서 활동한 학자이다. 그렇다면 단군신화로 시작하는 한국철학사에는 거의 3000년에 해당하는 시간이 무주공산으로 방치되어 있는 것이다. 이런 말도 안 되는 상황에서 한국의 철학사를 동양철학사에 등재하는 것이 망설여진다. 전승은 철학사의 알파요 오메가인데 한국의 철학사에는 바로 이 전승의 과정에 공백이 너무 길기 때문이다. 그렇다고 철학사의 근원에 해당하는 고대철학 부분을 빼고서 한국철학사를 소개하기도 꺼림칙하다. 그는 혹시나 해서 단군에 대해 좀 더 조사해보고는 놀라운 사실을 알게 된다. 단군의 역사적 실재성에 대해서는 한국의 주류 사학자들이 오히

---

2 예컨대 동양철학에 대한 다음의 표준적 안내서에서 한국철학은 보이지 않는다. Kupperman 2007. 해외 동양철학계에서 한국철학이 갖는 위치를 묻는 한국의 기자에게 마크 세턴(Mark Setton) 교수는 위치라고 할 만한 게 없다고 답변한다. 그의 인터뷰를 좀 더 들어보자. "동양철학 하면 으레 90%가 중국철학을 논했고 한국철학은 그저 중국철학을 따라한 것에 불과하다는 시각이 팽배했죠. 때론 일본철학보다도 인지도가 낮습니다." 『동아일보』, 2011년 9월 22일자 기사.

3 몇 가지 예를 들자면 한국철학사 연구회가 펴낸 『한국 철학 사상가 연구』는 최치원에서 시작하며, 성태용, 고영섭 교수는 원효를 각각 한국철학사와 한국 사상의 새벽으로 묘사하고 있다. 한국철학사 연구회 2002; 성태용 1994; 고영섭 2009 참조.

려 더 완강하게 부정하고 있는 것이다. 단군이 건국했다는 고조선이나 그 건국 연대라는 BC 2333년에 대해서도 그들의 태도는 대동소이하다.

우리의 사학계가 인정하는 표준적 역사서인『삼국사기』는 원효나 최치원의 활동연대보다도 훨씬 늦은 1145년에 발간되었다. 이 책에 고조선이나 단군에 대한 언급은 보이지 않는다. 책의 제목이 함축하듯 우리 역사는 하나의 정체성으로 묶이지 않는 열국들에서 시작하며 그 강역은 얼마간의 예외가 있기는 하지만 한반도로 거의 고정되어 있다. 반도 내에서의 분열의 역사가 우리 역사의 과거와 현재인 것이다. 그 반도의 바깥에는 앞서 보듯 유구한 역사와 강역을 자랑하는 중국이 있어왔고, 삼국시대 이전에는 그 중국이 반도에 설치한 한 4군에 의한 지배가 있었다는 것이 우리가 배운 역사이다. 대국에 의한 지배와 내부 분열이 우리의 출생증명서요 족보인 셈이다. 거기다가 고대에 대한 기록과 기억은 전무한 편이어서 아직도 중국 측 역사서에 간헐적으로 등장하는 우리에 대한 극히 왜곡된 단편적 묘사들에 의존하고 있는 실정이다.

이러한 우리의 역사인식이 사실이라면 우리는 좀 가련한 민족이다. 이러한 식으로 연명해 아직까지도 목숨을 유지하고 있다는 것이 놀랍고 감격스러울 정도이다. 실제로 과거 우리의 역사 교과서들은 이 점을 강조했다. 그 악조건 속에서도 우리가 근근이 버텨왔다는 점을, 한때 나라를 송두리째 잃어버리는 막장에 도달하기도 했지만 이제 그 어둠의 터널을 벗어나 웅비할 차례임을 말이다. 그러나 잃어버렸던 나라는 우리 손으로 되찾은 게 아니고 역사의 뿌리에 해당하는 고대사에 대한 망각과 그로 말미암은 중국에 대한 우리 역사의 사료적 종속 문제는 달라진 게 없다.

그런데 생각을 달리해보면 의심쩍은 것이 한두 가지가 아니다. 중국의 지배와 이어지는 분열의 역사를 지닌 민족이 어떻게 해서 그처럼 막강하고 우월한 중국에 먹히지 않고 존속해올 수 있었을까? 그렇게 기적적으로 존속해온 우리는 역사를 증언할 집단 무의식을 소유하고 있을 터임에도 불구하고 왜 정작 자신의 고대사를 스스로의 힘으로는 제대로 기억조차 못하는 상태를 개선하지 못하고 있을까? 개선의 의지는 현재 있는가? 처음부터 작은 덩치의 우리에 비해 중국은 어떻게 처음부터 현재까지 그렇게 크고 강성하고 문화적으로도 우월한 국가를 유지해올 수 있었을까? 그런데 중국이 과연 그랬을까? 우리가 과연 그랬을까? 기억상실증에 걸린 우리의 과거가 어땠는지를 알려주는 중국의 역사서는 믿을 만 한 것인가?

2. Anti-Masochism

중국이라는 이름을 우리가 불러주는 순간 우리는 그 이름이 함축하는 중화주의의 구도에 걸려들게 된다. 그 구도는 존화양이(尊華洋夷)라는 자민족 중심주의와 화하일통(華夏一統)이라는 통일적 다민족국가론으로 구성되어 있다. 전자는 사이(四夷)라는 이적들에 대해 하(夏)족이 문명적으로 뚜렷이 구별되는 우월성을 지니고 있음을, 후자는 현재 기준으로 중국의 영토 내에 있었던 다양한 모든 민족과 역사는 모두 중국인이고 중국의 역사임을 각각 주장한다. 패권주의의 다른 이름에 불과한 중화주의적 국명인 중국이 아니라 차이나, 혹은 지나(支那)가 그들에 적합한 이름이다. 이 글에서도 앞으로는 이 이름으로 그들을 가리키려 한다.

존화양이와 화하일통은 하족의 정체성을 부정하지 않고서는 서로 양립할 수 없는 상호 모순적 이념이다. 그들이 자신들의 역사적 정체성의 토대로 꼽는 것은 사마천(司馬遷)의 『사기』(史記)의 「오제본기」(五帝本紀)이다. 거기서 사마천은 황제(黃帝), 전욱(顓頊), 제곡(帝嚳), 요(堯), 순(舜) 오제(五帝)로부터 하, 은, 주의 제왕들이 모두 하나의 공통된 조상인 황제로부터 나온 것으로 일원화하여 중화 상고사를 정리했다. 예컨대 사마천은『사기』의「은본기」(殷本紀)에서 은나라의 시조가 되는 설(契)을 제곡의 둘째 왕비인 간적(簡狄)의 아들로 기술하고 있다. 은민족을 황제의 증손인 제곡의 후예로 보고 있는 것이다. 마찬가지로『사기』의「주본기」(周本紀)에서는 주나라의 시조가 되는 후직(后稷)에 대해서도 오제의 하나인 제곡의 왕비의 소생으로 기술하고 있다. 그러나 그의 이러한 작업은 역사적 사실과 기록을 무시한 허구적 창작에 가깝다. 은이나 주에 관한 여타의 기록 어디에도 설이나 후직이 제곡과 연관이 있다는 증거는 없다(勞思光 1988, 43-44, 50쪽). 결국 사마천의『사기』는 객관적 사실이나 사료보다 황제 중심의 인위적 대일통사관(大一統史觀)이 우선하는 이데올로기적 역사서라고 할 수 있다(김성기 2007, 143쪽). 이런 의미에서 지나의 역사공정(歷史工程)은 그들의 뿌리 깊은 전통이다.

화이(華夷)의 구분에 근거해 집필된 부사년(傅斯年)의「이하동서설」(夷夏東西說)은 양자를 서로 대립되는 역사적 존재자로 보고 있지만 이(夷)에 대한 하(夏)의 문명적 우월성은커녕 하(夏)의 독자적 문명이 어떤 것이었는지도 온전히 밝히지 못하고 있다. 하(夏)를 이(夷)와 가를수록 하(夏)는 문명적으로 빈곤해지고 이(夷)는 풍성해지는 반비례의 역설을 우리는「이하동서설」(夷夏東西說)에서 확인할 수 있다. 그럼에도 불구하고 중국문화사나 사상사의 이름을 한 책들을 보면 현재 기준으로 지나의 영토 내에 있었던 모든 이질적 문명과 사상을 자기들의 것으로 쓸어 담고 있다. 이러한 흐름대로라면 현재 지나가 강점하고 있는 티벳의 유구한 불교전통이 통째로 중국사상사의 일부로 편입될 날도 멀지 않을 것이다.

같은 맥락에서 한국에서 연구되는 동양철학은 대개 중국철학과 동의어로 사용된다. 인도철학은 동양철학으로 묶기에는 외래적인 사상으로 밀쳐지고 일본철학이나 한국철학은 중국철학에서 파생된 아류쯤으로 폄하된다. 특히 한국철학 연구는 조선 시대의 철학에 대한 연구에 묶여 있고 조선은 주희라는 단 한

명의 중국철학자에 의해 독점 지배되는 것으로 되어 있다.

동양철학이 곧 중국철학이라는 등식은 동양사를 중국이라고 불리는 단일한 계통이 지배해왔으며 동양철학은 그 계통의 철학이 독점해왔다는 지나의 반(反)사실적 가정을 전제하고 있다. 그리고 그 증거로 드는 것이 동양철학이 한문이라는 단일한 언어로 이루어진 철학이라는 점이다. 실제로 한국에서 동양철학은 한문학과 쉽게 구별되지 않고 동양철학자와 한문 잘하는 사람이 쉽게 구별되지 않는다.

그러나 한때 독일이나 프랑스가 유럽의 대부분을 점령했다 해서 유럽사가 독일사나 프랑스사로 불리어지지 않으며, 한때 그리스어나 라틴어가 유럽 문화를 석권했다 해서 유럽사가 그리스사나 라틴사로 불리어지지 않는다. 미국이 현재 세계를 주도하고 있고 영어가 세계 공용어로 사용되고 있다고 해서 세계사가 미국사가 되는 것은 아닌 것처럼 말이다. 어이없게도 바로 이러한 억지논리가 동양에서는 중국이라는 허구적 용어가 조장한 집단최면 하에 아직까지도 전용되고 있는 것이다.

한국에서 연구되는 동양철학에는 현대철학이라 불릴만한 연구가 거의 없다. 열에 아홉은 고전 문헌에 대한 연구로 편중되어 있어 동양철학은 사양 산업이고 과거에 단종된 제품에 대한 호고 취미처럼 보인다. 그 이유의 하나는 동양철학과 동의어로 간주되어온 중국철학이 서양의 현대철학에 비해 그 덩치에 걸맞는 역량 있는 작품을 내지 못하고 있다는 점에, 다른 하나는 동양철학의 전통에서 온고이지신(溫故而知新)해야 할 한국 고대의 철학적 전통이 절맥되어 있다는 점에 기인한다. 현대의 지나는 자신만의 것도 아니고 자신에게는 걸맞지도 않는 과분한 과거의 유산을 무위도식하고 있으며[4] 이러한 지적 폭력 하에 한

4 다음의 책에서 이에 대한 고백과 반성을 엿볼 수 있다. 南懷瑾 1991, 80쪽.

국에서의 동양철학은 마조키즘의 길을 걷고 있는 것이다.[5]

우리와 지나의 관계가 이렇게 일방적으로 자리매김 되고 있다는 것에 대해 고대의 기록들을 살펴볼 때 격세지감을 지울 수 없다. 예컨대 지나의 갈홍(葛洪)이 지은『포박자』(抱朴子)에는 다음과 같은 기록이 있다.

> 황제가 동(東)으로 청구(靑丘)에 와서 풍산(風山)을 지나다가 자부선생(紫府先生)을 보고『삼황내문』(三皇內文)을 받았다.[6]

이능화는 청(淸)의『일통지』(一統志)와 진(晉)의『천문지』(天文志)를 근거로 청구를 동이의 나라로,『열선전』(列仙傳)을 근거로 자부선생을 동방의 선인(仙人)으로 해석하고 있다(이능화 1959, 45쪽).『삼황내문』은 곧『음부경』(陰符經)인데 상, 중, 하 세 권으로 이루어져 있으며 그 내용을 요약하면 다음과 같다.

> 상권은 천황(天皇), 중권은 지황(地皇), 하권은 인황(人皇)이다. (이래서 즉『삼황내문』이다.) 상권은 신선과 우주론에 대한 것이 담겨 있고, 중권은 부국안민의 법이 담겨 있고, 하권에는 강병전승(强兵戰勝)의 술(術)과 천지 음양 만물의 조화 원리가 담겨 있으니, 치국(治國), 제가(齊家), 지신(持身) [⋯] 등은 모두 이 경에서 나온 것이다.[7]

『삼황내문』은 인문학, 사회과학, 응용과학을 아우른 지식의 백과사전이었

---

5 이러한 사대주의는 철학을 비롯한 우리 문화 전반에 건재해 있다. 이승종 2009a; 2010 참조.

6 葛洪,『抱朴子』,「內篇」,「地眞」, 黃帝東到靑丘 過風山 見紫府先生 受三皇內文

7 『道書全集』,『陰符經』,「三皇玉訣 序」, 上卷 天皇 中卷 地皇 下卷 人皇 (是卽所謂三皇內文) 上卷 按神仙抱一之道 中卷 按富國安民之法 下卷 按强兵戰勝之術 與天地陰陽萬物 爲祖宗 治國齊家持身 [⋯] 皆徒此經出 (이능화 1959, 46-47, 366쪽에서 재인용)

던 것 같다. 그 체제도 동이족 신앙의 특징인 천(天) 지(地) 인(人) 삼신(삼황)으로 되어 있고, 치국이 제가나 지신보다 앞에 놓인다는 점에서 지나의 유가 경전(『大學』)과 차이를 보이고 있다(정인보 1946, 하, 529쪽 참조).[8] 지나의 시조라는 황제는 동이의 사상가로부터 당대의 가장 앞선 지식의 보고를 얻은 것이다. 지나가 자신의 고유 사상으로 주장해온 음양 사상과 신선도(神仙道), 지신, 제가, 치국 등의 개념이 동이의 경전에서 비롯된 것이라는 사실을 중화주의자들은 감추고 싶었을 것이다.[9] 동시대인이면서도 황제는 역사적 인물로 부각되고, 그를 가르친 자부선생은 신화와 전설로 사라져야 하는 것이 지나와 동이의 엇갈린 역운(歷運)이었다.[10]

지나에 대해 한국의 학계가 보이는 사대정신은 기자(箕子)를 우리를 교화시킨 문명화의 상징으로 평가하고 있는 다음의 글에도 스며있다.

> 기자는 BC 12세기 사람으로서, 중국에서 일찍부터 현인으로 숭앙되던 이였다. 그러한 이가 일찍이 우리나라에 와서 교화를 베풀었다는 것은 곧 당시 세계 문명의 중심이었던 중국에 비해서도 우리가 결코 뒤지지 않았음을 나타내는 바로서, 기자는 문명화의 상징으로 내세워졌던 것이다. (노태돈 2000b, 24쪽)

이 글은 "당시 세계 문명의 중심이었던 중국에 비해서도 우리가 결코 뒤지지 않았음"을 역설하고 있는 것처럼 보이지만, 문명화의 공을 기자에 돌림으로

---

8 이에 대해서는 이 글의 7절에서 다시 논의할 것이다.

9 상고시대에 있었던 지나와 우리 사이의 문명적 차이와 교류에 대한 또 다른 국면에서의 논의는 다음을 참조. 이승종 2009b.

10 자부선생에 대한 문헌이 도교서(道敎書)라는 점이 후대 우리의 사학자들이 그 사료적 가치를 부정하는 주된 이유이다. 무엇을 사료로 간주할 것인가에 대한 학문적인 문제처럼 보이지만 사실 여기에는 중화주의, 사대주의, 유교와 도교의 서열 등 이데올로기적 요소들이 착종되어 있다. 이 문제는 이 글의 8절에서 보다 자세히 논의할 것이다.

써 지나의 은혜를 받기 이전의 우리가 문명화되지 않은 상태였음을 전제하고 있는 것이다.

3. 단군 죽이기

우리 역사를 숙주로 기생하는, 사대주의만큼이나 질기고 단단한 또 하나의 자멸적 역사인식으로 식민주의가 있다. 일제 강점기에 반도의 식민화를 정당화하기 위해 일본 사학자들이 구축한 식민사관은 유구한 우리 역사를 일본의 역사보다 더 일천한 것으로 끌어내리고자 우리 상고사의 근원을 도려내는 작업을 시도하였으니 단군의 부정이 바로 그것이다. 그들이 이 땅에서 물러간 이후 단군의 의미와 위상에 대한 폄하가 우리 사학계에서 오히려 더 위세를 떨쳐왔다는 점에서 식민주의는 과거의 악몽으로만 치부될 문제가 아님을 확인할 수 있다. 식민주의를 걷어내고 잃어버린 우리 역사의 원형을 되찾기 위해서는 단군 부정론에 대한 비판적 논의를 건너뛸 수 없다. 이제 단군 부정론의 대표적 논거들을 차례로 검토해보기로 하자.[11]

1) 고구려를 건국한 주몽의 양아버지가 금와이고, 금와의 양아버지가 부루이며, 부루의 친아버지가 단군이므로 단군은 고조선의 선조가 아니라 고구려의 선조라는 시라토리 구라키치(白鳥庫吉)의 주장이 있다. 그는 단군이 강림한 태백산, 그가 도읍으로 정한 평양, 그가 신이 된 아사달산 등이 모두 고구려의 영역 안에 있음을 그 유력한 근거로 들고 있다.

---

11 이하 일본인들의 주장은 다음을 참고하여 정리하였다. 최남선 1926.

그러나 단군은 특정인의 이름이 아니라 고조선 왕이나 왕조에 대한 칭호로 보아야 한다. 따라서 단군을 특정한 한 개인으로 전제하고 추론해낸 시라토리의 결론은 역사적 사실과 부합하지 않는다. 아울러 태백산, 평양, 아사달산 등이 고구려의 영역 안에 있다는 것은 단군이 고구려의 선조라는 주장의 근거라기보다는 고구려가 과거 고조선의 강역을 다스렸음의 근거로 보는 것이 논리적으로 더 합당한 추론이다.

2) 고조선의 할거적(割據的) 형세를 감안할 때 단군신화와 같은 통일적 신화의 성립이 의심스럽다는 미우라 히로유키(三浦周行)의 주장이 있다. 단군의 도읍이라는 평양만 해도 그 유적으로는 겨우 단군의 사당으로 제사를 받드는 숭령전(崇靈殿)이 있을 뿐이니 단군 전설은 지나 문화가 농후한 반도 북방의 것이고, 조선 고유의 한민족이 서식하는 반도 남방과는 관계가 없다는 것이다. 조선총독부 발행『보통학교 국사교수참고서 조선역사교재』도 이러한 주장을 되풀이하고 있다.

이러한 주장은 우리 고유의 정신세계나 역사관에 대한 기본 인식 없이 역사학을 고고학과 같은 것으로 생각하는 근대 이후 인문학계에까지 만연된 실증주의와 유물론의 편견을 보여주고 있다. 종으로는 단군 부정을 발판으로 우리의 상고사를 도려내고 횡으로는 반도사관을 잣대로 조선을 남방과 북방으로 갈라 조선 고유의 역사 무대를 남방만으로 축소하여 우리의 역사를 일본의 역사보다 왜소하게 만들려는 식민사관의 이데올로기를 우리는 경계해야 한다.

3) 기자 전설과 단군 전설은 모두 고려 시대에 창작된 것으로서 기자 전설은 고려 지배층의 대외적 필요(사대주의)에 의해 만들어진 공적 이데올로기인 반면, 단군 신앙은 사회 기층 민중의 민족적 요구에 사회 저변에서 면면히 내려오다가 기미독립운동으로 인하여 왕성해졌다는 이나바 이와키치(稻葉岩吉)의 주

장이 있다. 오다 쇼고(小田省吾)는 이를 부연하여 단군 전설이 몽고의 고려 침입에 대한 반항정신에서 고려 대장경과 비슷한 시기에 성립된 것으로 추정한다. 고려를 무너뜨린 조선에 와서도 고려인들의 민심을 얻으려는 정책으로 단군을 추앙하였지만 주자학의 합리주의를 신봉하는 학자들에 의해 배척되다가 조선 말에 와서 민족 정신이 고취되면서 대외적 필요에 의해 단군이 국조(國祖)로 이용되기에 이르렀다는 것이다.

하지만 역사가 오래된 어느 나라에나 있는 건국에 대한 유서 깊은 이야기가 우리에게만 결여되어 있다는 편견부터가 일본인들이 우리를 낮추어 보고 있다는 증거가 된다. 그들의 주장대로 단군이 전설에 불과하다면 수천 년 뒤에 급조된 전설이 왜 금세 일반 민중의 지지를 얻게 되었는지가 문제시 된다. 단군이 전설이고 그것이 민족적 반항정신의 산물이라는 것은 역사의 원인과 결과를 뒤집는 본말전도의 오류를 범하고 있다(최남선 1926, 94-95쪽).

고대의 구전 설화가 문자로 기록되어 역사서에 올랐다면 그만한 생명력과 실체성을 고려하는 것이 정당할 것이다. 그래서 우리는 단군을 한갓 신화나 전설의 인물로 치부할 위험이 있는 단군신화, 단군전설 등의 표현을 지양하고 단군사화(史話)라는 중립적 표현을 사용하고자 한다. 사화는 역사(史)를 신화나 설화와 같은 이야기(話)와 대립적으로 보지 않으려는 융합적 관점을 반영하고 있는 용어이다. 오랜 역사를 지니는 어느 민족이나 국가도 그 상고의 시원은 신화와 역사가 착종된 사화의 형태로 전승되는 것이 통례이며 이는 일본의 역사나 우리의 역사나 매한가지이다.

4) 단군전설은 지나의 서적에는 보이지 않는 조선에서만 유포된 전설에 불과하다는 조선총독부 발행『보통학교 국사교수참고서 조선역사교재』의 주장이 있다.

우리의 역사를 지나의 역사서를 기준으로 재단하려는 이러한 태도에는 세

가지 문제점이 있다. 첫째, 이 주장은 지나의 역사서만이 우리 역사에 대한 진실을 담고 있다는 선결문제 요구의 오류(the fallacy of begging the question)를 범하고 있다. 둘째, 세상 그 어느 나라도 다른 나라의 역사서를 잣대로 자기 나라의 역사를 저울질하지 않는다. 우리의 사대주의를 역이용해 우리의 상고사를 스스로 부정하게 하는 이이제이(以夷制夷)의 논법을 우리는 경계해야 한다. 셋째, 지나의 서적에 보이지 않는 단군전설이 조선에서만 유포되어왔다는 사실은 단군사화가 사대주의로도 없애지 못하리만치 단단한 본질을 지니고 있음을 반증하는 근거가 될 수 있다.

4. 富之不軾 一然之下?

5) 김부식이 『삼국사기』의 「고구려본기」(高句麗本紀)에서 평양을 "선인 왕검의 집"[12]이라고 기재한 것을 근거로 단군이 고구려 말에 수도 평양의 옛 이름으로 전해지던 왕검에서 비롯된 것이라는 나카 미치요(那珂通世)와 이마니시 류(今西龍)의 주장이 있다. 원래 지명(地名)이었던 왕검이 김부식이 『삼국사기』를 편찬하던 고려 인종 때 평양 지방에서 숭앙되던 선인(仙人)의 이름으로 변하더니 고려 중기에 와서 단군이라는 존칭과 함께 단군왕검이라 불리다가 조선시대에 와서 마침내 단군으로 고착되었다는 것이다.

그러나 왕검은 사마천의 『사기』에 위만(衛滿)과 관련하여 이미 도읍의 이름으로 사용되고 있으니,[13] 고구려가 아닌 고조선 때부터 전승된 오랜 내력을 지

---

12 金富軾, 『三國史記』, 券17 「高句麗本紀」5 「東川王」, 平壤者 本仙人王儉之宅也

13 司馬遷, 『史記』, 券115 「朝鮮傳」, 稍役屬眞番朝鮮蠻夷及故燕齊亡命者王之 渡王儉

닌 이름임을 알 수 있다. 최남선은 왕검의 검이 신(神), 수장(首長), 존귀(尊貴)의 의미를 지니고 있음을 규명함으로써 고조선의 도읍으로서의 왕검이 신앙의 중심지이자 그 신앙의 수장을 동시에 의미한다고 해석한다(최남선 1926, 110, 117쪽).[14]

6) 시라토리를 위시한 일제 강점기 일본사학자들이 구축한 단군 부정론의 가장 유력한 주장은 단군사화가 승려 일연(一然)의 창작이라는 것이다. 일연의 『삼국유사』(三國遺事)에 처음 등장한 단군사화에 사용된 환국(桓国), 환웅(桓雄)의 환이 환인제석(桓因帝釋)의 환에, 환웅천왕(桓雄天王)의 천왕이 수미사천왕(須彌四天王)의 천왕에, 단군(檀君)의 단이 『관불삼매해경』(觀佛三昧海經)에 나오는 우두전단(牛頭旃檀)의 단에 연관된다는 것이 그러한 주장의 근거이다. 이 근거들을 차례로 살펴보기로 하자.

첫째, 환국을 제석과 연관 짓는 것은 『삼국유사』의 본문이 아니라 일연의 주석(註釋)이다. 일연은 본문과 자신의 주석을 구분함으로써 단군사화의 객관성을 훼손하지 않고 있다. 그런데 환국(桓国)의 환이 환인제석(桓因帝釋)의 환에 연관된다면 본문에서 왜 환인이라고 하지 않고 환국이라고 했을까 하는 의문이 생긴다. 환인과 환국은 각각 사람과 나라(혹은 땅)라는 서로 다른 범주에 속하는 이름이다.[15]

둘째, 환웅천왕(桓雄天王)의 천왕이 수미사천왕(須彌四天王)의 천왕과 연관된다는 주장은 천왕의 개념이 동북아 상고사의 유서 깊은 천자, 군주 관념에

---

14 이에 대한 사료적 근거로 최남선은 앞서 인용한 『삼국사기』의 구절에 바로 이어지는 다음의 구절을 꼽고 있다. 金富軾, 『三國史記』, 券17 「高句麗本紀」5 「東川王」, 或云 王之都王險

15 이러한 문제를 인식한 나이토 코우지로(内藤虎次郎)와 이마니시가 『삼국유사』 경도제대 영인본을 간행할 때 환국의 '国'을 '因'으로 변조했다는 주장이 있다(최태영 2000, 222-226쪽). 그러나 이 영인본을 검토한 이능화는 그것이 본래 안정복의 장본(藏本)에 속하며 환국의 '国'을 '因'으로 변조한 사람이 안정복이라고 보고 있다(이능화 1929, 30-31쪽). 실제로 안정복의 『동사강목』(東史綱目)에도 환국이 아닌 환인으로 표기되어 있다(安鼎福, 『東史綱目』, 附中 「怪說辨證」). 변조자가 누구이건 후대에 와서 '国'이 '因'으로 변조되었다는 사실에서 최태영과 이능화의 견해는 일치한다.

서 비롯된 것임을 무시한 몰역사적 견강부회이다.

셋째, 단군(檀君)의 단이 우두전단(牛頭旃檀)[16]의 단에 연관된다는 주장은 『삼국유사』에 등장하는 단군이 나무목 변(檀君)이 아니라 흙토 변(壇君)임을 간과하는 오류를 범하고 있다.[17] 『삼국유사』보다 좀 늦게 편찬된 이승휴(李承休)의 『제왕운기』(帝王韻紀)를 비롯 『삼국유사』 이후 조선시대의 문헌에는 단군이 나무목 변(檀君)으로 바뀌어 기록되어 있기는 하다. 윤내현 교수는 그 이유를 『제왕운기』의 저자가 유학자였고 『삼국유사』의 저자가 불교승려였기 때문이었을 것으로 추론한다. 그리고 표기상의 이러한 차이는 단군이 원래 한자의 명칭이 아니라 고대 한민족 고유 언어의 명칭이었는데 이를 한자로 전사(轉寫)하는 과정에서 빚어진 것으로 본다(윤내현 1994, 9쪽). 그러나 그 어느 경우이던 『삼국유사』가 『제왕운기』보다 먼저이므로 『삼국유사』의 표기를 존중해야 할 것이다.

우리 고대의 언어에는 불교의 영향을 받아 불교 용어로 가차된 경우가 적지 않음이 사실이다. 하지만 가차는 가차하는 언어와 아울러 가차되는 언어가 있을 때에만 가능한 일이다. 가차되는 언어가 지칭하는 고유한 요소와 사실을 부정하고 가차하는 언어의 의미만을 인정하는 것은 고대의 언어와 사실에 대한 올바른 태도가 아니다. 『삼국유사』의 단군사화에서 불교를 선교하는 어떠한 메시지도, 일연이 『삼국유사』를 편찬하던 당시의 시대사조의 반영도 발견되지 않는다는 점은 그것이 이러한 고유한 요소와 사실에 토대를 두고 있음을 시사한다. 아울러 우리는 단군사화에서 곰과 호랑이 등을 가족으로 거느리는 발상이나, 풍우명곡(風雨命穀), 신시(神市), 천왕, 선인(『삼국사기』) 등의 표현이 불교가 아닌 도교에 귀속될 수 있는 것들임을 적시하는 최남선과 이능화의 대안적

---

16 인도의 우두산(牛頭山)에서 나는 향나무로서 우전왕(優塡王)이 불상을 만들 때 이 나무에 조각하였다고 전하는데 이것이 인도에서 최초로 만들어진 불상이라고 한다.

17 이능화는 이 오류를 다음에서 상론하고 있다. 이능화 1929, 2장 참조.

해석에도 귀를 기울일 필요가 있다(최남선 1926, 105쪽; 이능화 1959, 46쪽).[18]

5. 단군 잠재우기

일본 사학자들이 이 땅에서 물러간 이후로도 단군에 대한 오해는 현대 우리 사학계의 일부에서 면면히 이어져 내려오고 있다. 단군이 고조선의 신화인 점은 인정하면서도 그 의의와 영향력을 축소하는 것이 우리 사학계 일부의 입장인 것 같다. 그 대표적 사례들을 차례로 살펴보자.

1) 노태돈 교수는 단군신화가 삼국시대에 들어 그 현실적 기능과 의미를 상실케 되었으며, 고조선에 대해 삼국 모두에서 어떤 뚜렷한 계승 의식을 갖기가 어려웠다고 주장한다. 고대 왕권을 수식하는 천손(天孫) 의식의 경우 천신(天神)은 어디까지나 핏줄로 연결된 현 왕실의 조상신의 모습으로 형상화 되었기에 현 왕실 외에 또 다른 왕실이 앞서 있었다는 것을 인정하기 어려웠다는 것이다(노태돈 2000b, 21쪽).

그러나 이는 타당한 견해로 보기 어렵다. 고구려는 고조선의 옛 땅을 되찾는다는 의미인 '다물'을 이념으로 건국했으며, 백제는 자신이 고조선을 계승한 부여의 후예임을 천명하는 뜻에서 국명을 '남부여'로 바꾸었다. 신라 역시 고조선의 유민들이 세운 나라로서 이들이 남긴 것으로 추정되는 경주평야 등지의 고조선 계통 문화 유적들에서 고조선 계승의 흔적을 찾을 수 있다.

---

18 여기서의 도교는 지나의 도교가 아니라 그 원류가 되는 우리의 도교, 즉 선가(仙家)를 말한다. 이에 대해서는 이 글의 7절에서 다시 논의할 것이다.

단군 계승의 흔적은 단군 탄일을 맞아 삼국과 가야에서 여러 이름으로 행해진 제례에서도 발견된다. 『삼국지』(三國志), 『진서』(晉書) 등의 「동이전」(東夷傳)에는 "나라마다 한 사람을 뽑아 천신을 제사하게 하였는데 천신을 일러 천군이라 하였다"[19]라고 기록되어 있다. 우리는 지나와 달리 시조 단군을 뛰어난 인간인 동시에 하느님과 일체라고 생각해왔음을 상기할 필요가 있다. 따라서 인용문의 천신은 환인, 환웅과 아울러 단군까지를 포함하며 천군은 특히 단군을 지칭하는 것으로 볼 수 있다(정인보 1946, 하, 548쪽).

2) 송호정 교수는 단군신화가 "고조선이 국가 체제를 갖추었을 때 지배를 합리화하기 위해, 즉 하늘에서 신성한 기운을 타고 내려온 자신들의 지배는 절대적이며 백성들을 널리 이롭게 하기 위한 것이라는 이데올로기 차원에서 만들어낸 것"(송호정 2002, 229쪽)이라고 본다. 이어서 그는 이렇게 말한다.

> 물론 그 속에는 고대 국가 건설 초창기의 경험이 담겨 있다. 다만 외부로부터 선진 집단이 이주해오고 지배와 피지배등 계급이 일부 발생하고 그 가운데 등장한 지배자가 제사장적 성격을 강하게 가졌고 행정적인 통치 행위도 했다는 것 이상의 어떠한 사실도 알 수 없다. (송호정 2002, 229쪽)

그러나 이러한 주장은 두 가지 오류를 저지르고 있다. 첫째, 이 주장은 국가와 계급, 지배와 그 정당성에 대한 근대 이후 서양의 이론적 틀을 그 적용의 타당성에 대한 아무런 검증 없이 무비판적으로 우리 상고사에 적용하고 있다. 단군사화가 체제 옹호의 이데올로기에 불과하다는 과감한 독법은 당시의 상황에

---

19 陳壽,『三國志』,「魏志 東夷傳」, 國邑各立一人 主祭天神 名之天君
『晉書』, 卷97「列傳」67「馬韓」, 國邑各立一人 主祭天神 謂爲天君

대한 역사적 고찰에서 비롯된 것이라기보다 현재의 시각으로 상고사를 재단하려는 선입견이 아닌가 싶다.[20] 둘째, 이 주장은 단군사화의 해석에 대한 독점성을 주장하고 있다는 점에서 위험한 견해이다. 텍스트에 대한 단 한 가지 독법만을 인정하고 그 이외의 어떠한 사실도 더 알 수 없다고 단언하는 것은 학문 정신과 양립하기 어려운 독단에 가깝다.

6. 철학 줍기

그렇다면 우리는 단군사화로부터 무엇을 더 알아낼 수 있는가? 『삼국유사』가 전하는 단군사화에 의하면 환국의 환웅이 하늘 아래에 뜻을 두어 인간 세상을 구하기를 탐하여(貪求人世) 인간 사이를 널리 이롭게 하려는(弘益人間) 이념으로 무리 3천을 거느리고 내려와 무릇 인간 사이의 삼백육십여 가지에 이르는 일을 주관하고 세상을 이치로 다스렸다(在世理化)[21]. 이 대목에서 우리는 최초의 철학적 명제들과 만나게 된다. 홍익인간과 재세이화가 바로 그것이다.[22] 이 두 명제는 홍익/인간, 재세/이화 이렇게 두 짝의 철학소들(哲學素;

---

20 조여적(趙汝籍)은 『청학집』(靑鶴集)에서 단군이 작은 정자와 버들대궐에 살면서 소를 타고 다니면서 백성을 다스렸다고 전하고 있다.

21 一然, 『三國遺事』, 「紀異」, 古記云 昔有桓国 庶子桓雄 數意天下 貪求人世 父知子意 下視三危 太伯可以弘益人間 乃授天符印三箇 遣往理之 雄率徒三千 降於太白山頂 神壇樹下 謂之神市 是謂桓雄天王也 將風伯雨師雲師 而主穀主命主病主刑主善惡 凡主人間三百六十餘事 在世理化
단군사화가 삼백육십여 가지에 이르는 일 중에서 특히 곡식, 수명, 질병, 형벌, 선악을 별도로 열거한 것에 주목해야 한다. 이들은 앞서 살펴본 『삼황내문』 및 「홍범구주」에서도 중요한 주제로 다루어지고 있기 때문이다. 단군사화가 전하는 사건이 역사적으로 위의 두 작품들 사이에 놓여 있다는 점을 감안할 때, 『삼황내문』과 단군사화와 「홍범구주」는 내적 일관성을 지니면서 하나의 연속선상에서 순차적으로 파악되어야 할 것이다.

22 이 명제들이 어디로부터 나왔느냐에 대해서 두 가지 학설이 있다. 가장 널리 유포된 학설은 단군으로부터

philosophemes)로 이루어져 있다. 이 철학소들의 의미와 함축을 차례로 헤아려 보자.

㉠ 홍익: 널리 이롭게 한다는 의미이다. 이로움이라는 일상적 용어를 보편성의 경지로 끌어올리는 철학소이다.

㉡ 인간: 우리 조상들이 일찍부터 인간을 여타의 존재자와 뚜렷이 구별되는 존재자로서 사유했음을 보여준다. 여기서의 인간은 원 뜻대로 인간(人) 사이(間), 즉 인간세상으로 새겨야 한다.

㉢ 재세: 세계에 있음을 의미한다. 우리 조상들의 사유가 초월적 피안이 아니라 바로 이 세계에 터해서 전개되었음을 보여주는 철학소이다.

㉣ 이화: 이치를 구현함을 의미한다. 이치(理)라는 추상적 정태성을 구현(化)이라는 구체적 작동성에 접맥시키는 철학소이다.

이들 철학소를 교차배열하면 다음과 같은 여섯 명제를 얻을 수 있다.

1) 홍익인간, 2) 재세이화, 3) 재세홍익, 4) 이화인간, 5) 이화홍익, 6) 재세인간

네 철학소로부터 구성된 여섯 명제를 계열화하면 첫째, 홍익에 관계된 명제가 1), 3), 5), 둘째, 인간에 관계된 명제가 1), 4), 6), 셋째, 재세에 관계된 명제가

비롯되었다는 단군 기원설이다. 임재해 교수는 환웅으로부터 비롯되었다는 환웅 기원설을 제창하고 있다(임재해 2007, 38-39쪽). 그러나 『삼국유사』의 원문을 꼼꼼히 읽어보면 비록 하늘 아래에 뜻을 두어 인간 세상을 구하기를 탐했던 이는 환웅이지만(庶子桓雄 數意天下 貪求人世), 홍익인간은 단군이나 환웅이 아닌 환국에 있는 환웅의 아버지(환인)가 삼위태백을 내려다보고 품었던 이념임을 알 수 있다(父知子意 下視三危 太佰可以弘益人間); 아버지가 알아챈 아들의 뜻은 홍익인간이 아닌 탐구인세이다). 인간 세상을 구하려는 것은 환웅의 뜻이지만 이는 아버지의 이념인 홍익인간과 동일시되어서는 안 된다. 전자는 일차적으로 환웅의 의중을 나타내는 사실명제이고 후자는 철학적 명제이기 때문이다. 양자는 아들의 뜻이 아버지의 이념에 의해 인도되고 구체화되는 방식으로 연관된다. 그리고 아버지의 이러한 이념을 세상에 실현시킨 이는 환웅이므로 재세이화는 환웅에게 귀속된다. 정리하자면 홍익인간과 재세이화는 각각 환국(혹은 환웅의 아버지 환인) 기원설과 환웅 기원설로 나뉘어 다루어져야 할 것이다. 단군은 그의 할아버지가 품었던 홍익인간의 이념과 그의 아버지가 행한 재세이화의 실천을 계승한 이로 간주함이 옳다. 단군사화는 환웅을 중심으로 그의 아버지와 아들(단군) 간의 3대에 걸친 통시적 계승을 환국(하늘)-신시(하늘(神)과 땅(市))-고조선(땅)의 공시적 연속성과 역사적 정통성으로 구현하고 있다.

2), 3), 6), 넷째, 이화에 관계된 명제가 2), 4), 5)이다. 이제 이들 명제들의 의미와 함축을 차례로 헤아려보자.

1) 홍익인간: 인간 사이를 널리 이롭게 한다는 의미이다. 우리 조상들은 이 명제를 세상의 모든 판단과 평가의 척도가 되는 이념으로 보았던 것 같다. 인간 사이를 널리 이롭게 하지 못하는 사유와 행위를 멀리 하고자 하는 지혜가 담겨 있다.

2) 재세이화: 세상에 이치를 구현한다는 의미이다. 우리 조상들은 이치를 구현과 독립시켜 사유하지 않았던 것 같다. 초세계적인 사변을 경계하면서 이치의 주소를 세계에 정위함으로써 사유의 건강한 현장성을 강조하고자 하는 지혜가 담겨 있다.

3) 재세홍익: 세상을 널리 이롭게 한다는 의미이다. 인간 세상을 구하는 환웅의 의지(貪求人世)와 어울리는 명제이기도 하다. 그 의지를 하늘에서가 아닌 이 땅에서(在世) 구현하고자 했다는 점을 주목할 필요가 있다.

4) 이화인간: 인간 사이를 이치로서 다스린다는 의미이다. 이치에 바탕을 둔 인간의 교화는 교화를 가능케 하는 공동체를 전제로 한다. 그 공동체가 바로 고조선이었고 그 공동체의 질서가 교화의 이치였음을 추정해볼 수 있다.

5) 이화홍익: 이치로서 널리 이롭게 한다는 의미이다. 고조선 공동체를 떠받치는 일반 이념의 양대 핵심이기도 하다. 이치의 구현이라는 인식론적, 존재론적 이념을 널리 이롭게 한다는 실천적, 윤리적 이념과 서로 통하게 하는 명제이다.

6) 재세인간: 인간이 사이(間) 존재이며 세계에 터한다는 의미이다. 하이데거의 터-있음(Da-sein), 세계-내-존재(In-der-Welt-sein)와 어울리는 명제이기도 하다. 단군사화는 하늘과 땅을 창조적으로 융섭(融攝)하는 재세인간과 그가 이끄는 고조선 공동체의 탄생으로 귀착된다.

『삼국유사』가 전하는 단군사화의 후반부는 곰과 호랑이가 사람이 되기를 원하여 쑥과 마늘을 먹으며 금기하였으나 곰만이 여자의 몸을 얻어 환웅과 혼인하여 단군왕검을 낳는 것으로 되어 있다.[23] 그중에서도 하이라이트는 인간의 탄생에 그 초점이 맞추어져 있다. 단군으로 표상되는 인간은 하늘에서 내려온 환웅이나 곰이 환생한 웅녀와는 다른 차원의 새로운 존재자이다. 동아시아의 공통문자이기도 한 한자의 기원인 갑골문에서는 인(人)으로서 동방족을 표시하였다. 인(人)은 사람이라는 보통명사가 아니라 인방족(人方族; 東方族)을 가리키는 고유명사로서 공자의 유가 사상의 중심인 인(仁)의 원형이기도 하다(유승국 1974, 73쪽; 何新 1987, 371-374쪽). 고조선은 바로 이 인을 천상계(天上界)나 내세가 아닌 현세의 인간 세계에서 널리 실현하려 했던 공동체였기에 지상의 동물(곰과 호랑이)은 물론 천상의 신(환웅)마저도 인간이 되기를 바랐던 것이다.

7. 고조선의 컴퓨터

하늘을 상징하는 환웅과 그의 무리들이 땅을 상징하는 곰과 호랑이를 만나고, 사람의 몸이 된 웅녀로부터 환웅의 아들인 인간 단군이 탄생하는 과정은 하늘과 땅, 토착 세력인 곰족과 호랑이족, 이주 세력인 환웅족과 곰족의 결합, 그 접점에서 탄생하는 새로운 인간(단군) 등 다양한 요소들로 이루어져 있다.[24] 환

23 一然,『三國遺事』,「紀異」, 時有一熊一虎 同穴而居 常祈于神雄 願化爲人 時神遺靈艾一炷 蒜二十枚曰 爾輩食之 不見日光百日 便得人形 熊虎得而食之忌三七日 熊得女身 虎不能忌 而不得人身 熊女者無與爲婚 故每於壇樹下 呪願有孕 雄乃假化而婚之 孕生子 號曰壇君王儉

24 곰을 환웅이 상징하는 하늘과 대칭되는 땅의 다른 말로 풀이하면서 그것에서 동물의 의미를 완전히 탈락시

웅족, 곰족, 호랑이족과 그들 각각의 문화 등을 입력되는 자료들로 보고, 이 자료들이 환웅족의 이주, 호랑이족의 탈락, 환웅족에 의한 곰족의 교화, 환웅족과 곰족의 결합의 과정을 거쳐 단군과 고조선을 출력시키는 것으로 본다면 이 요소들은 다음과 같은 모델로 도식화할 수 있다.

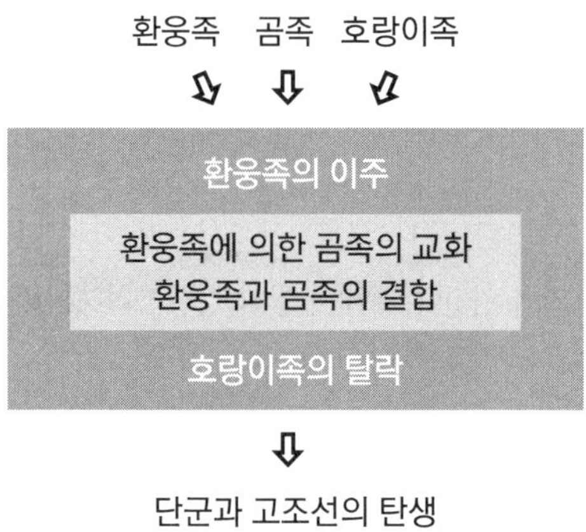

『삼국유사』의 단군사화에서 우리는 세 세력 간의 위계를 가늠해볼 수 있다. 이주 세력인 환웅족은 인간의 삼백육십여 가지에 이르는 일을 주관할 수 있는 능력을 지닌 집단이었다는 점에서 토착 세력인 곰족이나 환웅족과의 결합에 실패한 호랑이족에 비해 우월한 입장에 섰을 것이다. 그럼에도 우월한 환웅족이 열세의 곰족을 제거하지 않고 서로 한 가족을 이루는 조화를 일구어냈다는 점을 우리는 주목할 필요가 있다.[25]

단군사화에서 볼 수 있는 이러한 다양성은 실증적 연구들과도 부합한다. 고

키는 견해(임승국)도 있다.

25 이는 최치원이 다음에서 말한 접화군생(接化群生)의 이념이 실현된 중요한 예이다.*

* 金富軾,『三國史記』, 券4「新羅本紀」4「眞興王」, 國有玄妙之道 日風流 設敎之源 備詳仙史 實乃包含三敎 接化群生

조선의 강역에서는 거석(巨石) 문화, 채도(彩陶) 문화, 빗살무늬토기 문화, 세석기(細石器) 문화 등 신석기 시대를 대표하는 4대 문화가 모두 발견된다(정수일 2001, 70쪽). 이 지역은 천손(天孫) 신화와 난생(卵生) 신화가 중첩되는 곳이기도 하고(김병모 2006, 1권 175쪽), 북방의 유목 문화와 남방의 농경 문화가 해양 문화와 중첩되는 곳이기도 하다. 고조선이 이 문화들의 총본산인지 아니면 총집결지인지에 대해서는 더 많은 연구가 있어야 하겠지만, 그 어느 경우이든 이 문화들도 단군사화의 관점에서 앞의 모델에 따라 정리될 수 있을 것이다. 요컨대 이주 문화와 토착 문화가 입력되어 퓨전(fusion) 문화, 혹은 제 3의 새로운 문화를 형성하고 이들이 고조선과 같은 국가에 의해 균형적 평형과 발전을 유지하다가 고조선의 해체를 통해 부여, 고구려, 백제, 신라 등의 다양한 국가 체제와 문화들로 분화 출력된다.

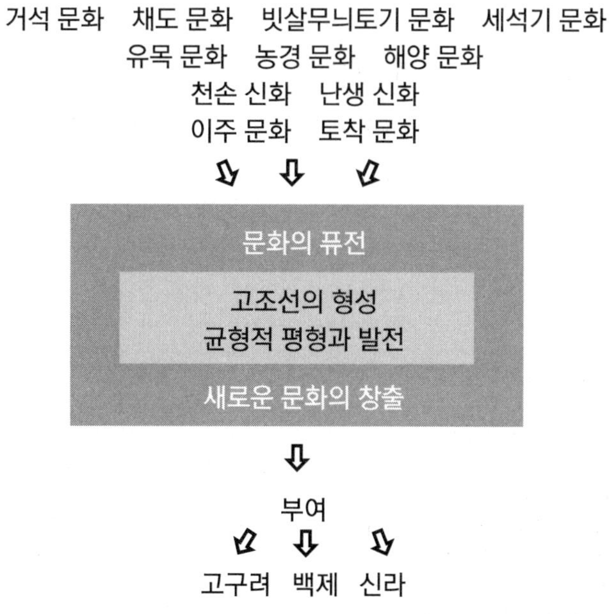

우리는 요하유역의 홍산문화 유적지의 발굴로 인해 환웅족과 결합하기 이전의

곰족의 토착 문화를 어느 정도 알 수 있게 되었다. 우리가 지금까지 알고 있던 고조선의 문화에서 곰족의 토착 문화를 빼면 환웅족의 이주 문화와 고조선에 의해 새로이 창출된 문화의 윤곽을 가늠할 수 있을 것이다.

고조선의 문화 - 곰족의 토착 문화 = 환웅족의 이주 문화 +고조선이 창출한 문화

그리고 환웅족의 이주 문화에 대해 알 수 있다면 다음의 등식에 의해 이주 문화와 토착 문화의 퓨전을 통해 고조선이 새로이 창출한 문화를 추출해낼 수 있을 것이다.

고조선의 문화 - (곰족의 토착 문화 + 환웅족의 이주 문화) = 고조선이 창출한 문화

우리 상고사에서 보여지는 다양한 문화의 균형적 융섭(接化群生)의 지혜는 우리의 선가(仙家)인 풍류도에 바탕을 둔 것이며 이러한 기반 하에 유교, 불교, 도교 등의 사상을 조화로이 혼융하여 성장하도록 했던 것 같다.[26]

---

26 도교가 지나로부터 전래되기 이전인 동명왕(BC 58-BC 19)의 다음과 같은 유언이 광개토대왕 비문에 새겨져 있다.

세자 유류왕에게 도로써 다스리라고 유언하였다(顧命世子儒留王 以道輿治).

정인보는 여기서의 도를 풍류도로 보고 있으며 이를 다시 홍익인간의 도로 해석하고 있다(정인보 1946, 하, 526쪽). 이(夷)를 두고 "도(道)로써 다스리기 쉬웠다"(易以道御)고 서술한 『후한서』의 구절은 광개토대왕의 비문과 잘 부합한다.
신채호는 세상을 피하여 사는 것을 숭상하고 죽음을 겁내어 오래 사는 길을 추구하는 지나의 도교와 달리 우리의 선교(仙敎)는 자신보다 나라를 먼저 위하고 나라를 위하여 죽는 것을 당연한 것으로 여겼다고 본다(신채호 1910, 520-521쪽). 이 글의 2절에서 살펴본 자부선생의 『삼황내문』에서 치국(治國)이 제가(齊家)나 지신(持身)보다 앞에 놓여 있다는 점, 우리의 선교를 계승한 신라 화랑의 세속오계(世俗五戒)에도 충(忠)이 효(孝)보다 앞에 놓여 있으며 임전무퇴(臨戰無退)라는 경신중족(輕身重族)의 덕목이 들어 있다는 점 등이 이를 뒷받침하는 간접적 증거일 수 있다.

8. 재야의 종

현재 우리 사학계는 소위 주류 사학계와 재야 사학계로 양분되어 있다. 세계 그 어느 나라에서도 그 예를 찾기 어려운 재야 사학의 의미는 무엇인가? 재야 사학이라는 용어는 사전에서 찾을 수 없었다. 다만 재야에 대한 다음과 같은 정의를 검색할 수 있을 뿐이었다.

1) 초야에 파묻혀 있다는 뜻으로, 공직에 나아가지 아니하고 민간에 있음을 이르는 말.

2) 일정한 정치 세력이 제도적 정치 조직에 들어가지 못하는 처지에 있음. (네이버 사전)

재야의 이러한 의미로 미루어 우리는 재야 사학자를 초야에 파묻혀 공적 연구 기관이나 교육 기관에 소속됨 없이 역사를 공부하는 민간인일 것으로 생각한다. 2)는 정치와 연관된 정의이므로 역사와 같은 학문에는 적용되지 않을 것이라고 생각한다.

그런데 재야 사학자를 정의한 송호정 교수의 다음과 같은 단언은 우리의 추론에서 크게 벗어나 있다.

> 강단에 있는 이들을 포함해 한국 상고사가 동아시아 역사의 시작이라고 설명하려는 이들을 흔히들 재야 사학자라고 한다. 철저한 사료 비판이라는 역사학의 기본 원칙을 무시하고 글을 쓰기 때문이다. (송호정 2002, 297쪽)

이 정의는 감정에 치우친 잘못된 것이다. 어떤 주장이나 설명을 하려 하는 사람을 그 이유만으로 재야 사학자라고 부르는 것은 감정적인 것이다. 그가 어떤 주장이나 설명을 하려 한다고 그를 재야다 아니다 편 가르기 전에 그의 주장이나 설명의 잘잘못을 가리면 되는 것이다. 아마 송호정 교수의 원 의도는 재야 사학자를 철저한 사료 비판이라는 역사학의 기본 원칙을 무시하고 글을 쓰는 사람으로 정의하는 것이었으리라 생각해본다. 그러나 이 정의는 재야건 아니건 사학자에 대한 것이 될 수 없다는 점에서 잘못된 것이다. 철저한 사료 비판이라는 역사학의 기본 원칙을 무시하고 글을 쓰는 사람은 사학자로 간주될 수 없기 때문이다.

우리는 재야 사학자에 대한 송호정 교수의 정의가 우리의 예상과는 달리 강단에 있는 이들까지 포함하고 있음을 주목할 필요가 있다. 이 정의를 내릴 때 그는 강단에 있는 일군의 사학자들을 사학자가 아니라고 말하고 싶지는 않았던 것 같다. 그렇게 말할 권리가 그에게 있는 것도 아니다. 그렇다면 결국 재야 사학자란 사학자이긴 한데 송호정 교수가 인정하지 않는 주장이나 설명을 하려 하는 사람을 지칭한다.[27] 그러나 송호정 교수와 재야 사학자들이 모두 사학자의 자격을 갖추었다면 (1) 한국 상고사가 동아시아 역사의 시작이라는 설명이 타당한지, (2) 철저한 사료 비판이라는 역사학의 기본 원칙의 구체적 적용 기준이 무엇을 의미하는지, (3) (1)에서의 설명이 (2)의 원칙을 무시하고 있는지를 학술적으로 논의하면 되는 것이다. 이러한 작업이 이루어지지 않은 상태에서 어느 사학자에 대해 재야다 아니다 하는 것은 재야에 대한 앞서 사전적 정의 중에서 우리가 택하지 않은 두 번째 정치적 정의를 가지고 상대를 사문난적(斯文亂賊)시 하는 정치적인 의도의 표명으로 보일 수 있다.

송호정 교수는 "신채호의 『조선상고사』의 내용들도 당시대 상황에 맞추어 쓴 사서이지 결코 사료로서 기능하는 것은 아니다"(송호정 2002, 226쪽)라고 주

27 송호정 교수가 수학한 서울대에서 우리 역사를 가르쳤던 이병도는 최태영과 같이 쓴 저서에서 종래의 자신의 입장을 바꾸어 우리가 현재 지나의 땅에 지나인보다 먼저 정주하였으며 그들보다 선진 강대 민족이었음을 주장한 바 있다(이병도·최태영 1988, 15, 17쪽). 송호정 교수의 정의에 의하면 서울대 교수 이병도도 이러한 주장으로 말미암아 재야 사학자가 되는 셈이다.

장한다. 그는 자신의 주장을 뒷받침하는 근거를 제시하고 있지 않지만 그의 주장대로라면 신채호의 저서를 인용하고 있는 지금의 이 글도 바로 그 이유에서 철저한 사료 비판이라는 역사학의 기본 원칙을 무시하고 쓴 글이 된다. 사료를 찾아 온갖 문헌을 뒤지고 대륙과 반도를 발로 뛰었으며 당대의 어느 누구보다도 비판적 실증 정신에 투철했던 신채호의 탁월한 업적이 후학에 의해 아무 근거도 없이 이렇게 쉽게 버려져야 되는 것인지 의아스러울 뿐이다. 혹시 신채호도 다른 이유에서가 아니라 바로 한국 상고사가 동아시아 역사의 시작이라는 주장을 했기 때문에 이러한 푸대접을 받고 있는 것이 아닌가 추측해본다.

푸대접 받는 것은 신채호를 위시한 민족주의 사학만이 아니다. 우리 사학계의 일부에서는 사람에 대해서 뿐 아니라 사서(史書)에 대해서도 고정된 서열을 매겨놓고 있다. 지나측 사서가 기준이 되고 우리의 사서 중에서는 유가 사서만이 믿을만하며, 불교 사서에 오면 가치가 훨씬 내려간다. 도교, 선가(仙家), 대종교 측의 사서는 사료로서의 가치가 없으며, 주류 사학계의 반도사관과 어긋나는 사서들은 후대에 조작된 위서(僞書)로 낙인 찍혀 있다. 우리 역사의 도교적, 선가적 맥을 연구했던 최남선과 이능화는 친일파로 분류되어 그들의 업적과 함께 외면되고 있다. 이러한 서열을 옹호하는 사학자들은 유가의 합리주의를 자신들의 근거로 내세운다. 그러나 불교나 도교, 혹은 선가가 불합리하다는 그들의 숨은 전제는 동양철학에 대한 편중된 이해, 혹은 몰이해를 보여줄 뿐이다. 사서에 대한 정당화될 수 없는 일방적 서열화에서 우리는 과거로부터 면면히 내려오는 지배세력의 사대주의나 식민주의와 같은 이데올로기의 흔적을 감지할 수 있다.

9. 종횡사대

우리의 역사서술의 이념이 배제와 축소였다면 지나의 역사서술의 이념은 포용과 확장이었다. 지나는 하족(夏族)이라는 정체불명의 소수 종족에서 출발해 현재 56개 민족을 거느리는 대제국으로 성장해온 반면, 우리는 이족(夷族)이라는 복잡다기한 종족에서 출발해 과거의 강역과 부모형제를 모두 잃고 자신의 역사적 정체성을 상실한 채 두 동강난 반도에 갇힌 신세가 되었다.[28] 지나의 중화주의는 우리의 사대주의와 한 짝을 이루어 이 잠정적 유배지가 애초부터 우리의 원래 자리인 것으로 위조해왔다. 중화/사대사관은 지나의 수치스런 기사를 숨기고(位中國諱恥), 지나는 높이고 이적(夷狄)은 깎아내리는(衿鞘而陋夷狄) 필법으로 역사를 공정(工程)해왔다. 사마천의『사기』와 김부식의『삼국사기』는 이를 실천하고 있는 대표적 역사서이다. 이들로 말미암아 삼국 이전의 우리 상고사는 한갓 신화와 전설로 치부되어 역사의 무대에서 말소되고, 지나의 신화와 전설은 황제의 위대한 상고사로 포장되어 그들 역사에 당당히 편입된 것이다. 중화와 사대의 동맹은 이러한 원칙에서 한 걸음 더 나아가 아예 상고시절 그들이 우리로부터 전수(傳受)한 우월한 사상과 문물을 지나의 것으로 가로채고 고조선을 하나라와 주나라의 속국으로 둔갑시켰다.

중화주의와 사대주의라는 거짓된 역사관으로 해석되어 온 지나와 우리의 역사에 대한 고찰로부터 우리는 다음의 두 가지 사실을 추론할 수 있다. 첫째, 타자를 인정하고 그와 공존하는 정상적 관점에서 크게 벗어나 자신만의 우월성에 집착하는 지나의 중화주의가 사실은 그들의 역사와 문화의 원류에 놓여 있는 타자에 대한 열등감의 콤플렉스를 감추기 위해 고안된 것일 수 있다는 점이다. 둘째, 우리의 사대주의는 지나의 중화주의를 액면 그대로 수용해 노예적 정신 상태에

28 하족의 정체불명성과 이족의 복잡다기성에 대해서는 다음을 참조. 안호상 1971.

빠진 우리의 유교 지식인들과 중화 중심적 동북아 질서에 편승해 그로부터 반사 이익을 챙겨 자신들의 입지를 확고히 하려는 지배집단의 야합에 의해 유지되어 왔다는 점이다. 우리의 사대주의가 조선조에 와서 소중화(小中華)로 전이되는 것에서 볼 수 있듯이 사대와 중화는 공생과 모방의 근친 관계를 맺어왔다. 그러나 사대주의와 중화주의는 상대에 대한 열등감이 각각 표면과 이면으로 드러나고 숨는다는 점에서만 차이가 있는 것이 아니다. 사대주의는 그것이 비록 눈앞의 자기 이익과 영달에는 도움이 될지 모르지만 궁극적으로는 매판과 매국의 자멸적 종속 이데올로기라는 점에서 중화주의보다 더 폐해가 심각하다. 설령 유교적 지식인들이 자신들의 지향점이 맹목적 사대가 아니라 민족주의였다 강변해도, 그들의 역사의식이 결국 그들이 종주국으로 삼은 지나에 대한 종속을 문명으로 간주하는 소중화에 자족하는 것이었다면 그것은 진정한 민족주의와는 구별되는 사이비 민족주의라는 한계를 갖는다(송영배 1992, 71쪽).

지나와 일본, 그리고 서구 열강의 도전에 차례로 크게 꺾이고 위축되긴 했지만 우리가 아직도 그들에 완전히 흡수되어 절멸되지 않았다는 점에서 우리의 질긴 생명력을 스스로 격려해야 할지도 모르겠다. 그러나 사대의 대상이 지나에서 일본을 거쳐 미국으로 바뀌었을 뿐 사대주의는 아직도 우리를 철저하게 옭아매고 있다. 지나로부터 바통을 이어 근대 이후 우리의 정신과 문화를 식민화시켜온 일본과 미국 역시 지나의 중화주의를 방불케 하는 대동아 공영론과 팍스 아메리카나를 지향하는 패권주의 국가였지만, 우리의 자기 속박이 상당 부분 자발적이라는 점에서 우리는 사대라는 맹독의 치명성을 본다. 이제 우리는 자신의 유구한 역사를 지나로부터 회복해 역사의 자주독립을 실현하지도 못한 채 어느덧 미국이 주도하는 세계화라는 더 큰 세력의 흐름에 자신의 운명을 송두리째 의탁할 처지에 놓이게 되었다.

자신의 역사를 잃고 스스로의 정체성을 부정하는 상황에서 우리는 그 어떠한 유의미한 창조적인 작업도 일구어내기 어렵다. 창조는 무로부터가 아니라 전통이라는 뿌리로부터 발아하는 생명 현상이기 때문이다. 우리가 진리의 이름으로 역사를 주체적으로 바로 쓰지 않는 한 사대라는 병리 현상에 의해 우리의 마음에 깊이 드리워진 주름은 치유되지 않은 채 앞으로도 우리를 거짓과 기만의 종속적 노예성으로부터 놓아주지 않을 것이다. 중화주의와 사대주의를 떨쳐내는 일은 동아시아의 과거와 현재에 가로놓인 질곡을 바로 펴기 위한 첫걸음이기도 하다. 뭇 생명이 어우러져 성장하는 조화의 건강한 비전을 우리의 과거로부터 계승하는데서, 유물론과 패권주의로 수렴되는 이 시대의 어두움을 극복할 수 있는 창조적 실마리를 얻을 수 있지 않겠는가.[29]

---

29 우리 상고사의 자취를 찾아 지나의 요서지역을 함께 헤맨 우실하 교수님(항공대), 두 차례에 걸친 요하문명 권역 답사를 주선해주신 고조선유적답사회의 선생님들, 이 글의 초고에 대한 귀중한 논평을 해주신 김희봉 교수님(그리스도대), 장용수 박사님(한국국학진흥원), 몇 가지 오류를 지적해주신 임채우 교수님(국제뇌교육종합대학원대), 그리고 이 글의 구상에 누구보다 많은 도움을 준 홍진기 박사님(연세대)께 두루 감사의 마음을 전한다.

참고문헌

金富軾.『三國史記』.
安鼎福.『東史綱目』.
李承休.『帝王韻紀』.
一然.『三國遺事』.
趙汝籍.『青鶴集』.

葛洪.『抱朴子』.
范曄.『後漢書』.
司馬遷.『史記』.
『晉書』.
陳壽.『三國志』.

南懷瑾. (1991)『易經繫傳別講』. 北京: 中國世界語出版社.
勞思光. (1988)『新編中國哲學史』. 增訂 4版. 臺北: 三民書局.
傅斯年. (1935)「夷夏東西說」,『慶祝蔡元培先生六十五歲華甲記念論文集』, 中央研究院歷史語言研究所.
何新. (1987)『諸神的起源』. 臺北: 木鐸出版社.

고영섭. (2009)『나는 오늘도 길을 간다: 원효, 한국 사상의 새벽』. 서울: 한길사.
김병모. (2006)『김병모의 고고학 여행』. 서울: 고래실.
김성기. (2007)「다원론적 관점에서 본 유가경전의 재해석」,『철학과 현실』, 73호.
노태돈 편.(2000a)『단군과 고조선사』. 서울: 사계절.
노태돈. (2000b)「단군과 고조선사에 대한 이해」, 노태돈 2000a에 수록.
성태용. (1994)「한국철학사의 새벽--원효」,『철학과 현실』, 22호.
송영배. (1992)「'중화'의식과 '사이비' 민족주의」,『철학』, 37집.
송호정. (2002)『단군, 만들어진 신화』. 서울: 산처럼.
신채호. (1910)「동국의 고대 선교」, 신채호 1931에 재수록.
______. (1931)『조선상고문화사 (외)』. 박기봉 옮김. 서울: 비봉출판사, 2007.
안호상. (1971)『배달·동이는 동아문화의 발상지』. 서울: 한뿌리, 2006.
유승국. (1974)「유학사상형성의 연원적 탐구」, 유승국 1983에 재수록.
______. (1983)『동양철학연구』. 서울: 근역서재.
윤내현. (1994)『고조선 연구』. 서울: 일지사.
이능화. (1929)『조선신사지』. 이재곤 옮김. 서울: 동문선, 2007.
______. (1959)『조선도교사』. 이종은 옮김. 서울: 보성문화사, 1977.

이병도·최태영. (1988)『한국상고사입문』. 서울: 고려원. 1989.
이승종. (2009a)「고유섭의 미술철학에 대한 생명론적 접근」,『인천학연구』, 10호.
______. (2009b)「번역의 고고학을 위하여」,『대동철학』, 49집.
______. (2010)「다산의 사유에 대한 현대적 접근」,『다산과 현대』, 3호.
임재해. (2007)「한국신화의 주체적 인식과 민족문화의 정체성」,『한국신화의 정체성을 밝힌다: 민족문화의 원형과 정체성 정립을 위한 학술대회 III』, 비교민속학회.
정수일. (2001)『고대문명교류사』. 서울: 사계절.
정인보. (1946)『조선사연구』. 상, 하권. 문성재 역주. 서울: 우리역사연구재단, 2012/2013.
최남선. (1926)「단군론」, 최남선 1973에 재수록.
______. (1973)『육당최남선전집』, 2권. 고려대학교 아세아문제연구소 육당전집편찬위원회 편. 서울: 현암사.
최태영. (2000)『인간 단군을 찾아서』. 서울: 학고재.
한국철학사 연구회. (편) (2002)『한국 철학 사상가 연구』. 서울: 철학과현실사.
Fairbank, J., E. Reischauer, and A. Craig. (1989) *East Asia: Tradition & Transformation*. Revised edition. Boston: Houghton Mifflin: 존 K. 페어뱅크, 에드윈 O. 라이샤워, 앨버트 M. 크레이그.『동양문화사 상, 하』. 김한규, 전용만, 윤병남 옮김. 서울: 을유문화사, 1991.
Kupperman, J. (2007) *Classic Asian Philosophy*. 2nd edition. Oxford: Oxford University Press.
Quigley, C. (1979) *The Evolution of Civilizations*. 2nd edition. Indianapolis: Liberty Press.

토론

최문규 선생님의 발표를 들은 결과, 더 이상 단군신화라고 사용하면 안 될 것 같습니다. 특히 그것이 중화사상, 식민사관 등에서 만들어진 것이라면 더욱 그런 생각이 듭니다. 언어, 내러티브, 담론의 결합을 주장한 헤이든 화이트의 방식처럼, 역사적으로 근거가 없는 듯 비하된 단군신화가 아니라 일종의 역사와 설화가 결합된, 혹은 사실과 허구가 결합된 팩션(faction)으로서의 단군사화라고 해야 할 것 같습니다

김희봉 발표 논문은 한민족 정체성의 토대가 되는 역사인식에 대해 새로운 문제제기와 접근을 시도한 글로 볼 수 있습니다. 중국의 동북공정이 이슈화되는 시기에 관심가질 만한 글임에 틀림없습니다. 이렇게 왜곡된 역사인식의 상황에 직면해, 우리는 스스로를 어떤 정체성을 가진 민족으로 기억하고 또는 기억해야 하는가라는 문제의식이 이 글 전체를 관통하고 있습니다. 그러나 한편으로 개별적인 역사적 사실들을 확증하는 역사학과 다른 한편으로 역사적 사건들을 통일적으로 체계화하려는 역사철학 간의 논의적 경계를 넘나드는 이 글의 성격은 평이한 이해에 비껴서 있습니다. 우선 심도있고 유의미한 분석과 비판 대신에 필자의 논지를 간략하게 정리하고, 이를 토대로 역사철학적으로 논의할만한 몇가지 질문들만 제기하겠습니다.

발표하신 글의 의도는 한민족의 올바른 역사인식을 회복하자하는 데 있습니다. 그것은 동북아시아에 속하는 국가들 간에 놓인 갈등과 대립과 같은 그릇된 상황이, 특히 한국의 자기역사성에 관한 망각이나 중국의 역사인식의 왜곡에 의해 야기되었다고 보기 때문입니다. 그래서 관련된 역사인식의 뿌리가 되는 고대사의 진실에 다가 가기 위해, 역사적 사실의 왜곡의 성격과 원인

에 대해 분석하고 진단하려 합니다.

역사적 사실을 왜곡하거나 망각하게 하는 원인은 대체로 역사정보의 편파성에서 나온다는 것입니다. 역사적 기록이 부족한 상고사의 경우에는 더 더욱 그렇습니다. 동북아, 특히 한반도의 역사에 관련된 문제에서 한국이나 일본이 중국에게 "역사의 사료적 종속"이 심한 경우에는 사실왜곡과 누락의 위험은 증대될 수 있습니다. 우리의 현실에 영향을 주면서 쟁점이 될 수 있는 고대사에 대해 이러한 위험은 불가피한 것으로 보입니다. 고대사의 역사기록에 있어서 중국의 사마천의『사기』가 드물게 중요하지만, 그 역사서의 신뢰성에서 문제되기 때문입니다. 왜곡정도의 차이가 있을 뿐, 다른 중국 역사서인 부사년의「이하동서설」(夷夏東西說)도 마찬가지입니다. 결국 중국의 고대역사 인식을 대표하는『사기』는 황제 중심의 인위적 대일통사관(大一統史觀)이 우선하는 이데올로기적 역사서에 불과하고 객관적 사실이나 공정한 사료로서의 가치가 부족하다는 것이 발표자의 판단인 것 같습니다. 그런 판단의 근거로 발표자는 다른 역사적 해석의 여지를 주는 다른 기록물들, 즉 청(淸)의『일통지』, 진(晉)의『천문지』, 그리고 미상의『삼황내문』등을 제시하고 있습니다.

그럼에도 역사평가의 균형과 형평의 가능성이 오히려 한편의 중국의 역사왜곡 못지않게 다른 한편의 한국의 사대적 사관과 식민적 사관에 따른 역사망각과 부정에 의해 상실되었다고 보는 것 같습니다. 그러한 고대사의 왜곡은 특히 단군과 고조선의 실체성과 역사성을 둘러싼 논란에서 정점에 이르렀고, 단군을 날조의 산물로 폄하하고 그 역사적 성격을 훼손시키는 시라토리 구라키치, 미우라 히로유키, 이나바 이와키치 등의 일본학자들에 의해 실질적으로 자행되었다고 발표자는 밝히고 있습니다. 더욱이 중국사관에 사대적으로 기대어 남의 역사, 즉 한국역사를 편파적으로 해석한 일본학자들의 견해에 동조하는 한국 사학자들, 즉 노태돈과 송호정에 의해 단군을 둘러싼 역사왜곡이 강화되었다는 것이지요. 이러한 자멸적 역사인식은 우리의 한국역사에 숙주로 기생하는, 동전의 양면과 같은 사대주의와 식민주의의 역사해석의 결과인 것이기도 하지요. 이러한 이데올로기적 입장들은 단지 역사학을 실증과학으로 환원하려는 실증주의와 유물론이라는 이론적 토대에 근거함으로써 역사에 있어서 이념이나 가치에 대한 정당한 인식을 간과했다고 발표자는 강조하고 있습니다.

이러한 반성을 통해서, 발표자는 『삼국유사』, 『사기』 등에서 단군과 고조선의 기록 내용을 재검토함으로써 그릇된 해석들을 구체적으로 반박하고, 단군과 고조선의 실체적 정당성을 확보하고자 합니다. 그리고 단군의 실체를 단지 공허한 신화로 아니면 분명한 사실로 근거지우려는 어떤 시도들은 수용하기가 어렵다고 보고, 단군의 역사적 진실은 오히려 역사(史)를 신화나 설화와 같은 이야기(話)와 대립적으로 보지 않으려는 융합적 관점에 따라 해석되어야 하는 단군사화(史話)로 볼 것으로 제안하고 있습니다.

이러한 제안 속에서 발표자는 역사적 사건의 사실성을 확정하고 기록들의 객관성과 적합성 등을 판단하는 역사학의 영역으로부터, <역사적 사건>이라고 부르는 개별적인 것들을 통일시켜 체계화하는 역사철학의 논의에로 자연스러운 이행을 정당화하고자 합니다. 달리 말하자면, 이제 역사적 사실의 객관성과 확실성 보다는, 그 속에 담지하고 있는 역사적 이념의 정당성을 고려하는 문제가 더 근본적이고 중요하다는 것이지요. 그것은 특히 단군사화와 같은 사건의 역사성에 대해서는 분명히 그 관련된 기록들에서 가차하는 언어의 의미만을 인정하려 하지 말고, 그 언어에 의해 지칭되는 고유한 요소와 사실을 주목하려는 "올바른 태도"에 의해 정당한 역사해석이 가능하다고 보았기 때문입니다.

그 결과 단군사화의 역사성은 그 속에 함의된 "홍익인간과 재세이화"의 이념적 가치에 의해 정당화된다고 볼 수 있습니다. 이러한 관점에 따라, 바로 인간(人)을 원형으로 삼은 인(仁)을 천상계(天上界)나 내세가 아닌 현세의 인간 세계에서 널리 실현하려 했던 공동체였기에 지상의 동물(곰과 호랑이)은 물론 천상의 신(환웅)마저도 인간이 되기를 바랐던 곳이 단군의 고조선이라고 발표자는 해석하고 있습니다. 즉 고조선의 정신 속에 확립된 다양한 문화의 균형적 융섭(接化群生)의 지혜는, 우리의 선가(仙家)인 풍류도에 바탕을 두면서 유교, 불교, 도교 등의 사상을 조화로이 혼융하여 성장하도록 했던 것 같이, 우리 상고사, 즉 고조선의 역사성을 확증해준다고 볼 수 있다는 것입니다.

따라서 단군사화에 내재된 이념적 가치의 보편성은, 중국정체성의 토대가 되는『사기』에 투영된 존화양이(尊華洋夷)와 화하일통(華夏一統)의 모순적 이념의 허구성보다 확실히 우월하며, 이러한 고조선의 정신적 가치만으로도 충분히 그 역사적 타당성이 확보될 수 있다는 것이 발표자의 핵심적 논지라고 평할 수 있습니다. 이처럼 글의 논지가 용인될 수 있다면, 다음과 같은 질문들을 제기할 수 있다고 봅니다.

우선 필자가, 역사의 서술(rerum gestarum memoria)과 역사적 사건(res gestae)의 불가피한 구분과 관련해 볼 때, 주로 고고학적 실증자료를 통한 사실들을 검증하기보다는 단지 역사가의 역사적 자료(기록)들을 반성한다는 점에서 비판적 역사철학의 관점을 취하는 듯 보이지만, 오히려 역사의 이해, 객관성 그리고 연관성과 관련한 역사가의 역사인식이 어떻게 가능한가에 대해 더 비판적으로 고민하기 보다는 고조선의 이념제시 등에서 역사가의 시야를 넘어선 역사의 패턴과 의미를 찾으려는 점에서 사변적 역사철학의 관점을 취하고 있다고 판단된다. 이에 대한 발표자의 의견을 듣고 싶습니다.

둘째로 역사철학은 무엇보다도 역사적 차원의 도입없이는 불가능한 이론적인 문제를 해명하고 해결한다는 점에서 사실상 사상사와 구별됩니다. 따라서 기록과 사건 간의 관계가 역사철학의 토대로서 매우 중요하다고 볼 수 있습니다. 인간의 역사에 있어서 순수한 사건은 불가능하며 역사는 언제나 기록인 해석에 의해 사건으로 구성됩니다. 그래서 인간의 역사적 사건은 개인의 개별적 행위처럼 의도와 목적으로 일방적으로 쉽게 환원되지 않지만, 어느 정도의 통일적 해석을 시도하지 않을 수 없습니다. 그러나 이러한 역사해석도 최소한의 사실관계에 기초하지 않는다면, 그것은 소설과 다를 바가 없게 됩니다. 더욱이 보편사로서의 세계사, 또는 개별역사에 대한 해석을 하고자 하는 역사철학의 경우에는 분명히 확증된 역사적 사실을 전제로 하지 않을 수 없습니다. 따라서 사건의 사실성과 기록의 객관성이 부족한 상고사에 대한 어떤 일방적 평가는 매우 신중할 필요가 있다고 봅니다. 중국의 기록들을 부정적으로 판단하거나 필자의 생각을 뒷받침하는 한국의 기록물을 긍정적으로 평가할 때, 제삼자로서는, 그 근거가 충분치 않다고 판단되는데, 객관적이고 공정한 역사기록에 관한 어떤 타당한 기준들이 있는지를 밝혀주실 수 있는지요?

끝으로 어떤 역사에 대해 적용될 수 있는 이념적 가치가 바로 현실의 역사로 실현되지 않을 수도 있고, 왜곡된(?) 역사현실도 어떤 보편적 이념의 가치에 의해 전개된 역사가 될 수도 있다면, 이념과 현실 간의 실현관계가 필연적이지 않을 수 있습니다. 결국 이러한 관점에서 인식론적 차원과 관련된, 그러한 가치와 당위의 이념사 만을 추구하는 것이 아니라면, 사실로서의 역사적 현실에서 실제로 일어난 것을 그대로 긍정하는 것은 혹시 잘못되었다고 필자가 보고 있지는 않은지, 이 점이 상당히 궁금합니다.

이승종 세 질문에 대해서 차례로 답변해 보겠습니다. 첫째, 역사철학 교과서에 흔히 등장하는 비판적 역사철학과 사변적 역사철학의 구분은 잘못된 용어법에 기인한 잘못된 구분입니다. 마치 비판적 역사철학은 사변을 배제하고 사변적 역사철학은 비판을 배제하는 것 같은 그릇된 인상을 주기 때문이지요. 비판적 역사철학은 역사의 방법에 대한 과학철학이고 사변적 역사철학은 역사의 이념과 전개에 대한 형이상학이라고 할 수 있습니다. 과학철학에도 사변이 필요하고 형이상학에도 비판이 필요합니다. 어느 한쪽이 빠진 역사철학은 절름발이에 불과합니다.

둘째, 확증, 혹은 실증이란 근거로의 환원, 혹은 근거와의 정합성을 확인하는 과정입니다. 그것이 전제로 하는 환원론과 정합론은 다시 근거의 진리성을 전제하고 있습니다. 그러나 이는 자칫 기존의 근거가 잘못된 것임을 폭로하고 해체하는 탈근거적인(ground breaking) 새로운 근거의 인정에 인색하기 쉽습니다. 새로운 근거는 새로운 사료나 유물의 발견을 통해서도 마련되지만 발견은 다시 새로운 시각을 통해서 가능합니다. 어떤 사료의 근거가 기존의 근거가 아닌 것일 때(즉 기존의 근거와 상충될 때), 우리는 기존의 근거에 의거해 그 사료를 거부할 수 있지만 반대로 그 사료에 의거해 기존의 근거를 거부할 수도 있습니다. 이 두 선택지 중에서 어느 하나만을 고집하는 태도는 정당화될 수 없는 독단입니다.

셋째, 이념과 현실의 불일치는 언제나 이념이 아닌 현실에 즉해서 평가되어야 합니다. 역사는 현실의 민낯입니다. 그것에 날조된 이념을 덧칠하려는 역사공정주의자들의 팽창주의적 역사해석을 경계해야 하지만, 현실을 실증적 데이터의 등가물로 좁혀 이해하는 실증주의자들의 축소주의적 역사해석도 경계해야 합니다. 양자는 모두 현실로서의 역사를 왜곡하고 있다는 점에서

적대적 동반관계하의 동업자들입니다. 역사에서 한편으로는 이데올로기의 허구를 걷어내고 다른 한편으로는 실증이 억압해온 의미와 가치를 풍성하게 되살리는 것이 우리에게 놓인 역사철학의 과제입니다.

정진배 선생님 테마 자체가 굉장히 중요한 테마인 것 같습니다. 사실 질문에 앞서 논문에서 사용되고 있는 개념부터 굉장히 면밀히 따지고 들어가야 되는데, 제가 한두 마디 이렇게 단편적으로 질문을 던지는 게 과연 적절할지 잘 모르겠습니다. 저는 굉장히 유의미한 논문이라 생각하고, 선생님 논문을 재미있게 들었습니다. 한두 가지 질문을 드리겠습니다.

우선 여기 중국하고 한국과의 관계성 속에서 한국 역사와 사상의 자기 정체성을 말씀하고 계시는데, 이렇게 얘기하고 싶어요. 중국이라고 할 때 혹은 중화사상이라고 할 때, 그 중화사상이 가지고 있는 보편성과 동아시아 문화권에 대한 막대한 파급효과, 그리고 시간적인 지속성 등의 측면을 우리가 자세히 살펴보면, 사실 중요한 것은 '중화'라고 할 때 그 中이 공간적인 개념이 아니거든요? 그게 일종의 가치 개념입니다. 그런데 그 가치의 개념이라고 하는 것이 어떻게 보면 굉장히 역설적이지만 자기 규정성을 스스로 철폐하고 있기 때문에, 결과론적으로 자기 확장성이 굉장히 공고하게 구축된다라는, 그런 의미죠. 그러니까 중이란 개념이 사실은 어떻게 보면 이변비중(離邊非中)이다 해서 '가장자리를 떠나 있으면서 가운데도 아닌', 어떤 하나의 소위 말하자면 무엇이라고 규정할 수 없는 비 규정적 개념이죠. 어떻게 보면 중용에서 말하는 중의 개념과도 흡사합니다. 그렇기 때문에 중화사상이라고 할 때, 그 비본체론적 측면이 사후적으로는 모든 것을 다 받아들이면서 궁극적으로 자기화 시켜버리는 기능을 할 수가 있는 것이죠. 그렇게 본다면 우리 역사나 우리의 어떤 전통적인 사상을 실체론적으로 구축한다라고 하는 것이 제가 볼 때는 우리가 운신할 수 있는 폭을 오히려 구속할 수 있다는 생각도 들거든요? (물론 이러한 논리가 무정부주의적 입장과는 전혀 동일하지 않습니다.) 논리학적 관점에서 보더라도 우리가 이러이러한 것은 한국적인 정체성이다라고 지목할 때, 그 언어적 지시성이라고 하는 것이 즉각적으로 그에 상반되는 명제를 바로 수반할 수 있는 개연성을 가지고 있지 않습니까.

한 가지만 더 질문을 드리자면 발표논문에서 '철학소' 개념을 언급하시면서 홍익인간, 재세이화 이렇게 쭉 여섯 가지를 나열을 하셨거든요. 근데 이게 결국은 해석학적 차이인데, 저는 이렇게 봅니다. 예를 들어서 재세이화라고 할 때 '이화'라고 하는 것은 - 칸트적 개념으로 말하자면 - 굉장히 noumenal한 개념이에요. 반면 재세라고 하는 것은 phenomenal한 겁니다. 마찬가지로 '홍익'이라고 하면 어떤 보편성을 내포하고 있는데, '인간'은 어떻게 보면 개체적인 것 아닙니까? 그러니까 제가 말하고자 하는 것은 굉장히 형이상적인 것과 형이하적인 것이 같이 결속이 되면서, 이 두 개가 분리된 것이 아니라 둘이지만 둘이 아닌 하나로 원융·통합되는 그런 의미망을 가지고 있거든요. 그러니까 이게 어떤 원융론적인 사상입니다. 그리고 원융이라고 하는 것이 자기 정체성을 주장하기보다는 경계 허물기의 시도를 통해서 사후적으로는 자기 경계가 한없이 확장될 수 있는 그 개연성을 남겨두는 것이죠. 그러한 것이 제가 볼 때는 한국 문화에서는 굉장히 중요한 요소인데, 그러한 요소들을 부각시키는 것이 탈현대를 살고 있는 우리에게 주어진 시대적 과제가 아닐까요.

이승종 민족의 정체성을 고정된 실체로 보는 정태적 접근에는 저도 반대합니다. 그 점에서는 정진배 선생님과 의견이 같습니다. 그렇지만 민족사의 동태적 흐름은 인정해야 한다고 봅니다. 대내외의 도전으로 말미암아 침식 왜곡되어 절맥의 상태에까지 이르긴 했지만 그것을 다시 이어주고 바로잡아나가야 합니다. 흐름의 연원을 소급하다가 만나게 된 철학소들은 정진배 선생님께서 지적하셨듯이 융합을 함축하고 있습니다. 최치원이 언급한 접화군생(接化群生)의 뿌리도 이 시원(始原)의 철학소(哲學素)들입니다. 고조선 사회와 문화가 보여주는 융합적 성격은 이 철학소들에 대해 체(體)와 용(用)의 관계를 이루고 있습니다. 동서와 고금의 문명적 교차로에 놓인 우리가 고금과 동서라는 시공적 분리를 창의적으로 극복하는데 있어 우리 상고사에서 확인할 수 있는 융합의 지혜가 시사하는 바가 큽니다. 우리가 역사적으로 주변 강대국에 비해 항상 약소국(underdog)에 불과했다는 근거 없는 마조키스트적 노예의식에서 벗어나기 위해서도 민족사의 흐름이 전하는 메시지를 올바로 기억해야 합니다.

유현주 외국문학 전공자인 저로서도 많은 반성을 하게 하는 그런 좋은 글이었습니다. 아까 앞선 발표에서도 질문을 드렸던 건데, 저는 발표를 듣는 내내 기억과 정체성의 문제가 떠올랐습니다. 어떤 기억의 복원이 민족적 정체성의 확립에 도움이 될 수 있는가에 대해서 선생님이 어떻게 생각하고 계신가를 질문 드리려고 했는데, 제 입장은 불가능하다는 쪽이고요, 그런데 앞선 답변에서 선생님께서도 이에 대해 반대하신다는 입장을 밝혀주셨기 때문에 이 궁금증은 해소가 됐습니다. 저한테는 이 단군사화에 대한 어떤 올바른 해석이 있는 것이 아니라, 언제나 현재와의 관련성에서 새롭게 재해석될 수 있는 그런 하나의 '텍스트'로 의미가 있는 것이 아닌가 하는 생각이 듭니다. 예를 들면 저희가 지금까지 가져왔던 단군 사화에 대한 이미지를 떠올려 보면, 우리가 모두 단군의 자손이라는 점을 부각시켜 단일민족에 대한 일체감 혹은 민족적 정체성을 강화시키는 내용이라고만 생각했는데, 선생님이 발표문에서 해석하신 걸 보면 오히려 그 반대로 굉장히 융합적, 통섭적이고 문화혼종적인 경향이 강한 것으로, 따라서 현재적인 우리의 모습을 반영하는 이야기로 받아들일 수가 있거든요. 단일한 민족에 대한 단일한 문화적 근원을 증명하는 것이 아니라, 오히려 여러 다양한 요소들이 혼합되어 공존하고 있는 텍스트로서 단군 사화를 적극적으로 재해석할 수 있을 것 같습니다. 그리고 한 가지 제안을 드릴 것은 선생님이 은유적으로 사용하신 컴퓨터와 관련된 표현에서, 실제로 설명한 부분을 보면 데이터 프로세싱 과정과 더 가깝게 느껴집니다. 그래서 '컴퓨터'라는 메타포를 사용하시기 보다는 '고조선의 프로세스'라든가 '고조선의 데이터 프로세싱'으로 표현하시면 더 이해하기가 쉬울 것 같습니다.

최문규 개인적으로 느낀 점은 오늘의 발표문은 언어철학자이자 과학철학자인 이승종 선생님이 역사에 대해서 일종의 실험적 사유를 하신 것으로 볼 수 있습니다. 마치 니체의 저 유명한 '망치로 철학하기'라는 표현이 막 떠오르더라고요. 기존 역사를 많이 부수면서 철학을 하시는 것 같았습니다. 제목이 시사하는 바처럼 잃어버린 기억을 찾아서니까, 선생님의 사유는 곧 잃어버린 기억을 재정립하거나 재구성하려는 것이 아니라 아직은 미완성, 즉 찾아나서는 도정 위에 있는 사유라고 할 수 있습니다. 단군신화가 아니라 단군사화에 대한 구성으로서의 기억은 결코 옳고 그름의 문제가 아니라는 기존에 정립된 것을 비판적으로 곱씹어보기인 것 같습니다. 넓은 의미에선 대단히 신선하고 실험적인 성찰이었다는 생각이 들며, 바로 이러한 발표야말로 우리를 "즐거운 학문"(니체)의 세계로 인도하는 것이 아닌가 생각됩니다.

조대호 여러 가지 질문이 떠오르지만, 다른 질문들은 다음 기회로 미루고 우선 머릿속에서 정리가 된 대로 서너 가지 질문을 드리고 싶어요. 첫째는 선생님께서 지금 제시하시는 고조선에 대한 해석이 지금까지 고조선의 역사를 해석하는 데 동원됐던 시각과 다른 어떤 대안적 시각으로 제시된 것인지, 아니면 고조선의 역사적 실제에 대한 일종의 증명으로 제시된 것인지 잘 모르겠습니다. 어느 쪽에 더 강조점을 두시는 거죠? 그 다음, 예컨대 발표문의 5쪽에 인용문이 세 줄 있고 그 뒤에는 "지나가 자신의 고유 사상으로 주장해 온 음양 사상과 신선도, 지신, 제가, 치국 등의 개념이 동이의 경전에서 비롯된 것이라는 사실을 중화주의자들은 감추고 싶었을 것이다"라고 하셨는데, 이때 "동이의 경전"이 구체적으로 어떤 것인지, 그에 대해 좀 대답해 주시고요. 그 다음, 발표문 가운데는 사마천의 사기가 일종의 허구다라고 얘기하시는 부분이 있고 또 사마천의 사기에 의거해서 선생님의 주장을 내세우신 부분도 있어요. 그게 어디냐 하면 7쪽, 아래에서 한 열 번째 줄에 가면 "그러나 왕검은 사마천의 사기에 위만과 관련하여 이미 도읍의 이름으로 사용되고 있으니, 고구려가 아닌 고조선 때부터 형성된 오랜 내력을 지닌 이름임을 알 수 있다", 이렇게 얘기하셨는데, 앞에서는 사마천의 사기가 모종의 중국적인 이데올로기를 확산시키기 위한 역사 서술이라고 하셨고 여기서는 다시 그 사마천의 사기에 의거해서 선생님 자신의 주장을 정당화하려고 하셨단 말예요. 그렇다면 중국 문헌 가운데 우리한테 유리한 부분은 우리 쪽으로 해석하고 우리한테 불리한 부분은 거짓이라고 배제를 하는, 그런 식의 논법으로서 비판을 받을 여지가 있지 않을까 이런 생각이 들었고요. 또 하나. 또 다른 질문은 이렇습니다. 선생님께서는 "홍익인간 재세이화"를 철학소로 제시하셨는데 사실 그 "홍익인간 재세이화"는 한자어가 아닙니까? 한자어로 기록된 명제를 가지고 한자어가 사용되기 이전의 사유의 본질적인 모습을 추적한다는 것은 굉장히 어려운 작업이고 굉장히 문제가 많은 작업이지 않을까요? 예컨대 그리스 사람들은 신을 가리킬 때 '테오스'라는 말을 썼고 그것이 영어로 바뀌면서 'god'이라고 하는 말로 번역되게 되었는데, 어떤 사람이 앞서 이야기한 나보코프처럼 그 god과 dog과 연결시켜가지고 이야기를 만들어 낸다면 그 이야기는 단지 영어의 'god'과 관련해서만 의미가 있을 겁니다. 한자어가 일반적으로 사용되기 이전에 고조선이 있었다면 그 시대 사유의 본래 모습을 어떻게 한자어로 명제화된 사고를 분석해서 찾아낼 수 있을지…, 그리고 말이 나온 김에 한 가지 질문을 덧붙이자면, 고조선의 단군 신화 또는 '단군 사화'에 나오는 관념들이 '도교적'이라고 말씀하셨잖아요? 그런데 단군 조선이 정말로 있었다면, 그 나라는 그 도교가 있기 이전에 있어야 할 겁니다. 그렇다면 어떻게 단군 사화 혹은 신화를 후대의 도교 이념을 통해서 해석을 할 수가 있을까요? 물론 도교 이념 이전에 우리에게 '풍류도'라고 하는 것이 있었다라고 말할 수도 있을 겁니다. 하지만 그에 대해 풍류도나 신선도 같은 것은, 도교가 우리나라에 수용 되면서 우리나라의 어떤 전통적인 삶의 방식에 의해서 희석된 사유라고도 주장할 수 있을 겁니다. 그렇다면 사실상 단군 신화, 단군 사화 속에 나타난 원형적 모습을 - 설령 그런 것이 있었다고 하더라도 - 우리는 어차피 후대의 전거들을 통해서만 재구성할 수가 있을 뿐인데, 그렇게 후대의 기록들을 통해서 재구성한 모습이 어떻게 단군 사화 속에 담겨있는 본래 모습이라고 얘기할 수가 있을지, 이런 질문들이 저한테는 떠올랐습니다.

이승종 조대호 선생님의 질문에 순서대로 답변해보겠습니다. 첫째, 쿤(Thomas Kuhn)이 과학사 연구를 통해 잘 보여주었듯이 시각과 증명은 불가분리의 관계입니다. 역사에서의 증명은 유물과 사료에 의한 입증으로 대별될 수 있습니다. 유물과 사료는 해석을 요합니다. 시각은 유물과 사료의 선정, 선택, 해석에 개입합니다. 우리 상고사의 경우 유물과 사료 모두 지나(支那)에 크게 의존하고 있는 실정입니다. 지나 역사서의 문제인 사료의 왜곡은 말할 것도 없고 유물 역시 선택과 필터링을 거친 뒤에 공개되는 것 같습니다. 우리가 의존하는 지나 측의 유물과 사료는 이처럼 그들의 이데올로기와 공정(工程)으로부터 자유롭지 못한 한계를 지니고 있습니다.

둘째, 제가 동이(東夷)의 것으로 추정한 경전은 갈홍이『포박자』에서 황제가 청구에 와서 자부선생에게서 얻었다고 전하고 있는『삼황내문』입니다.

셋째, 세상에 100% 순도의 진서가 있고 또 그 대척점에 새빨간 거짓말로 가득찬 위서가 있다는 믿음은 근본주의와 흑백논리를 전제하고 있습니다. 사마천의『사기』를 비롯한 모든 역사서의 내용은 옥석을 잘 가려 선별적으로 활용해야 한다고 봅니다. 요컨대『사기』에서도 이데올로기와 사실을 분간해내어 전자는 비판하고 후자는 수용하는 지혜가 필요합니다.

넷째, 제가『삼국유사』에서 찾아낸 고조선의 철학소가 비록 고조선의 문자가 아닌 한문으로 씌어 있고 고조선의 문자가 전해지지 않고 있지만, 그렇다고 해서 한역(漢譯)이 실어 나르는 의미소(意味素)를 간접 확인할 수 없는 것은 아니라고 봅니다. 원문이 실전(失傳)된 상태에서 번역문만을 가지고 연구가 진행되는 경우는 실제로 많이 있으며 그것 자체가 심각한 흠결이라고 생각하지는 않습니다.

다섯째, 단군사화와 그에 대한 도교적 해석 사이의 연관을 두 가지로 달리 그려볼 수 있습니다. 단군사화를 후대의 사유인 도교의 관점에서 해석을 하고 이를 바탕으로 단군사화가 도교를 함축하고 있다고 추론하는 것은 선결문제 요구의 오류를 범하는 악순환(vicious circle)의 위험이 있습니다. 해석이 사화로부터 자연스레 길어온 것이 아니라 역으로 사화에 덧붙여진 자의적인 것일 때가 그렇습니다. 그러나 그 악순환의 위험은 적절한 해석학적 고려를 통해 선순환(virtuous circle)으로 순치시킬 수 있습니다. 단군사화가 다양한 해석을 허용하는 열린 텍스트라면 그 해석들의 씨앗이 이미 텍스트에 가능태로서 함축되어 있다고 보는 게 무리수라고는 생각하지 않습니다. 풍류라는 우리의 도(道)가 유교, 불교, 도교를 이미 포함하고 있었다는 최치원의 언명도 이러한 해석학적 선순환으로 풀어볼 수 있습니다.

정진배 한 가지 점을 보충하고 싶습니다. 발표문의 단재 인용 각주에서 선생님은 우리나라의 경우 자신보다 나라를 먼저 생각했고, 그리고 충이 효를 앞섰다, 쭉 이렇게 말씀을 하셨는데요, 사실 이게 유교의 맥락에서 살펴보면 체와 용의 관계성 속에서 수신이 먼저 오고 나중에 평천하가 오고 이렇게 되는 겁니다. 달리 말해 자기 완성의 토대 위에서 평천하라고 하는 것이 가능한 것이지 자기 완성이 되지 않은 상태에서 평천하라는 개념 자체가 성립이 되지 않는 것이지요. 물론 충과 효의 개념을 문맥론적으로 보자면 가정에서의 '효'가 국가라는 맥락에서는 '충'으로 나타나게 되고, 군신의 관계에서는 '의'로 나타나기도 하고 하는데, 그러니까 하나의 근본적 덕목이 그 상황적 구체성에 따라서 충으로 의로 혹은 효로 나타난다는 것이지요. 그렇지만 여전히 중요한 것은 本과 末 상호 간의 순서를 바로 잡는 것이지요. 그렇게 보자면 충이 효에 앞선다 라고 할 때 여기에는 약간의 이데올로기적 자의성이 가미된 것이 아닌가 생각해 볼 수 있을 듯합니다.

이승종 우리는 지나와 달리 개인이 그가 속해 있는 공동체에 앞서 독립적으로 존립할 수 없다고 본 것입니다. 같은 맥락에서 이념 역시 일차적으로는 그 이념을 잉태한 공동체와의 연계 하에서 이해되고 논의되어야 합니다. 개인주의와 이상주의를 경계하고 문맥과 터전을 중시하는 것이 우리 사유의 전통입니다.

나보코프의 『롤리타』에 나타난 기억의 제문제

조주관 (연세대, 노문학)

1. 들어가는 말

나보코프의 『롤리타』에서 우리는 므네모시네[1]의 부활을 보게 된다. 그의 부활은 상호텍스트성의 맥락 속에서 새로운 중요성을 획득한다. 나보코프는 이전의 여러 소설에 대한 기억, 여러 신화들에 대한 기억, 이름문화에 대한 기억 등 다양한 기억을 『롤리타』에서 융합하고 있다. 그는 기억을 테마나 예술 구성의 원칙으로 간주하면서 개인적 기억뿐만 아니라 문화적 기억을 종합하였다. 러시

---

1 기억이란 말은 그리스 말로 <므네메>인데, 이는 뮤즈의 어머니인 므네모시네에서 유래하였다. 므네모시네는 기억을 담당하고, 단어를 창조한 여신이며 또한 기억의 강 이름이기도 하다. 기억의 여신 므네모시네와 아폴론 신전의 왕 제우스 사이에서 태어난 아홉 명의 뮤즈들은 각각 시가, 음악, 무용 등의 여신들이다. 소크라테스가 테아이테토스에게 말한 것처럼, 기억이란 그리스 신화에 나오는 예술을 관장하는 뮤즈들의 어머니인 므네모시네가 인간에게 준 선물이었다. 기억이 없다면 누구도 므네모시네의 딸들이 창조한 것을 즐길 수 없을 것이다. 그리스 신화에서 역사를 주관하는 뮤즈 클리오(Clio)도 결국은 므네모시네의 딸인 것이다. 이런 관점에서 볼 때, 나보코프뿐만 아니라 모든 예술가들은 기억의 딸들이 준 예술적 영감이나 그들과의 대화를 통해 작품을 완성하는 것으로 해석할 수 있다.

아 문학전통을 잘 모르는 사람들조차도 나보코프의 예술에서 그의 개인적·언어적·문화적·사회적 기억을 쉽게 발견하게 된다. 다시 말해서, 나보코프의 소설에서 "기억과 예술은 단순한 모방이나 망명자의 절망과 고뇌를 표현한 것에 그치는 것이 아니라, 그의 작품 세계의 가장 중요한 요소의 하나로서, 그의 삶과 작품을 보다 심층적으로 이해하게 한다."[2]

우리는 기억을 귀중한 것들의 저장소로 생각하지만, 아무리 귀중한 것도 그 사람이 죽으면 함께 사라질 뿐이다. 그런 기억의 무상함을 생각하면 침울해지지 않을 도리가 없다. 그리하여 인간은 기억의 소멸에서 오는 무상함에 맞서 기억을 되살리는 예술장르를 개발했다. 기억의 가장 오래된 보존수단 가운데 하나가 문학이다. 문학은 예술의 한 장르인 동시에 인공기억의 저장소인 것이다. 그런 의미에서 나보코프는 기억과 망각에 대한 일상 언어를 예술작품으로 재생산했다고 볼 수 있다. 『롤리타』의 마지막 장면에는 소설이라는 예술 장르를 통해 롤리타에 대한 기억을 보존하고자 하는 작가의 소망이 잘 나타나 있다. "나는 들소와 천사들, 오래가는 그림물감의 비밀, 예언적인 소네트, 그리고 예술이라는 피난처를 생각한다. 그리고 이것이 너와 내가 나눌 수 있는 단 하나의 불멸성이란다, 나의 롤리타."[3] 나보코프의 표현처럼 문학은 불멸의 기억 보관소인 것이다.

나보코프의 문학작품은 기억을 향한 작가의 열정과 집착의 산물이다. 그에게 작가란 기억을 살려내는 존재인 것이다. 그에게 있어 기억은 치환과 변형, 왜곡과 가치전도의 과정을 거쳐 새로운 것을 창조하는 기능을 한다. 그는 개인의 내밀한 기억을 문학적 기억으로 부활시켜 예술작품을 창조한다. 나보코프의 예

2 박혜경, 나보코프의 러시아어 소설에 나타난 기억과 예술의 문제 (서울대학교 대학원 박사학위 논문, 1996), 초록.

3 나보코프, 롤리타 (권택영 옮김) (서울: 민음사, 1999), 422쪽.

술텍스트에서 기억이란 기억자의 감정에 의해 재해석된 과거이며, 과거-현재-미래의 관계 속에서 끊임없이 변화되는 것이다.[4] 나보코프는 자신의 경험을 회상하여 이를 통해 자신만의 독특한 서술을 전개함으로써 삶의 의미를 새롭게 발견해 나간다.

지금까지 대다수의 학자들은 『롤리타』 이외의 다른 작품에 나타난 기억의 문제를 많이 연구해왔다. 그러나 정작 가장 유명한 작품 『롤리타』에 나타난 기억의 문제에 대해 본격적인 연구는 거의 없는 형편이다. 그리하여 우리는 『롤리타』에 나타난 기억의 다양한 형식과 의미에 대한 본격적인 연구를 하고자 한다. 그런 연구를 통해 나보코프가 자기 소설 텍스트 속에 다양하게 섞어 짜놓은 개인의 기억과 문화적 기억의 여러 양상들을 밝힐 것이다. 자연히 『롤리타』의 구조를 형성하고 있는 기억의 여러 요소들이 어떻게 미학적으로 서로 연관되어 구성되었는지 드러날 것이다.

2. 이름 문화로서의 캐릭토님 기법

나보코프는 문학을 언어의 유희가 만들어 내는 수수께끼나 체스게임으로 간주한다. 언어유희[5]와 게임을 즐기는 작가 중에는 나보코프가 독보적이라는 평가를 받는다. 그의 작품에서 선과 악이라는 도덕적 메시지를 찾으려는 시도는 별로 의미가 없다. 그에게 현실(reality)은 중요하지 않고, 오직 텍스트 속에서 살아 숨 쉬는 언어가 중요할 뿐이다. 그리하여 소설은 허용된 언어유희의

4 박혜경, 28쪽.

5 나보코프의 언어유희는 '글자 맞추기 놀이'를 의미하는 'logomachy'에 해당한다.

공간일 뿐이다. 나보코프가 특별히 즐기는 언어유희 가운데 하나가 '캐릭토님 Charactonym' 기법이다. 나보코프는 소설에 등장하는 이름들을 여타의 문학이나 문화의 영역에서 차용하거나 변주하여 자기 나름의 양식으로 만들었다.

어떤 예술가도 완전한 무(無)에서 작품을 창조하는 것은 아니다. 모든 텍스트는 이전 텍스트에 대한 기억과 관계된다. 나보코프는 특히 폰비진, 고골, 도스토예프스키, 톨스토이의 작품에서 축적된 러시아 작가들의 전통적 캐릭토님 기법에 정통하다고 할 수 있다. 선배 작가들의 캐릭토님 기법은 망명 작가의 기억 속에서 잊혀져가는 아름다운 러시아 문화유산 가운데 하나이다. 사실『롤리타』에서 캐릭토님을 사용하는 나보코프의 기법은 고골이나 도스토예프스키의 기법에 대한 오마주라 할 수 있다. 나보코프 역시 작중인물의 성격과 역할을 보여주는 데 도움을 주기 위해 함축의미를 지닌 이름을 사용한다. 따라서 독자는 나보코프의 작품을 읽을 때 특별히 의도된 고유 명사를 의식하지 않을 수 없다.

한편, 나보코프가 사물이나 사람의 이름에 남다른 관심과 열정을 보인 것은 반드시 선배 작가들의 문화유산을 계승한 것만은 아니다. 나보코프의 작명법에는 독특하게도 분류학과 인시류학(lepidopterology)의 흔적이 엿보인다. 왜냐하면 나보코프 삶의 한 축이 탁월한 문학작품을 완성시킨 작가로서 이루어졌다면, 다른 한 축은 인시류학을 연구하는 과학자로서 이루어졌기 때문이다. 그는 나비를 연구하고 수집하며, 여러 학술지에 인시류에 관한 글을 싣는 등 나비에 관한 권위자로 평가받았다. 나보코프는 나비와 나방을 찾아 헤매었을 뿐만 아니라 채집한 곤충에 이름과 학명을 부여하는 인시류학자인 것이다. 인시류학은 표본 하나를 채집할 때마다 그의 종과 속을 밝히는 치밀한 분류작업을 필요로 한다. 인시류학자들은 나비의 학명에 명명자의 이름을 덧붙여 기억한다. 그러한 의미에서 인시류학은 본질적으로 기억의 학문이라 할 수 있다. 나비의 학명과 명명자의 이름에 대한 나보코프의 관심은 자연적으로 모든 사물과 인간의 작명에 대한 관심으로 이어진다.

인시류학자로서 나보코프는 인시류학을 『롤리타』에 접목시키고 있다. 그의 작명법은 인시류학과 문학의 상호작용의 결과이다. 그는 인시류를 문학으로 육화하는데 성공한 셈이다. 롤리타는 나비의 소녀화이며, 험버트는 괴물스런 인시류 연구가이자 불나방의 육화이다. 롤리타에 대한 험버트의 사랑은 불을 찾아 헤매다가 불에 타죽는 불나방의 사랑과 유사하다. 인시류학과 문학의 상호텍스트성의 시작은 아카데믹한 사회학에 관한 나보코프식 패러디인 『롤리타』의 서문을 쓴 가공의 저자 존 레이 주니어로부터 비롯된다. "그는 의심할 여지없이 17세기 영국의 저명한 계통분류학자의 자손, 다시 말해 린네의 후손이다. 이야기 속에 등장하는 많은 주변적인 인물과 장소들은 나비를 떠올리게 만든다. 아비스 채프먼(Avis Chapman)은 채프먼의 헤어스트리크 나비의 이름에서 온 것으로 학명은 칼로프리스 아비스 채프먼(Callophrys avis Chapman)이다."[6]

미국의 나보코프 연구가 크리스틴 라게-부바르(Christine Raguet-Bouvart)가 지적한 것처럼 나보코프의 소설에서는 거의 하찮은 단어에도 작가의 숨은 의도가 들어있어 각각 나름대로 특이한 역할을 한다. 이를 염두에 두고서 『롤리타』에 등장하는 주요 인물들의 캐릭토님을 분석하면 흥미롭다. 이제 나보코프가 사용한 캐릭토님을 주요인물 순으로 분석해보자.

『롤리타』의 4쪽짜리 서문에는 무려 13명의 이름이 열거된다. 롤리타(Lolita), 험버트(Humbert), 클라크(Clark), 헤이즈(Haze), 윈드밀러(Windmuller), 류이스(Louise), 모나 달(Mona Dahl), 리타(Rita), 리차드 실러(Richard Schiller), 비비안 다크블룸(Vivian Darkbloom), 울시(Woolsey), 블랑슈 슈와츠만(Blanche Schwarzmann), 존 레이(John Ray)가 그들이다. 소설의 화자 존 레이는 "험버트라는 기묘한 이름은 저자 자신이 고안해낸 것이고 물론 이 가면도 그가 원하는 한 그대로 지켜질 것이다. 헤이즈만 여주인공의 진짜 성에 운을 맞추어 지

---

6 커트 존스와 스티브 코츠, 나보코프 블루스: 한 천재 문학가의 과학 오디세이 (서울: 해나무, 2007), 453쪽.

었는데 그 이름은 작품의 숨결과 너무나 얽혀 있어서 도저히 바꾸어볼 수가 없었다."[7]고 직접 언급한다. 앞에 열거한 이름들 가운데 "Richard Schiller는 킬러 거리에 사는 스킬러라고 발음할 수도 있다. 서문에 등장하는 여성 전기 작가 Vivian Darkbloom은 아나그램 기법으로 철자를 재조합하면 Vladimir Nabokov가 된다.[8] 소설의 제1부 역시 롤리타의 이름에 대한 설명으로 시작한다. "롤리타(LOLITA), 내 삶의 빛이요, 내 생명의 불꽃. 나의 죄, 나의 영혼. 로-리-타(Lo-lee-ta). 세 번 입천장에서 이빨을 톡톡 치며 세 단계의 여행을 하는 혀끝. 롤(Lo). 리(Lee). 타(Ta). 그녀는 로, 아침에는 한쪽 양말을 신고 서 있는 사 피트 십 인치의 평범한 로. 그녀는 바지를 입으면 롤라(Lola)였다. 학교에서는 돌리(Dolly). 서류상으로는 돌로레스(Dolores). 그러나 내 품안에서는 언제나 롤리타였다."[9] 나보코프는 세 음절의 이름을 선호하였다. 나보코프가 사용한 최초의 여주인공 이름도 세 음절의 이름 마셴카(Machenka)였고, 16살 때 사랑에 빠졌던 소녀의 이름 역시 타마라(Tamara)였다. 발레리 라르보는「여성의 이름들」이라는 에세이에서 롤리타라는 이름에 대해 다음과 같이 고찰하고 있다. "롤리타는 소녀의 이름이다. 롤라는 결혼할 나이에 이른 아가씨이며, 돌로레스는 30살, 도나 돌로레스는 60살의 여인이다.(……) 어느 날 나는 사랑에 취해 중얼거리리라, 롤라라는 이름을. 그리고 밀월의 단꿈을 꾸는 밤, 나는 롤리타를 품에 안으리라."[10]

---

7 나보코프, 롤리타 (서울: 민음사, 1999), 8쪽.

8 아나그램(철자바꾸기)은 기호학에서 역사가 깊다. "중세 유대교의 신비철학 혹은 밀교인 카발라의 신비한 가르침은 아나그램을 중요하게 다루고 있다. 새로운 의미를 끌어내기 위해서 헤브라이어 글자들을 재배치한 것이다. 르네상스 시대를 통해 프랑스 왕들은 아나그램에 마법의 힘이 있다고 굳게 믿었다. 그래서 왕들은 왕립 아나그램 전문가들을 임명해, 중요한 자료를 분석할 때 돕도록 했다. 로마사람들은 실제로 아나그램에 관한 학문을 아르스 마그나, 즉 위대한 예술이라고 불렀다." 나보코프는 아나그램이 아르스 마그나(Ars Magna위대한 학문)임을 알고 있었던 작가였다. 영어단어 행성들(planets)이란 단어의 철자를 바꾸어 조합하면 무려 92개의 다른 영어 단어를 만들 수 있다. 댄 브라운의『다 빈치 코드』(서울: 베텔스만, 2004, 151쪽)를 참조하기 바람.

9 나보코프, 롤리타 (권택영 옮김) (서울: 민음사, 1999), 15쪽.

10 모리스 퀴뤼리에, "신화의 형성 과정," 롤리타 (서울: 이룸, 2003), 14쪽. 여기서 재미있는 사실은 1971년에

험버트는 롤리타를 생각할 때 종종 "내 소중한 사랑의 이름"[11]이라는 수식어를 사용한다. 그는 롤리타라는 이름에 자신의 온갖 시적이고 에로틱한 욕망을 실어 그녀를 신화적인 인물로 만든다. "나보코프에게 엄청난 기쁨을 안겨다준 그의 등장인물들을 다루는 주체는 다름 아닌 그의 시적인 기억이었던 것이다."[12] 나보코프는 이처럼 '시적인 기억'을 등장인물의 이름에 각인시키고자 했다.

『롤리타』 속에서 롤리타의 이미지는 다양한 형태로 재현되는데, 그 다양함은 모두 험버트의 머릿속에서 상상력으로 재해석된 결과이다. 험버트는 돌로레스 헤이즈라는 12살 소녀를 자신의 의식세계인 험버랜드(Humberland)로 끌어들인다. 헤이즈 부인이 험버트에게 롤리타를 소개하는 장면에서는 딸과 백합의 이미지를 융합한다. "저 애가 제 아이 로(Lo)예요. 그리고 여기 이건 제 백합들(lilies)이구요."[13] 헤이즈 부인은 자기 딸의 이미지를 사랑의 꽃 백합의 순수한 이미지[14]와 연결시켜 다국적 언어유희를 즐긴다. "험버트는 두 개의 단어 롤리타의 'Lo'와 불어의 'L'eau'(물)라는 동음이의어를 그냥 지나치지 않는다. 이 동음이의어를 매개로 그는 눈앞에 있는 소녀를 자신의 욕망의 첫 번째 대상이었던 사랑스러운 물의 소녀, '애너벨 리'(Annabelle Leigh), 그리고 에드거 앨런 포의 시간증(屍姦症)이 감추어진 시 텍스트의 여주인공 '애너벨 리'(Annabel Lee) 등과 연관 짓는다. 내가 롤리타를 발견한 것은 다름 아닌 내 고통 받는 과거 속의 그 바닷가 왕국의 치명적인 결과였다. 포가 노래한 애너벨 리가 뛰어놀던 그

쓴 나보코프의 편지에서 자신은 이 작품을 읽은 적이 없다고 주장했다는 점이다.

11 나보코프, 롤리타 (권택영 옮김) (서울: 민음사, 1999), 46쪽.

12 커트 존스와 스티브 코츠, 나보코프 블루스: 한 천재 문학가의 과학 오디세이 (홍연미 옮김) (서울: 해나무, 2007), 454쪽.

13 나보코프, 롤리타 (권택영 옮김) (서울: 민음사, 1999), 56쪽.

14 백합은 순결, 신성, 희생을 상징하는 꽃말을 갖는다. 그리스 신화나 성서에 자주 등장하는 꽃으로 아담과 이브는 뱀의 꾐에 빠져 에덴동산에서 쫓겨났다. 이때 이브의 눈물이 지상에 떨어져 백합이 되었다고 전해진다.

바닷가왕국 말이다."[15] 결국 롤리타는 근본적으로 물(L'eau)과 백합(Lilies)과 시텍스트의 주인공 애너벨 리(Annabel Lee), 유대신화의 릴리트(Lilith) 등의 혼성모방으로 만들어진 이름이다.

뿐만 아니라 수없이 자신의 모습을 바꾸는 롤리타는 작가가 경험한 언어인 영어의 상징일 수도 있고, 작가가 잡을 수 없는 리얼리티에 대한 메타포이기도 하다. "영어로 쓴 내 책의 가치에 대한 평가가 제대로 이루어질리 없다. 나의 개인적인 비극은 타인의 관심사가 될 수도, 되어서도 안 되겠지만, 그토록 자연스런 내 말, 자유롭고 풍요하고 끝없이 온순한 러시아어를 버리고 이류의 영어를 해야 하는 내 설움에 있다."[16]고 말한 저자의 고백은 롤리타가 러시아어에 비해 언어의 규칙성이 떨어지는 영어의 상징적 이미지가 될 수 있음을 가능하게 한다. 언어 예술가로서 무엇보다도 중요한 모국어(러시아어)라는 도구를 포기하고, 영어로 작품 활동을 해야 했던 작가에게 언어는 남다른 존재일수 밖에 없다.

나보코프는 언제나 다의적인 언어 구사로 독자들을 유혹한다. 험버트가 언어의 배열에서 언제나 현실의 고통을 잊을 수 있는 것처럼, 저자도 언어게임에서 즐거움을 찾았다. 다양한 언어의 변용은 험버트라는 이름에서 나타난다. 저자는 험버트를 험버드, 험버그, 험머, 험머슨, 햄버그 등으로 헷갈리게 유사음을 사용하여 부르는데, 이것은 작품의 전면에 나타나있는 언어유희의 일부분이다. 나보코프의 소설에서 말장난은 작가와 독자 사이에 진행되는 중요한 게임이다. 이름을 읽고서 그 이름과 관련된 여러 의미를 포착하지 못하는 독자라면 그대로 읽고 넘어가겠지만, 다중의미를 의식하는 독자는 이름 속에 숨겨진 보물을 찾는 쾌감을 경험하게 된다.『롤리타』에서 험버트 교수는 주변 인물들의 이름에

---

15 크리스틴 라게-부바르, "도착의 신화인가 신화의 도착인가?", 롤리타 (서울;이룸, 2003), 90-91쪽.

16 나보코프, 롤리타, (권택영 옮김) (서울: 민음사, 1999), 431쪽.

대해 상당히 민감한 반응을 보인다. 님펫광(nympholept)[17] 험버트가 롤리타의 같은 반 친구들의 이름 목록을 시처럼 읽는 장면이 나온다. 좀 더 구체적으로 말해서, 험버트는 어느 아이가 『젊은이의 백과사전』이란 책갈피에 얇게 비치는 종이를 대고 연필로 미국의 지도를 본뜨다 만 것을 발견한다. 그 종이의 다른 쪽에 램즈데일 학교의 아이들 이름이 등사기로 찍혀 있음을 본 험버트는 "그 이름들이 나에게 한 편의 시가 되었다"고 언급하며 80개의 이름을 읽는다. 그는 80개의 이름으로 지어진 "한 편의 시, 진정한 한 편의 시!"라고 감탄하며 등장인물들의 이름과 그 특징을 계속해서 열거한다.

여기저기에 숨어 은밀하게 행동하는 속물적인 존재 클레어 퀼티의 이름 역시 나보코프의 언어유희의 산물이다. 클레어 퀼티는 정신분열증을 앓고 있는 험버트의 분신(도플갱어)[18]이다. 험버트 험버트라는 이름의 반복은 일반적으로 내면의 분열이나 이중성을 나타낼 때 사용된다. 『롤리타』에서 험버트의 정신분열은 여러 곳에서 암시된다. "나의 세계는 둘로 갈라졌다. 나는 하나가 아닌 두 개의 성을 의식했고 둘 중 어느 것도 내 것이 아니었다."[19] 험버트의 분신으로 등장하는 미국의 극작가 클레어(Clare) 퀼티(Quilty)는 명백한(Clear) 죄(Guilty)의 의도적인 변형으로 간주할 수 있다. 험버트의 분신 퀼티를 암시하는 의도적인 표현들이 곳곳에 나타난다. 그의 이름은 처음에 험버트의 먼 친척인 구스타프 트랩(Gustav Trapp)으로 오해되었다가 나중에 퀼티(Quilty)라는 본명이나 호칭 큐(Cue)로 나타난다. 앞의 이름들 가운데 'Trapp'은 '함정(trap)'을, 'Quilty'는 '죄

---

17 『옥스포드 소사전』는 영어 "nympholept"의 의미를 "손에 넣을 수 없는 대상에 대한 격렬한 열정 때문에 성격이 변한 사람"으로 정의하고 있다.

18 분신(도플갱어)에는 내적 분신과 외적 분신이 있다. 나보코프는 내적 분신기법과 외적 분신 기법을 병행한다. 나보코프는 호칭을 내적 분신기법에 이용한다. 험버트라는 이름은 다양하게 호칭된다. 동일인이면서도 험버트라는 이름은 서술자가 아니면 성도착자로서 이중인격을 갖고 있는 반면, 험버트 험버트는 분신을 나타내는 호칭이다. 작가는 주인공의 이름을 통해 인물의 내면을 살피는 게임을 즐긴다.

19 나보코프, 롤리타 (권택영 옮김) (서울: 민음사, 1999), 29-30쪽.

(guilty)'를, 'Cue'는 '단서'라는 의미를 함축하고 있다. 클레어 퀼티는 우연을 가장해 소설의 처음부터 미국의 극작가로 소개된다. 험버트가 감옥에서 『무대 조명 속의 인물들』(1946)이라는 책을 읽다가 우연히 퀼티라는 이름을 발견하기도 한다. "퀼티, 클레어. 미국의 극작가. <…….> 작품으로 『귀여운 요정』, 『번개를 사랑한 여인』(비비안 다크블룸과 합작), 『암흑시대』, 『이상한 버섯』, 『아버지 같은 사람』 등이 있다. 어린이를 위한 뛰어난 극을 많이 썼다."[20] 그리고 험버트는 종종 치통에 대한 이야기를 뜬금없이 변명으로 들먹이는데 이때 샬로트가 퀼티를 치과의사로 소개한다. "아 마침 이웃에 훌륭한 치과의사가 한 분 계세요. 퀼티 박산데 극작가의 조카던가, 삼촌이던가. 참을 만하세요?……. 내가 내일 아침 일찍 아이보 퀼티 씨에게 연락을 할게요, 그때까지도 계속 아프시면."[21] 또한 험버트가 자신의 분신인 시나리오 작가 퀼티와 격렬하게 몸싸움을 하며 두 사람의 상황을 설명하는 대목은 의미심장하다. "그와 나는 더러운 무명과 넝마로 가득 채워진 두 개의 커다란 허수아비였다. 그것은 두 문학인이 벌인, 조용하고, 부드럽고, 형식 없는 몸싸움으로, 하나는 약물로 완전히 정신이 나갔고, 또 하나는 심장 질환과 과음으로 온전치 못했다."[22] 『롤리타』의 마지막 장면에서 큐(Q)가 바로 분신 클레어 퀼티임을 밝히고 있다. "클레어 큐를 동정하지 말아라. 사람은 그와 험버트 험버트 사이에서 어느 쪽을 선택해야만 했고, 또 험버트가 몇 달이라도 더 살기를 원했다."[23]

도플갱어로서 퀼티의 유비쿼터스적인 특징이 텍스트 곳곳에 나타나있다. 퀼티는 <도취된 사냥꾼들>이라는 호텔의 식당이나 로비에서도 계속해서 등장한다. 롤리타는 식당 구석에서 체크무늬 옷을 입고 혼자 식사하는 사람을 보고

---

20 나보코프, 47쪽.

21 나보코프, 89쪽.

22 나보코프, 422쪽.

23 나보코프, 174쪽.

퀼티와 비슷하다고 말한다. 라스콜리니코프가 어둠속에서 그의 분신 스비드리가일로프의 음성을 엿듣듯이, 험버트 역시 어둠 속에서 퀼티의 음성을 듣는다. "도대체 어디서 그런 애를 얻었어? 뭐라구요?……. 그 젊은 애는 누구야? 내 딸이오. 거짓말- 그렇지 않아."[24] 험버트는 여행 중에 그와 그의 님펫을 뒤쫓는 또 다른 험버트가 있음을 깨닫게 된다. 험버트의 분신은 언제나 어둠 속에서 음흉한 웃음을 짓다가 갑자기 사라진다. 험버트는 퀼티가 침묵의 추적자가 되어 빨간 차를 타고 뒤를 쫓고 있음을 깨닫게 된다. 모텔 주차장에서 롤리타와 대화를 나눈 퀼티의 이미지가 소개된다. "대머리가 약간 벗겨지고 등이 넓은 갈색 코트에 암갈색 바지를 입은 남자가 로의 말을 듣고 있었다. 그녀는 차 밖으로 몸을 조금 빼낸 채, 손을 쫙 펴고 위아래로 흔들며 빠른 속도로 얘기를 했는데 그런 손짓은 아주 진지하고 강조하고 싶을 때 보이던 모습이다. 나를 혼란에 빠뜨린 것은 마치 그들이 오랫동안 알아온 것처럼 얘기하는 그녀의 친숙한 수다였다."[25] 그 뒤로도 퀼티는 계속해서 험버트를 따라 다닌다. "나 자신을 향해서는 이렇게 속삭였다. 나는 아직도 총이 있고, 아직도 자유의 몸이다. 도망자를 뒤쫓을 수 있고, 내 동생을 죽일 수도 있다."[26] 여기서 '동생'이란 말은 퀼티가 험버트의 분신임을 명백하게 해주는 단어이다.

이밖에도 나보코프의 언어유희는 아나그램(anagram), 칼람부르(Kalambur, pun), 유음법(paronomasia, annomination) 등 다양한 기법으로 나타난다. 이와 관련하여 롤리타가 다니는 학교의 정신분석의사인 커틀러 박사의 이름에 주목할 필요가 있다. 그 학교의 선생인 미스 프랫은 험버트와의 면담시간에 롤리타가 정신과의사인 커틀러 박사에게 상담을 받아 볼 것을 제기한다. 그런데 그 의

24 나보코프, 174쪽.

25 나보코프, 296쪽.

26 나보코프, 336쪽.

사 이름의 캐릭토님은 흥미로운 함축의미를 갖고 있다. 커틀러라는 이름은 '칼장수'를 뜻하는 프랑스어 '쿠틀리에coutelier'에서 유래되었다. 그 이름의 철자를 아나그램 기법으로 바꾸어 해석하면 영어로 'Cruel T'(잔인한 T)가 된다.[27] 정신과의사의 예리한 칼날이 롤리타를 희생시킨 험버트의 잔인성을 폭로하는데 부분적으로 도움을 주기도 한다.

나보코프는 중요하지 않은 인물의 이름을 지을 때도 인물의 특징을 포함시키는 기술적 작명법을 이용하기도 한다. 『롤리타』에 나오는 샬로트의 집 건너편에 살고 있는 불구 '노처녀 반대'(Old Miss Opposite)라는 이름의 여성은 그녀의 집의 위치가 "맞은 편"에 있음을 말하고 있을 뿐만 아니라 나이에 있어서는 롤리타와, 성에 있어서는 험버트와 정반대임을 나타낸다. '고물 씨'(Mr. Junk)는 고물상을 경영하는 사람으로 롤리타의 이웃집에 살고 있는 데, 샬로트가 죽게 되는 자동차 사고는 이 사람의 개 때문에 일어난다. 샬로트를 저세상으로 데려간 존재인 개(dog)를 거꾸로 읽으면 신(god)이 된다. 여성 잡지에서 인용한 "자궁"이라는 의미의 '유티러스'(Uterus) 씨는 어떤 아기가 거기서 잠이 들지도 모른다고 생각하고 부드럽고 두꺼운 벽을 쌓기 시작했다. 험버트는 롤리타의 자궁 속 포근한 세포 안의 작은 유아가 되고 싶은 욕망도 꿈꾸어 본다.

나보코프에게는 등장인물들의 이름뿐만 아니라 공간의 명칭도 언어유희의 대상이다. 험버트와 롤리타가 정착했던 소도시의 이름은 '비어즐리'(Beardsley)이다. 비어즐리라는 지명에는 의미가 함축되어 있다. "오브리 비어즐리(Aubrey Beardsley)는 19세기 말 영국 데카당파 삽화가로, 특히 선정적이고 노골적 관능성이 두드러지는 삽화로 유명한데, 그의 삽화는 공교롭게도 『롤리타』와 마찬가지로 올림피아 출판사에서 출판되었다."[28] 비어즐리는 롤리타가 극작가 퀼티에

---

27 크리스틴 라게-부바르, "도착의 신화인가 신화의 도착인가?" 롤리타 (서울: 이룸, 2003), 108쪽.

28 크리스틴 라게-부바르, 104쪽.

게 유혹당하는 도시이기도 하다. 그 도시는 롤리타의 동급생 이름 목록에서 다시 유사한 이름인 '오브리 맥페이트'(Aubrey MacFate)로 등장한다. 이것은 오브리와 '운명'이라는 의미의 'fate'와 결합된 고유명사이다.

소설에서 단어 놀이(말장난)의 유형은 다양하다. 나보코프는 문자 Q로 다양한 언어유희를 즐긴다. "돼지(Swine) 같은 녀석, 콰인(Quine). 퀼티(Quilty)를 살해한 길티(Guilty). 오, 내 사랑 롤리타, 내가 가지고 놀 수 있는 것은 그저 단어들밖에 없구나!"[29] 퀼티의 의심스러운 행동은 철자 'Q'와 관련되어 연상된다. 퀼티의 첫 문자는 의문(Question)의 머리글자인 'Q'로 시작한다. 퀼티는 종종 알기 힘든 존재로서의 역할을 수행한다. 늘 그림자처럼 롤리타를 따라 다니는 험버트의 또 다른 자아라고 할 수 있다. 의문의 캠프Q에서 의문스러운 동료 남학생이 롤리타의 순결을 빼앗은 후 험버트는 그녀와 육체적 관계를 맺기 시작한다.

앞에서 살펴보았듯이 나보코프 예술의 최대 장점은 퍼즐이나 게임을 풀어가는듯한 언어의 유희에 있다.『롤리타』에서 언제나 논쟁의 초점이 되었던 윤리적 문제는 오늘날 뛰어난 언어유희를 기초로 한 예술성과 작품성에 묻혀버리게 되었다.『롤리타』가 포르노(외설) 소설이라는 비난에도 불구하고 훌륭한 예술소설이라는 찬사를 받게 된 것은 포스트모더니즘이라는 새로운 시대적 흐름과도 무관하지 않다. 언어유희 역시 포스트모더니즘 시대의 주요 특징으로 자리잡고 있기 때문이다.

나보코프는 작중인물의 이름짓기를 통해 그 대상이 의미 없이 등장하는 인물에 그치는 것이 아니라 살아 숨 쉬는 인물로 인지되는 과정을 보여주었다. 그러한 언어유희, 즉 캐릭토님 기법은 대상의 익명성을 극복하고, 타인과의 소통을 가능하게 해주는 기본조건임을 설명해주고 있다. 그의 언어유희는 인간 인식의 지평을 확장시키는 작업이다. 언어가 인간이나 사물보다 먼저 존재하지

---

29 나보코프, 롤리타 (권택영 옮김) (서울: 민음사, 1999), 46쪽.

않았으나 이처럼 언어가 사물의 존재와 존재 인식에 본질적인 역할을 수행하는 이유는 무엇일까. 그것은 우리가 언어로 질서화된 세상을 살고 있기 때문이다. 독일의 철학자 하이데거가 "언어는 존재의 집이다"라고 한 말은 모든 사물은 언어를 통하지 않고는 존재에 이르지 못한다는 말이다. 우리가 집 없이는 살 수 없듯이 모든 사물도 언어가 없으면 존재할 수 없다. 인간의 이름 역시 단순한 호칭의 도구가 아닌 인간인식의 근본적인 조건이라는 철학적 성찰인 것이다. 이런 맥락에서 볼 때 나보코프의 언어유희는 인간 이해의 지평을 확대한 것이라 할 수 있다.

3. 신화의 기억

동서양에서 신화는 일종의 이야기(서사)였다. 사람들의 입과 기억을 빌려 전해 내려오는 이야기 가운데 하나가 신화이다. 신화는 읽는 사람들에 따라 참된 이야기가 될 수도 있고 꾸며낸 이야기가 될 수도 있다. 재미있는 것은 오늘날 많은 작가들이 신화에서 이야기의 소재를 찾는다는 것이다. 신화와 예술과의 관계는 너무나 잘 알려져 있다. 그리스 신화에서 기억의 여신 므네모시네는 제우스와의 사이에 예술의 여신들인 뮤즈를 낳는다. 따라서 예술은 기억의 딸들인 것이다. 나보코프의 예술 역시 기억의 딸들 가운데 하나이다. 나보코프는 신화에서 남다른 상상력의 영감을 이끌어낸다. 비평가들이 종종 나보코프를 가리켜 '기억의 예술가' 또는 '기억의 소설가'라고 말하는 것 역시 틀린 말은 아니다. 그는 신화의 기억을 통해 초시간적이며 초인간적인 신화적 체험을 하게 되며, 바로 이 신화적 체험을 통해 성(性)과 사랑에 대한 감정을 상상한다.

나보코프는 러시아 신화에 나오는 전설적인 새의 이름인 "시린Sirin"[30]을 필명으로 사용하였다. 필명에서부터 알 수 있듯이 신화는 늘 그의 주변에서 영감의 원천이었다. 그의 소설은 신화적 기억을 되살린다. 주인공 험버트는 신화적 상상력으로 자신의 님펫을 만들어낸다. 그의 신화적 상상력은 상상의 목신(牧神)도 만들어 낸다. 그에게 상상력은 지식보다도 더 중요한 힘이다. 신화는 종종 무한히 깊은 곳에 잠재된 비밀을 찾아 영혼의 깊이와 공간의 확대를 추구하는 역할을 하기도 한다. "환상과 실재 사이를 경주하는"[31] 인물 험버트는 신화적 영혼들과 교신을 시도하면서 자신의 행동을 정당화하고자 한다. 역사가 의식의 세계라면 신화는 무의식의 세계이다. 신화는 논리적이고 이성적으로 조직된 세계가 아니라 인간 무의식의 원형을 나타낸다. 험버트의 신화적 기억은 그의 무의식의 원형을 드러내며, 이는 그가 만들어낸 구성물일 뿐 현실 그 자체는 아니다. 즉 그의 신화적 세계 역시 세계에 대한 그의 해석일 뿐이다. 그가 인용하는 신화는 성경 신화, 그리스·로마 신화, 슬라브 신화, 소설의 신화적 인물에 이르기까지 다양하다. 『롤리타』에 소개되는 신화적 인물들은 릴리트(Lilith), 루살카, 시린, 다이아나, 나이아스, 사이렌, 비너스 등이다. 이러한 신화적 인물들은 텍스트에서 롤리타라는 인물과 그물망처럼 연결되어 있다.

나보코프는 성경 신화(더 정확히 말해 유대신화)에서 자신의 숨겨진 비밀의 언어를 찾고 있다. 그는 성경 신화의 모방과 변주를 통해 롤리타의 이미지를 재현한다. 성경의 릴리트 신화가 나보코프의 문학적 상상력에 의해 다시 빛을 보게 된다. 『롤리타』의 주인공 험버트는 롤리타를 성서 속의 릴리트에 비유함으로

30 러시아어 "시린(Sirin)"은 그리스 신화에 나오는 반수반인의 괴물 "사이렌"을 말한다. 얼굴은 사람(여자)이고 몸은 새인 사이렌은 배가 지나가면 아름다운 노래를 불러 선원들의 마음을 홀려 암초에 부딪치게 한 후 선원들을 먹어치웠다고 한다. 나보코프는 사이렌처럼 독자를 유혹하는 작가가 되고 싶은 마음에서 사용한 필명이다.

31 나보코프, 360쪽.

써 그녀에게 일종의 신성과 악마성을 부여한다. "험버트는 이브와 사랑을 나누는 데 아무런 하자가 없었다. 그러나 그가 갈망한 것은 밤의 악마 릴리트였다."[32] 롤리타의 타락은 팜므파탈의 전형으로 간주되는 릴리트에 대한 기억과 연관되어 도덕적 가치에 대한 회고적 전형을 제공한다. 인류 최초의 여자라면 누구나 성서에 나오는 이브를 떠올린다. 그러나 유감스럽게도 이브는 최초의 여성이 아니다. 이브 이전에 릴리트라는 여자가 있었다. 아담의 조강지처도 이브가 아닌 릴리트라는 이야기이다. 유대 신화를 보면 인류의 첫 번째 여자인 릴리트가 등장한다. 릴리트는 아담의 첫 번째 아내로서 남편의 갈비뼈에서 태어난 종속물이 아니라 아담처럼 흙으로 빚어졌다. 그녀의 정체성에 대해 좀 더 구체적으로 언급하면, 릴리트(Lilith)는 마귀로서 히브리어로 '밤의 괴물'이라는 의미로 릴리스(Lilies)라고 호칭되기도 한다. 그 이름과 성격은 '릴리트Lilit' 또는 '릴루Lilu'라고 하는 바빌로니아와 아시리아의 마귀에서 유래한 것이다.[33] 앞서 살펴보았듯이 소설『롤리타』의 첫 장에서 롤리타의 다양한 이름에 대한 언어유희도 알고 보면 릴리트의 다양한 유사 이름의 패러디라고 할 수 있다. 랍비 문학에서는 릴리트를 아담이 하와와 헤어진 후 얻은 악마 자식의 어머니로 묘사하거나 또는 불화로 헤어진 아담의 첫 아내로 묘사하고 있다.『롤리타』에서 험버트는 아담에 대해 유사한 설명을 하고 있다. "한마디로 그런 신의 은총과 거대하고 다양한 전경이 펼쳐지기 전에 자신의 에덴동산에서 신기루처럼, 고대 신비스런 역사의 예고편에 나오는 아담처럼 나는 무력하게 서있었다."[34] 한 마디로 릴리트는 인류 최초의 님펫으로서 롤리타의 원형이라 할 수 있다.

나보코프가 러시아어로 쓴 시「릴리트Лилит」에서 묘사하고 있는 벌거

32 나보코프, 30쪽.

33 크리스틴 라게-부바르, "도착의 신화인가 신화의 도착인가?" 롤리타 (서울: 이룸, 2003), 92-93쪽.

34 나보코프, 101쪽.

벗은 소녀의 모습과 소설『롤리타』의 여주인공의 이미지는 너무도 유사하다. 신중한 망명문학 잡지들은 처음엔 나보코프 시의 게재를 거부하였다. 나보코프가 유명해진 다음에야 독자들은 그 시를 읽을 수 있었다. 그 시의 내용은 시인이 죽은 후 천국에 가서 소녀의 형상을 한 태초의 여성을 만나게 된다는 것이다. 그 시의 몇 구절을 살펴보면 롤리타는 릴리트의 모방과 변주임을 확인할 수 있다. 「릴리트」의 두 번째 연은 천국에서 만난 태초의 여성에 대한 시인의 기억을 감각적으로 표현하고 있다.

> “От солнца заслонясь, сверкая
> подмышкой рыжею, в дверях
> вдруг встала девочка нагая,
> с речною лилией в кудрях,
> стройна как женщина, и нежно
> цвели сосцы, - и вспомнил я
> весну земного бытия,
> когда из-за ольхи прибрежной
> я близко, близко видеть мог,
> как дочка мельника меньшая
> шла из воды, вся золотая,
> с бородкой мокрой между ног.
> <…….>
> с усмешкойхищною гуляки
> я подошел к моей Лилит.”[35]

---

35 Vladimir Nabokov, Collected Russian Language Works, (Sant-Peterburg <<Simpozium>>, 2000) s. 437.

"태양을 피해

겨드랑이가 붉게 빛나는 벌거벗은 소녀가

문가에 갑자기 서있다.

강가의 백합으로 장식한 곱슬머리에

성숙한 여인 같은 아름다운 몸매에

부드러운 빛깔의 유두를 가진 소녀다.

그리고 난 겨울 속의 봄의 존재를 기억했다.

그때 강가의 오리나무 뒤로

방앗간 집 어린 딸이

황금빛으로 빛나며 물가로 들어가고

다리 사이로 젖어든 털을

가까이, 가까이서 볼 수 있었을 때.

<……….>

난 쾌락주의자들의 교활한 웃음을 받으며

나의 릴리트에게로 다가갔다." (필자 번역)

나보코프의 시 텍스트에서 릴리트는 양 다리를 벌린 자세로 유혹하는 팜므 파탈이다. 그녀는 뱀 속의 뱀으로 묘사되고 있다. 또한 나보코프는 「릴리트」에서 자신이 묘사한 여주인공이 물의 세계에 속해 있음을 강조하고 있다. 그녀는 보티첼리의 비너스(아프로디테)처럼 물(거품)속에서 나온 여인이다. "방앗간 집 어린 딸이/ 황금빛으로 빛나며 물속으로 들어가고,/ 다리 사이로 젖어든 털을 볼 수 있었을 때." 이 물속의 릴리트는 비너스를 상기시킨다. 실제로 비너스라는 이름도 『롤리타』에 세 번 정도 등장한다. 성애의 여신인 비너스는 남녀의 육체 결합과도 관계가 있다. 비너스의 본래 의미는 비니리얼(venereal)이라는 단어에서 비롯한다. 비니리얼은 "성교의, 성교로 일어나는"의 뜻이다.

나보코프는 그리스·로마 신화에 나오는 미의 여신 비너스에 대한 신화적 기억을 기초로 롤리타를 신화적 이미지로 격상시킨다. "저기 내 비너스는 배를 깔고 누워 내게 보여준다. 내 혈관 속의 크게 뜬 천 개의 눈에게 보여준다 ---- 약간 올라간 어깻쭉지, 아래로 굽은 듯 내리뻗은 등뼈, 검은 천에 싸인 작고 탄탄하게 봉긋 솟은 엉덩이, 쭉 뻗은 넓적다리. 그 칠 학년짜리 소녀는 조용히 그녀의 초록 빨강 파랑의 만화를 즐겼다. 그녀는 초록 빨강 파랑의 프리아포스가 생각해 볼 수 있는 가장 사랑스런 님펫이었다."[36] 비너스의 기억은 밀로의 비너스 상으로도 표현된다. "해변 위에 반듯이 누워 쉬고 있는 어느 초현실주의 화가, 그옆에는 밀로의 비너스상을 석고로 뜬 모형이 모래 속에 반쯤 잠긴 채 역시 반듯이 누워 있다."[37] 물론 나보코프는 보티첼리의 비너스를 기억하고 있다. "나는 바로 그 보티첼리적 분홍빛, 들장미 같은 입술, 촉촉하고 엉킨 속눈썹을 사랑했기 때문이다."[38]

사실 비너스의 또 다른 그리스 식 이름인 아프로디테는 그 자체로 욕망을 의미한다고 할 수 있다. 아프로디테와 결부되는 그리스어 아프로디시아도 욕망의 행위, 사랑의 행위를 의미한다. 아프로디테는 처녀성을 고집하는 3명의 여신, 즉 아테나, 아르테미스, 헤스티아를 제외한 모든 신과 인간들, 그리고 모든 창조물을 욕망의 힘, "욕망의 법칙에 종속시킬 수 있는" 신이다. 인간들은 물론 신들 중에서도 "아프로디테를 피해갈 수 있는 이는 없다." 욕망의 힘 앞에 속수무책인 제우스의 모습에서, 우리는 아프로디테가 일면 그들보다 더 강한 신일수도 있음을 보여주는 것이다. 이처럼 아프로디테가 표상하는 욕망, 성적 욕망의 힘은 우주의 지배자를 노예로 만들만큼 강력하다.[39]

---

36 나보코프, 60쪽.

37 나보코프, 82쪽.

38 나보코프, 91쪽.

39 임철규, 그리스 비극: 인간과 역사에 바치는 애도의 노래 (서울: 한길사, 2007), 101쪽.

팜므파탈의 소녀 릴리트는 시인을 자신의 몸 밖으로 밀어낸다. 거부당한 시인은 자신의 정액을 그녀 주위 사람들 앞에 뿌리게 된 후에야 그 자신이 지옥에 있음을 깨달았다. 이 장면에서 시인을 거부한 여인은 자신의 교활함과 악마적 성격을 통해 전설 속의 릴리트임을 재확인한다. 롤리타의 성격과 결부되어, 물의 요정 형상을 한 유혹적인 악마라는 신화적 존재 릴리트는 은유와 어휘적 구성을 통해 소설 속에서 여러 차례에 걸쳐 분명하게 암시되고 있다. 그리하여 릴리트라는 신화적 존재는 원래의 전설에서 빠져나와 현대 미국의 상황에 맞춰 변형되며, 험버트의 도착증, 즉 님펫광증에 새로운 해석의 가능성을 부여한다.[40]

"Без принужденья, без усилья,
лишь с медленностью озорной,
она раздвинула, как крылья,
свой коленки предо мной.
И обольстителен и весел
был запрокинувшийся лик,
и яростным ударом чресел
я в незабытую проник.
Змея в змее, сосуд в сосуде,
к ней пригнанный, я в ней скользил,
уже восторг в растущем зуде
неописуемый сквозил -
как вдруг она легко рванулась,

40 크리스틴 라게-부바르, "도착의 신화인가 신화의 도착인가?" 롤리타 (임미경 옮김) (서울: 이룸, 2003), 95-96쪽.

отпрянула и, ноги сжав,

вуаль какую-то подняв,

в нее по бедра завернулась,

и, полон сил, на полнути

к блаженству, я ни с чем остался,

и ринулся, и зашатался

от ветра странного.

<…….>

Молчала дверь. И перед всеми

мучительно я пролил семя,

и понял вдруг, что я в аду." (13 декабря 1930, Берлин) [41]

"차가운 두 손가락으로

어린 아이처럼 내 불길을 잡고 있다.

"이리로" -- 그녀는 조용히 말했다.

강요하지도 않고, 힘을 쓰지도 않으면서

그저 천천히 장난 끼를 머금고

날개처럼, 그녀는

내 앞에서 자신의 무릎을 벌렸다.

뒤로 젖힌 얼굴은

너무 유혹적이며 유쾌했고

허리의 격렬한 공격에

41 Vladimir Nabokov, Collected Russian Language Works, (Sant-Peterburg <<Simpozium>>, 2000), s. 437-438.

나는 잊혀지지 않을 기억으로 빠져들었다.

뱀 속의 뱀, 접시 속의 접시,

그녀에게 맞추어, 난 그녀에게로 미끄러졌다.

<…….>

문은 침묵했다. 모두들 앞에서

난 괴롭게 정액을 뿌렸고

그리고 갑자기 깨달았다. 난 지옥에 있다는 사실을."

(릴리트, 1930년 12월 13일)

릴리트의 이미지는 소설『롤리타』에서 변주되어 반복된다. "그 떨리는 하늘은 가벼운 옷을 걸친 그녀처럼 알몸이었다. 마치 그 자체에서 희미한 빛이 쏟아지듯 이상스레 또렷한 그녀의 얼굴을 나는 하늘에서 보았다. 그녀의 다리, 사랑스럽게 싱싱한 두 다리는 약간 벌어져 있고 내 손이 막 그곳을 더듬으려 하자 쾌락과 고통이 반씩 섞인 아련하고 괴이한 표정이 그 어린 얼굴 위에 서렸다."[42] 『롤리타』에서 시 텍스트『릴리트』의 모방과 변주는 다음과 같이 계속된다. "이때쯤 나는 너무나 흥분해서 거의 제정신이 아닐 정도였다. 하지만 광기 속에서도 나는 교활했다. 거기 소파 위에 앉아서 계속 은밀히 움직이며 그녀의 순진한 육체에 내 가면을 쓴 정욕을 발산시켰다."[43] 시「릴리트」의 마지막 3개 시행은 좌절된 욕망을 표현한 것으로 악마 릴리트의 잔인성과 교활성을 잘 드러내고 있다. 『롤리타』에서도 그대로 반복된다. "처음에 악마는 나를 유혹하더니 좌절시켰고 내 존재의 뿌리에 육중한 아픔을 남겨놓았다."[44] "그리고는 꿈틀거리고 어색해

42 나보코프, 23쪽.

43 나보코프, 82쪽.

44 나보코프, 78쪽.

하며, 머리를 뒤로 젖히고 몸을 반쯤 돌리며, 이빨을 반짝이는 아랫입술에 대었다."[45]

재미있는 것은 나보코프가 온갖 신화를 끌어들여 교활한 지식인 험버트를 정당화시켜주고 있다는 점이다.[46] 험버트는 롤리타의 이미지를 타락한 모습으로 제시함으로써 자신의 성도착을 숨기려고 한다. "험버트는 우선 롤리타를 성서 속의 릴리트에 비유함으로써 그녀에게 일종의 신성을 부여한다. 이어서 그는 그리스 신화 속의 샘의 요정 나이아스, 전설의 사이렌과 그녀를 겹쳐놓는다. 험버트는 자신의 '위험하고 타락한 욕망'을 정화해야할 의무를 의식하고 있다. 즉 그는 이러한 롤리타의 이미지 조작을 통해 그녀에게 죄를 뒤집어씌워 파괴함으로써 자신의 과오를 씻으려한다. 서술자 험버트는 물질적, 심리적 환유적 방식으로 롤리타에게 온갖 타락을 돌리고, 그 타락 때문에 자신이 상처받았음을 강조하는데, 이것은 그가 스스로를 정화하기로 선택했기 때문이다."[47]

나보코프는 러시아 신화에서 자주 등장하는 "시렌"과 요정 "루살카"를 기억하고 있다. 러시아 신화에 대한 기억은 롤리타의 이미지와 직접 연결된다. 님프소녀로 번역될 수 있는 영어의 님펫은 사실 러시아 동화나 신화에서 자주 언급되는 전설적인 아름다움의 상징인 루살카 요정을 의미한다. 롤리타는 러시아 신화의 요정 루살카에 대한 아름다운 기억을 님프소녀로 반추해낸 것이다. 나보코프 연구가라면 누구나 롤리타가 루살카의 모방과 변주임을 언급한다. 롤리타와 루살카의 관계에 대한 문제는 이제 진부한 테마로 회자될 정도이다. 그러나 이 문제에 대한 피상적인 언급은 있으나 구체적인 비교분석은 없기에 여기

45 나보코프, 85쪽.

46 험버트의 회고록에 따르면 어린 소녀에 대한 자신의 집착에 대한 정당성을 부여하기 위해 다양한 설명을 하고 있다. 성경의 라합이 10살의 창녀였으며, 이집트와 인도에도 비슷한 기록이 있고, 무엇보다도 위대한 시인인 단테가 7세의 베아트리체를 사랑하였고, 페트라르카가 12세의 로라와 열애에 빠졌으며, 포우가 14살이 채 안된 버지니아와 결혼했다는 것이다.

47 모리스 쿠튀리에, 롤리타 (임미경 옮김) (서울: 이룸, 2003), 101쪽.

서 우리는 그들의 상호텍스트성에 대해 좀 더 자세히 분석하고자 한다.

재미있는 것은 나보코프가 루살카에 대한 시를 직접 썼다는 사실이다. 시 텍스트의 제목은『루살카: 푸슈킨 <루살카>의 마지막 장면 Rusalka Zakliuchitel'naia stsena k pushkinskoi <<Rusalke>>』이다. 사실 이 시는 나보코프가 루살카에 대한 푸슈킨의 미완성 시에서 끝부분을 마무리하여 완성시킨 것이다. 나보코프의 시는 공작과 어린 요정 루살카와의 대화로 이루어져 있다. 공작은 드네프르 강가에서 요정 루살카와 만나 대화를 나누며, 루살카의 정체에 대한 질문으로 시작한다. 공작은 루살카의 존재를 환영으로 생각한다. 그는 루살카가 단지 달빛에 비친 나뭇잎의 그림자에 불과하며 길을 잃은 아이라 생각한다. "넌 왜 날 그렇게 따뜻하게 쳐다보지?/ 말해보라……. 아니야, 나뭇잎의 그림자에 달 놀이에 내가 속고 있는 거야. 내게 말해보아라……. 엄마는 숲에 있지. 아마도 산딸기를 따다가 밤에 길을 잃었을 거야……. 아니면 진창이 된 강바닥에 빠졌거나……. 아니야, 그게 아니지. 말해봐, 넌 어부의 딸, 어린 딸일 거야. 맞지? 아빠가 널 기다릴 거다. 널 부를 거다. 아빠에게 가라."[48] 죽음과 환영을 두려워하는 공작은 그 어린 요정 루살카가 자신의 딸임을 알게 된다. 드네프르 강가의 어린 루살카는 공작에게 자기 엄마의 이야기를 들려준다. 그 시는 루살카들의 합창으로 끝난다. 이러한 시를 쓸 정도로 나보코프는 러시아 신화의 요정 루살카에 대한 관심이 지대하였다. 루살카에 대한 문제는 뒤에서 다시 푸슈킨과 관련지어 자세히 언급될 것이다.

루살카 외에도 롤리타의 이미지는 그리스 신화의 강이나 샘에 사는 요정 나이아스의 모방과 변주로 확장된다. "이 나이아스는 나보코프가 러시아어로 쓴 다른 시「센 강의 미지의 소녀」에서 익사한 소녀의 형상으로 표현되기도 한다. 이 시는 1934년에 씌어진 것으로 1970년에 출간된 시 모음집에 수록되어 있다.

---

48 Vladimir Nabokov, Collected Russian Language Works, (Sant-Peterburg <<Simpozium>>, 2000), s. 441.

이 시에서는 세기 초의 문학풍조와 그 무렵의 키치적 분위기의 영향이 감지되는데, 이런 분위기는 당시 센 강에서 건져낸 어느 익사한 소녀의 석고 데드마스크가 유행한 데서도 알 수 있다. 소설『롤리타』에는 '움직이지 않는 도톰한 눈꺼풀, 엉켜 붙은 속눈썹' 등 익사한 미지의 소녀를 떠올리게 하는 묘사들이 험버트의 고백 여기저기에 등장한다."[49]

4. 개인 기억의 시간

나보코프는 기억 저편 망각의 바다 속에 잠자고 있던 숱한 개인의 사연들과 문화적 편린들을 그 바다로부터 기억의 땅으로 끌어올려 하나하나를 작품에 녹여 새로운 의미를 창출한다. 특히 망명 작가로서 조국 러시아에 대한 나보코프의 기억은 청소년시절의 개인적 기억에서부터 문화적 기억에 이르기까지 남다르게 그 스펙트럼이 넓다. 그의 작품에서 망명은 단순히 조국상실만을 의미하는 것이 아니라 정체성(identity)의 상실이라는 존재론적인 측면을 함의한다. 그리하여 주인공들은 자신의 정체성을 찾기 위해 방황한다. 요컨대 정체성의 문제는 기억의 영역과 긴밀하게 연관되지 않을 수 없는 것이다.[50]

---

49 모리스 쿠튀리에, 롤리타 (서울: 이룸, 2003), 98-99쪽.

50 예로써 인류의 암울한 미래를 그린 SF 영화『블레이드 런너(Blade Runner)』에서 경찰들은 주인공 데커드에게 합성인간(Replicant) 제거의 임무를 부여한다. 블레이드 런너인 데커드는 고도의 감정이입과 반응 테스트를 통해 인간과 레플리컨트 사이의 차이를 알 수 있는 유일한 인물이다. 진짜인간과 인조인간을 판별하는 그의 기준은 용의자가 과거 어린 시절에 대한 기억을 지니고 있는가이다. 그는 과거의 기억이 없는 용의자를 인조인간으로 간주하고 그 자리에서 사살한다. 여기서 기억은 생과 사를 가르는 최고의 기준이 된다.『블레이드 런너』는 기억이 인간존재의 필요충분조건인지 어떤지 다시 한 번 생각해볼 수 있는 기회를 주었고, 분명히 인간의 정체성과 더불어 존재의 의미를 다시 사유케 하는 기억에 남는 인상 깊은 영화였다.『Time in Literature』에서 한스 마이어호프가 간파했듯이 기억은 기능적 통일체로서 "나"를 형성하는 유일한 방법이다. 인간이 현재의 순간을 살면서 과거의 시간과 미래의 시간을 포괄할 수 있는 것도 연속된 흐름

소설『롤리타』에서 작가가 가장 중요하게 생각하는 것은 기억의 시간이다. 롤리타에 대한 사랑도 알고 보면 잃어버린 과거에 대한 집착이었다. 덧없이 흘러간 시간에 대한 주인공의 아쉬움이 어린 소녀에 대한 동경과 욕망으로 나타난 것이다. 료타르의 기억이론에 따르면, "회상은 과거를 완전히 재현해내지 못하고 현재의 욕망에 의해 그것을 구성해내고 있다"[51]고 한다. 과거가 험버트의 현재 욕망에 의해 부활하지만, 그는 과거의 근원적 장면을 완전히 기억해내는 것이 불가능하다는 것을 알게 된다. "기억과 상상력에 의해 시간의 벽을 초월하여 꿈같이 아름다운 과거로 가보려고 노력해보지만, 현재라는 시간의 감옥에 갇힌 채 시간의 벽을 결코 넘지 못하는 주인공 험버트의 절규에서 우리는 인간적인 동정을 느낀다."[52]

사실 험버트가 사랑한 것은 어린 소녀 롤리타라기 보다는 자신의 어린 시절이었다. 첫사랑의 소녀 애너벨은 시간의 흐름 속에 정지된 기억의 유령이었다. 험버트에게 작은 요정이라 할 수 있는 소녀는 다시는 되돌아갈 수 없는 어린 시절에 대한 향수이며 첫사랑 애너벨에 대한 진한 그리움의 상징이다. 되돌아 갈 수 없는 시간에 대한 향수와 그리움은 과거를 한 없이 미화시킨다. 험버트는 롤리타와 애너벨과의 관련을 과거의 시간에서 찾고 있다. "어떤 마술적이고 운명적인 손길인지 롤리타는 분명히 애너벨로부터 시작한다는 것을."[53] 그리하여 험

으로서의 기억을 전제했을 때 가능한 일이다. 시대의 힘과 타의에 의해 조국을 떠나야 했던 나보코프에게 어린 시절과 고향에 대한 그리움은 그의 기억 속에 간직되어 모든 작품에 반영되어 나타난다. 그는 "이 모든 세월 동안 내가 소중하게 간직해온 노스탤지어는 잃어버린 수표에 대한 슬픔이 아니라, 어린 시절에 대한 비대해진 감정" Nabokov, Strong Opinions (New York: McGraw-Hill Book Co., 1973), p. 127. 이라고 말한다. 고향은 항상 그에게 아름다운 추억의 공간이다. 어린 시절의 추억은 그의 의식 속에 불변의 아름다움으로 자리 잡고 있으며, 항상 의식 속에 맴도는 아름다운 환상으로 남아 있다. 그리하여 그의 현실은 기억을 통해 존재하는 환상적 리얼리티라 할 수 있다.

51 정항균, 므네모시네의 부활 (서울: 뿌리와 이파리, 2005), 146쪽.

52 조주관, 러시아문학의 하이퍼텍스트 (서울: 평민사, 2002), 388쪽.

53 나보코프, 롤리타 (권택영 옮김) (서울: 민음사, 1999), 22쪽.

버트는 늘 님펫이라 불리는 소녀들 주위를 맴돌며 떠나지 못하고, 이름만을 달리하는 소녀들을 찾아 환상에 빠져든다. 작품 내내 주인공 험버트가 찾아다녔던 것도 롤리타의 실체가 아닌 시간의 환상이었고, 그를 사로잡은 마술적인 힘은 바로 그가 잃어버린 어린 시절, 다시는 되돌릴 수 없는 지나간 시간에 대한 그리움이었다.[54] 시간의 흐름은 무자비하게 롤리타에게서도 어린 시절을 빼앗아버린다. 롤리타의 비극은 어린 시절의 상실이다. 험버트는 보통 사람들이라면 누구나 간직할 수 있는 아름다운 어린 시절을 롤리타에게서 빼앗았다. 타인의 어린 시절을 강탈한 죄가 바로 험버트의 가장 큰 죄이기도 하다. 이룰 수 없는 꿈인 줄 알면서도 어린 시절에 대한 향수와 그리움에 자신의 전존재를 바쳐버린 주인공 험버트의 광기는 고향 러시아를 등진 망명 작가의 고향에 대한 미칠 듯한 그리움과도 연관되어 있다.

> "사실, 기억이란 그 자체로 종소리, 즉 예술가가 이용하는 많은 기구 중의 하나이다. 당신이 기억을 사랑하면 할수록, 기억은 점점 더 강해진다. 내가 최근의 기억에 대한 애정을 갖는 것보다 옛날 기억, 즉 어린 시절의 기억에 대해 좀 더 열정적인 애정을 갖는 것은 자연스러운 것이라 생각된다."[55] (필자 번역)

소설 텍스트에 나타난 주인공의 어린 시절에 대한 구체적인 분석은 앞에서 언급한 시간의 기억에 대한 중요성을 입증해준다. 『롤리타』의 제1부는 어린 시절에 대한 사랑의 기억으로 시작한다. 주인공 험버트는 여러 민족의 혈통을 이어받은 호텔 주인의 아들로 파리에서 태어났다. 그가 세 살 때 어머니는 피크닉에 갔다가 벼락을 맞고 돌아가셨지만, 유복한 환경에서 정상적으로 성장하였

---

54 나보코프, 444쪽.

55 Nabokov, Strong Opinions (New York: McGraw-Hill Book Co., 1973), p. 12.

다. 험버트가 열세 살이 되자, 아버지는 성(性)에 대한 지식을 알려 주었다. 어느 날 험버트 소년은 그보다 몇 달 어린 사랑스런 혼혈아 애너벨과 고통스럽고 절망적인 첫사랑에 빠졌다. 그들은 서로의 육체와 영혼을 일치시키기 위해 해변에서 서로의 몸을 접촉하며 탐욕스럽게 서로를 애무했으나 어른들의 방해로 짧은 순간의 기억만을 남기고 끝났다. 몇 달 후에 애너벨이 발진티푸스로 죽고 만 것이다. 이 슬픈 기억이 그의 일생에 커다란 영향을 미쳤다. 그 소녀에 대한 넘치는 욕망은 다시 회고적인 상상력으로 험버트를 자극한다. 그녀와 연관된 과거의 기억은 새로운 즐거움과 생명력을 제공한다. 애너벨과의 사랑이 또 다른 사랑으로 활기를 얻고 아름다움으로 기억된 것이다. 그 사랑은 애너벨에서 롤리타로 전이된 운명적인 것이었다. 애너벨과의 사랑은 이루어지지 못한 사랑이기에 더 아름다운 기억으로 남았다. 애너벨의 입술, 숨소리, 다리, 얼굴, 향내, 혀에 대한 기억들이 다른 소녀 롤리타의 모습에서 반추된다. 대학에서 영문학을 전공하던 험버트는 애너벨과의 사랑을 잊지 못하고 아홉 살에서 열네 살 사이의 소녀들을 '님펫'이라고 부르며 그들을 탐하는 광적인 성격 이상자로 변한다.[56] 이 소녀들은 귀여운 님펫이지만 어른 남자들에게 마술적 힘을 가진 악마로 작용한다. 험버트는 어린 소녀들에 대한 욕망을 자신만의 환상 속에 묻혀 은밀하게 기쁨을 즐기는 광인이 된다. 그는 관음증 환자로 환상 속에서 그들을 소유하고 즐기는 환상적 궁지에 빠지기도 한다.

> "남자가 님펫의 마력에 빠지는 데에는 적어도 십년 이상 아니 삼십년, 사십년, 아주 드물게는 구십년까지의 나이 차가 필요하다는 것이다……. 나도 어리고 그녀도 어렸을 때 나의 사랑스런 애너벨은 내게 님펫이 아니었다. 그 매혹적인

---

56 미국에 이민 온 나보코프는 미국 사회의 양면성에 놀란다. 하나는 미국 사회의 어린이 숭배 풍조이고, 다른 하나는 어린 소녀를 성적 욕망의 대상으로 삼는 어른들의 세계이다. 미국 사회는 부분적으로 성적 망상과 성도착을 허용하고 있었다.

> 시간의 섬에서 우리는 똑같이 어린 목신(牧神)이었다."[57]

험버트의 어린 시절은 "매혹적인 시간의 섬"인 것이다. 어린 시절의 첫사랑은 개개인에게 소중한 기억이며, 그 가치는 어떤 것보다도 위대하고 고결하며 숭고하기까지 하다. 24년 전 험버트는 9살 소녀 애너벨 리(Annabelle Leigh)를 만나 최초로 사랑을 느낀 적이 있다. 첫사랑의 소녀 애너벨 리는 시간의 흐름 속에 정지된 기억의 유령이다. 험버트를 매혹시킨 롤리타는 애너벨과 닮은 존재, 기억 속의 소녀였다. 과거에 대한 그의 집착은 좌절된 첫사랑 애너벨을 재현시켜 이를 소유하려는 허망한 노력이며, 시간의 흐름에 영향을 받지 않는 환상세계에 대한 갈망인 것이다. 애너벨 리가 없었다면, 롤리타도 없었을 것이다. 롤리타는 반항적이고 건강하며 생기발랄하여 험버트의 불꺼진 영혼에 다시 한 번 정열의 불꽃을 지펴준다. 롤리타에 대해 미친 듯이 빠져든 험버트의 광기 섞인 사랑은 그녀에게서 첫사랑의 기억과 메아리를 발견했기 때문이다.

> "여전히 헤이즈 부인을 뒤따라 식당을 가로질러 가는 순간 갑자기 푸른 잎이 확 몰려들면서 「베란다요」라고 외치는 소리가 들린다. 그러자 한마디 예고도 없이 내 가슴 밑바닥에 푸른 물결이 넘실대고 태양이 쏟아지는 돗자리 위에서 반쯤 옷을 입고 무릎을 꿇은 채 상반신을 돌려 선글라스 너머로 나를 응시하는 내 사랑 리비에라 연인이 있었다. 그 때와 똑같은 아이였다. 여전히 가냘프고 노르스름한 어깨, 여전히 보드랍고 나긋나긋하게 드러난 등, 한결같은 밤색 머릿결. 내 노련한 원숭이 눈으로부터 가슴을 가리려고 물방울무늬의 스카프를 둘렀지만 스카프가 내 젊은 기억까지 막을 수는 없었다. 영원히 잊지 못할 어느 날에 내가 더듬었던 그 어린 가슴. 마치 동화에 나오는 어린 공주의 유모처럼 나는 그녀의

57 나보코프, 27쪽.

옆구리에 있는 아주 작고 짙은 갈색의 점을 본다."[58]

실패한 첫사랑이 아름다운 환상으로 남아 현실로 재현되는 시간이다. 첫사랑의 대상에 시간과 상상력이 투여되면서 욕망하는 주체에겐 아름다움으로 남게 된다. 추억과 향수는 종종 대상을 아름답게 포장한다. 롤리타의 천박성과 혐오감을 불러일으키는 타락성도 험버트의 기억 속에서 아름다움으로 재창조되어 나타날 뿐이다. 험버트는 늘 님펫이라 불리는 소녀들 주위를 맴돌며 떠나지 못하고, 이름만을 달리하는 소녀를 찾아 환상에 빠져든다. 작품 내내 험버트가 찾아다녔던 것도 롤리타의 실체가 아닌 시간의 환상이었고, 그를 사로잡은 마술적인 힘은 바로 그가 잃어버린 어린 시절, 다시는 되돌릴 수 없는 지나간 시간에 대한 그리움이었다.

『롤리타』에서 "시간은 아주 중요한 역할"[59]을 한다. "험버트는 과거의 순수와 영광에 병적으로 집착하는 과거 지향적 인물이다. 험버트가 유럽에서 미국으로 건너왔다는 설정 또한 그가 과거의 세계에서 온 사람임을 암시해준다."[60] 험버트는 과거에 대한 기억과 회상을 통해 현실의 욕망 실현을 정당화하고 욕망을 실현시키고자 한다. 그의 회상은 운명의 이야기에 대한 그 자신의 또 다른 이야기일 뿐, 과거의 진실 자체를 보여주지는 않는다. 험버트가 아름답다고 기억하는 과거의 추억들이 실은 시간의 흐름 속에서 아름답게 윤색된 것일 수도 있다.[61] 그럼에도 거짓 기억으로 점철된 과거의 회상이 현재의 험버트와 롤리타

---

58 나보코프, 55쪽..

59 나보코프, 27쪽.

60 김성곤, 김성곤의 영화 기행 (서울: 효형출판, 2002), 284쪽.

61 로프터스 미 UC 어바인 대학 심리학인지과학 교수는 "기억은 실제 일어난 진실의 뼈대에 살을 붙여 시간이 흐를수록 변화와 왜곡을 만든다."고 말한다. 사람들은 억제 즉 정신적 욕구를 막기 위해 감정·욕구·느낌·의도를 부인하는 무의식적 방어기제를 맹신하는 경향이 있지만, 사실상 그 기억은 '거짓기억'인 경우가 흔하다는 것이다.

와의 관계를 정당화시키진 못한다. 기억은 시간의 제한을 받는 인간의식을 상상력을 통해 해방시킴으로써 과거를 재구성할 수 있게 한다. 그러나 인간의식의 한계 때문에 과거를 완벽하게 그대로 재생할 수 없으며 과장과 왜곡이 일어날 수밖에 없다.

나보코프의 과거에 대한 기억은 『롤리타』에서 어린아이들의 웃음소리를 통해 다시 재현되고 있다. 소설의 마지막 부분에서 험버트는 아이들의 움직임과 웃음소리를 통해 회한의 복잡한 심경을 밝히고 있다. 아이들의 동심의 세계는 그가 소망했던 유토피아의 세계이기도 하다. 험버트는 롤리타로부터 동심의 세계, 즉 롤리타의 어린 시절을 강탈한 자신의 죄가 얼마나 큰 것인지를 깨닫는다.

> "이 모든 소리는 바로 그 소리, 여인들은 집을 지키고, 남정네는 밖에 나간 투명한 어느 마을의 거리에서 들려오는 것이었다. 독자들이여! 내가 들은 것은 바로 아이들이 노는 소리였다. 대기가 너무도 맑아서 이 뒤섞인 소리들의 화음 안에서, 장엄하고 미세하고, 아들하면서도 요술처럼 가깝고, 솔직하면서도 신성하게 신비스런 아련한 소리들 속에서 때때로 까르르 터지는 선명한 웃음, 탁 치는 방망이 소리, 장난감 마차가 덜그럭대는 소리들이 간간이 들려왔다, 그러나 환히 떠오르는 골목마다에서 아이들의 움직임 하나하나를 보기에는 나는 너무도 멀리 떨어져 있었다. 높은 비탈길에서, 나는 아련한 음악에, 조용한 웅얼거림 속에서 튕겨 나오는 어떤 외침 소리에, 귀를 기울이고 있었다. 그리고 그때 나는 알았다. 가망 없이 가슴 아픈 것은 내 곁에 롤리타가 없어서가 아니라, 저 소리들의 어울림 속에 그녀의 음성이 더 이상 들리지 않기 때문임을."[62]

프루스트는 『잃어버린 시간을 찾아서』에서 기억이 실재를 과장하기도 하고

62 나보코프, 420-421쪽.

축소하기도 한다는 것을 잘 보여주었다. 나보코프 역시 『롤리타』에서 기억이 실재를 과장하거나 환상적인 것임을 보여준다. 결국 나보코프에게 기억은 언제나 '논픽션 소설'인 것이다.

5. 서사에 대한 기억

나보코프의 예술 세계에서 기억은 단순한 언어유희의 기억이나 신화의 기억에 대한 반추일 뿐만 아니라, 과거 서사문학으로 지평을 확대시킨다. 그것은 선배 소설가들의 서사장르에 대한 기억일 수 있고, 선배 시인들의 시작품에 대한 기억일 수 있다. 나보코프의 과거 문학 유산에 대한 탐색은 선배 예술가들의 작품에 대한 모방과 변주로서 인유, 패러디, 혼성모방(pastiche) 등으로 나타난다. 그에게 기억은 항상 불확실한 상상력을 동반하는 것이다. 다시 말해 기억은 과거 사실의 명백한 반복이 아니라 시간의 흐름에 따라 망각의 세계로 흘러들어 가는 불확실성의 리얼리티이다. 그리하여 므네모시네의 딸들인 예술은 작가의 기억과 상상력을 통해 독자에게 전달되어 새로운 의미를 창출하게 된다. 사실 『롤리타』에서 기억의 여신 이름이 여러 번 반복된다. "아, 기억의 여신이여, 뮤즈들 가운데 가장 달콤하고 가장 장난스럽구나! 내가 「지혜의 샘을 관리하는 거인과 기억」이라는 글을 <<캔트립 리뷰>>에 싣느라고 여러 기억들을 더듬다 보니 이런 이야기들을 늘어놓게 되었다."[63] 그리고 "기억의 여신을 향한 이 엄청난 이끌림! 나는 무언가를 찾으려는 내 충동의 본질이 어디에 있는지 잘 설명할

---

63 나보코프, 354쪽.

수가 없다."[64]

기억과 글쓰기는 언제나 서로 밀접한 관계를 맺고 있다. 라틴어인 'memoria'는 '기억'과 '회고록'이라는 두 가지 의미를 동시에 지니고 있다. 작가란 간단히 말해 종이에 기억을 남긴 자로서 인공기억의 생산자이다. "내가 나의 기억력을 신뢰하지 못한다면 펜과 종이에 의지하면 된다. 종이는 내 기억의 외적인 부분으로서, 이것이 아니라면 나는 내 기억을 보이지 않는 상태로 지니고 다녀야 할 것이다."[65]라는 프로이트의 말은 기억과 종이와의 관계를 잘 표현해주고 있다. 프로이트처럼 나보코프는 자신의 기억을 보전하기 위해 글을 쓰는 작가라는 직업을 선택한 것이다. 작가는 개인의 기억을 기록으로 옮겨 망각의 무상함을 벗어나게 하는 기억의 부활자이다. 나보코프에게 있어서 "기억은 단지 단순한 기억의 반복이 아니라, 현재의 의식 속에서 선택되고 새로이 해석되는 것"[66]이다. 그는 기억을 새로 해석되어야 할 하나의 메타포로 간주하고 있는 것이다. 나보코프의 『롤리타』는 험버트가 감옥에 갇혀 재판을 받고 죽기 전까지 기억에 의존하여 쓴 회고록이다.

나보코프는 과거 19세기 작가들의 예술작품에 대한 남다른 애착과 사랑을 갖고 살았으며, 특히 푸슈킨, 고골, 포, 플로베르, 루이스 캐롤, 그리고 도스토예프스키가 그의 예술 기법과 예술적 상상력의 원천이라고 할 수 있다. 나보코프는 러시아 문학 전통 외에 유럽과 영미문학에 대한 수많은 인유와 패러디를 즐겼다. 그는 특히 고골의 환상과 상상력을 찬양하였다. 실제로 『롤리타』에서도 상상력에 대한 예찬이 계속된다. 험버트도 상상력에 대해 다음과 같이 언급한다. "내가 나 자신의 갈망, 동기, 행위 등을 분석하려 할 때마다 나는 일종의 회

---

64 나보코프, 357쪽.

65 다우베 드라이스마, 기억의 메타포 (서울: 에코리브르, 2006), 19쪽.

66 박혜경, 초록.

고적인 상상력에 빠져버린다. 분석적인 능력을 끝없이 다른 가능성들로 채우고 미친듯이 복잡한 내 과거의 전경 속에 끝도 없이 이리저리 길을 만들어내는 상상력 말이다."[67] 나보코프는 에세이 집『강한 의견』에서 "상상력이란 기억의 한 형식"이라고 언급한다. 나보코프는 언제나 므네모시네를 예찬하고 있다. 그가 보기에 기억에 대한 예찬은 기억에 단편들을 저장해두었다가 나중에 창조적 상상력이 회상과 창작을 결합하여 쓸 수 있도록 해주는 므네모시네에 대한 예찬인 것이다. 그리하여 그에게 기억의 여신은 기억력과 상상력을 포괄한다. 상상력에 대한 험버트의 언급은 작가의 말에 다름 아니다. "나보다 더 위대한 작가들은 이렇게 말하리라. '독자들이 상상케 하라' 그러나 다음 순간 나는 그런 상상력을 패배시켜 버릴 수도 있다."[68]

그리고 나보코프는 닥치는 대로 책을 탐하고 읽어대는 독특한 남독가(濫讀家, omnivorous consumer of books)로도 유명하다. "참 책도 많이 읽은 험버트!"[69]로 소개될 정도로 소설 텍스트에서 험버트 역시 게걸스럽게 책을 읽어대는 남독가이다.『롤리타』에는 수많은 작가나 예술가의 이름과 책들이 소개된다.[70] 영문학에세 불문학에 이르기까지 약 60여명 이상의 인물이 언급된다. 그

67 나보코프, 22쪽.

68 나보코프, 92쪽.

69 나보코프, 99쪽.

70 "프로퓌는 작품『롤리타』속에서 올커트 여사, 안데르센, 아리스토파네에서 시작하여 투르게네프, 베를레느, 베르길리우스에 이르는 63명의 문학가에 대한 인유를 확인할 수 있다고 지적하면서 알파벳 순서의 목록을 작성해 두고 있다. 그리고 아펠은 이들 작가 중에서 인용되는 빈도로 보아 포우-메리메-세익스피어의 순서가 된다고 주장한다."(윤효윤의『나보코프의 영어소설: 구조층의 연구』72쪽에서 인용).
나보코프가 언급하는 작가들이나 제목을 대충 언급하면 다음과 같다. 헤겔, 슐레겔, 키츠, 벤야민 베일리, 프루스트, 디킨스, 도스토예프스키, 체호프, 휴 브리턴, 프랑스 혁명 지도자 마라, 토마스 모렐 목사, 로마의 연애시인 캐터러스,『성경』,『나의 신호』, 피숑의『인간의 미』,『그래픽스』, 헤밍웨이의『노인과 바다』,『파리의 기억』,『어린이 대박과사전』, 애거서 크리스티의『살인자가 공표되다』,『그리스-로마 신화』, 퍼시 엘핀스톤의『아탈리아의 방랑자』, 엘핀스톤의『다시 찾은 베니스』(1868),『무대 조명 속의 인물들』,「살해당한 극작가」,『성인 심리물리학 연대기』,『북극 탐험기』.『글렌스 앤 걸프』, 롱사르의「장미빛 틈」,『캠프 파이어 걸』,『밤의 기도』,『리어왕』,『벚꽃동산』등.

리고『롤리타』는 에드가 알렌 포나 스위프트 같은 선배작가들의 작품 및 포르노 소설과 추리소설 장르를 혼성모방하고 있다. 나보코프는 자신의 일기, 편지, 소설, 시 등 온갖 문학 장르가 모두 기억에 의존하고 있음을 자주 언급한다. 대표적으로『롤리타』에서 샬로트 헤이즈의 편지는 서술자-험버트의 기억을 더듬어 기억에 남은 것만을 추려 기록한 것이다. 험버트는 자신을 기억에 의존해야 하는 스파이로 간주하기도 한다.

이리하여 나보코프는 남독가에서 위대한 기억자로, 또는 기억의 예술가로 성장할 수 있었다. 그가 소설을 쓴다는 것은 읽어버린 책에 대한 기억의 현재화 작업이다. 책은 기억의 연장이다. 다시 말해 그 작업은 므네모시네의 딸들을 신화적 과거에서 현재로 불러오는 작업인 것이다. 실제로 나보코프는 문학을 선배작가들에 대한 패스티쉬(Pastiche)로 간주한다.『롤리타』에서 영문학과 프랑스문학을 연구하는 비교문학자로 등장하는 험버트 역시 혼성모방 작가이다. “나는 망명객들과 소련 영화에 대해 얘기했다. 그리고 동성애자들과 되 마고에서 어울렸다. 성격이 모호한 잡지에 비틀린 글들을 실었고 이런 혼성모방도 지어냈다.”[71] 험버트는 기억의 파편들을 모아 글쓰기를 시도하는 포스트모더니즘 작가인 것이다. “그는 내게서 나의 책 속에 흩어진 어떤 우연한 기억들을 끌어내 논리적인 패턴으로 배열했을 것이다. 그리하여 과거에서 무엇을 찾아야 하는지 아는 지금 내 마음에 떠오르는 것보다 훨씬 더 그럴듯하게 엮어 주었을 것이다.”[72] 혼성모방은 상호텍스트성의 관점에서 다루어질 수 있는 카테고리이다. 나보코프에 영향을 준 많은 선배 작가들이 있지만 여기서는 푸슈킨, 애드거 알렌 포, 그리고 도스토예프스키 세 작가의 텍스트들만을 상호텍스트성의 관점에서 분석하고자 한다.

---

71 나보코프, 24쪽.

72 나보코프, 347쪽.

5.1 푸슈킨의 시에 대한 기억:

나보코프는 푸슈킨의 시 「루살카 Русалка」(1819)를 기억하고 있다. 푸슈킨의 시 「루살카」는 나보코프의 시 「릴리트」(1930)와 더불어 『롤리타』(1950)의 주요 모티프로 자리를 잡게 된다. 푸슈킨의 시 텍스트에서 시인은 물의 요정 루살카와 정교의 늙은 수도사를 대비시키고 있다. 루살카의 신화적 세계와 수도사의 정교 세계의 대비는 러시아인들의 이중신앙뿐만 아니라 인간의 이중성에 대한 심층적 대비라 할 수 있다. 나보코프의 시 텍스트에서 그의 기억은 화자 험버트의 독서 기억이나 푸슈킨의 시구에 대한 기억과 씨줄 날줄로 엮인다.

Над озером, в глухих дубровах,
Спасался некогда Монах,
Всегда в занятиях суровых,
В посте, молитве и трудах.
Уже лопаткою смиренной
Себе могилу старец рыл -
И лишь о смерти вожделенной
Святых угодников молил.

Однажды летом у порогу
Поникшей хижины своей
Анахорет молился богу.
Дубравы делались черней;
Туман над озером дымился,
И красный месяц в облаках

Тихонько по небу катился.

На воды стал глядеть Монах.[73]

옛날 옛적 깊은 참나무숲 속 호숫가에

금욕과 기도와 노동으로

언제나 엄숙하게 생활하는

수도사가 정진을 하고 있었다.

노인은 이미 겸손한 삽으로

자기 무덤을 파놓았다 --

그는 오직 죽음만을 갈망하며

성자들에게 기도를 했다.

어느 여름날, 쓰러져가는

오두막집 문지방 앞에서

은자는 신에게 기도했다.

그러자 참나무 숲이 어두워졌다.

호수 위로 안개가 피어나고

구름 속 붉은 달은

고요하게 하늘을 부유하였다.

수도사는 물을 바라보았다. (필자 번역)

푸슈킨의 시 텍스트에서 수도사는 은자로서 호숫가 깊은 참나무 숲 속에서

73 Пушкин А. С. Соб. соч.: В 17 т. М., 1949, Т. 2 (кн. 1)

정진하며 살고 있다. 기도, 노동, 성실한 행동으로 언제나 하루하루의 일을 엄격하게 수행하며 살아가는 수도사는 이미 삽으로 자기 무덤을 파놓고, 원하는 죽음을 꿈꾸며 성자들에게 기도를 올릴 정도로 겸손하다. 어둠에 뒤덮인 참나무숲, 호수 위로 차오르는 안개, 구름속의 붉은 달이 고요히 하늘을 떠다니는 어느 여름 날 쓰러져 가는 오두막 문지방 옆에서 수도사는 하나님께 기도한다. 그때 수도사가 호수를 바라보다가 발가벗은 소녀를 목격한 후, 그는 새로운 나락으로 빠져든다.

푸슈킨의 수도사는 나보코프의 『롤리타』에서 학자 험버트로 변주된다. 루살카에 대한 과거의 기억이 현재의 롤리타 이미지로 재현된다. 즉 나보코프의 『롤리타』에서 푸슈킨 시의 수도사는 험버트 교수로 변주되고, 물의 요정 루살카는 님펫 롤리타로 변주되어 재현된다. 러시아 신화적 요정 루살카들이 출현하는 시공간은 『롤리타』에서 현대적으로 변주되어 소개된다. “난파선. 어느 산호섬. 몸을 떠는 익사자의 아이와 함께 그대여, 이것은 그저 하나의 게임입니다. 흔들리는 책에 푹 빠진 척하며 딱딱한 공원 벤치에 앉아 내 상상의 나래는 얼마나 신이 났던가. 조용한 학자의 주변에서 님펫들이 자유롭게 뛰어논다.”[74] 강가나 호숫가에 자주 출몰하는 루살카의 모습이 『롤리타』에서 “길 건너 불 켜진 유리창에, 커다란 거울 앞에서 옷을 벗는 님펫의 모습”으로 재현된다.[75] 수도사나 험버트 모두 관음증 환자로 묘사되고, 루살카와 롤리타는 모두 벌거벗은 유혹자로 묘사된다. 푸슈킨의 『루살카』의 호숫가 전설은 나보코프의 『롤리타』에서 “호수에 얽힌 이상한 신기루”로 나타난다.

74 나보코프, 30쪽

75 나보코프, 31쪽.

Глядит, невольно страха полный;

Не может сам себя понять…

И видит: закипели волны

И присмирели вдруг опять…

И вдруг… легка, как тень ночная,

Бела, как ранний снег холмов,

Выходит женщина нагая

И молча села у брегов.

Глядит на старого Монаха

И чешет влажные власы.

Святой Монах дрожит со страха

И смотрит на ее красы.

Она манит его рукою,

Кивает быстро головой…….

И вдруг - падучею звездою -

Под сонной скрылася волной.

Всю ночь не спал старик угрюмый

И не молился целый день -

Перед собой с невольной думой

Всё видел чуднойдевы тень.

Дубравы вновь оделись тьмою;

Пошла по облакам луна,

И снова дева над водою

Сидит, прелестна и бледна.[76]

영문도 모른 채 바라보다가
걷잡을 수 없이 겁에 질린다.
바라보니, 물결이 거세게 일렁이다가
갑자기 다시 잠잠해지는 데…….
그런데 별안간……. 밤의 그림자처럼
가볍고, 언덕의 첫눈처럼 하얀
발가벗은 처녀가 나타나
아무 말 없이 물가에 앉아 있었다.

늙은 수도사를 쳐다보며
그녀는 젖은 머리카락을 빗질한다.
성스러운 수도사는 겁에 질려 떨면서도
그녀의 아름다움을 감상하였다.
그녀는 손짓으로 그를 부르며
재빨리 고개를 끄떡인다…….
그리고 갑자기 별똥별처럼
조용한 물결 속으로 숨어버렸다.

침울해진 노인네, 밤새 잠 못 이루고
하루 종일 기도조차 올리지 못했다.
본능적인 생각에 사로잡혀

---

76 Пушкин А. С. Соб. соч.: В 17 т. М., 1949, Т. 2 (кн. 1)

아름다운 처녀의 환영이 눈앞에 어른거렸다.

참나무들이 또다시 어둠의 옷을 입었다.

구름 따라 달이 흘러갔고

황홀토록 창백한 처녀가

또다시 물 위에 앉아 있었다.

푸슈킨의 시 텍스트에서 수도사는 영문도 모른 채 두려움에 사로잡혀 루살카를 바라본다. 일렁이던 물결로 다시 잠잠해진 호수에 언덕의 첫눈처럼 하얀 알몸의 어린 소녀가 나타나 말없이 물가에 앉아 있는 광경은 수도사를 매혹시키기에 충분하다. 어린 소녀는 늙은 수도사를 바라보며 촉촉이 젖어버린 머리칼을 빗는데 성스러운 수도사는 겁에 질린 채 루살카의 아름다움에 취해있다. 루살카가 그에게 손짓하고, 재빨리 고개를 끄덕이다가, 갑자기 별똥별처럼 잠자는 물밑으로 숨어버린다. 우울해진 수도사는 밤새도록 잠 못 이루고, 하루 종일 기도조차 올리지 못한다. 헛된 망상과 생각에 빠져버린 수도사의 눈앞에 기적 같은 어린 소녀의 환영이 계속해서 어른거린다. 또다시 숲이 어둠의 옷을 입고, 달이 구름 따라 흐르자 황홀할 정도로 그 하얀 소녀가 또다시 물가에 앉아 있다. 그 어린 소녀는 점점 대담하게 유혹하며 팜므파탈로 변한다.

Глядит, кивает головою,

Целует из дали шутя,

Играет, плещется волною,

Хохочет, плачет, как дитя,

Зовет Монаха, нежно стонет…….

<<Монах, Монах! Ко мне, ко мне!…….>>

И вдруг в волнах прозрачных тонет;

И всё в глубокой тишине.

На третий день отшельник страстный
Близ очарованных брегов
Сидел и девы ждал прекрасной,
А тень ложилась средь дубров...
Заря прогнала тьму ночную:
Монаха не нашли нигде,
И только бороду седую
Мальчишики видели в воде.[77] (1819)

쳐다보다가 고개를 끄덕이더니
저 멀리서 장난스럽게 키스를 보낸다,
어린 아이들처럼 물장구치며 놀다가
깔깔거리며 웃다가 울어버린다
부드러운 소리로 신음하며 수도사를 부른다…….
"수도사님! 수도사님! 제게, 제한테 오세요!…"
그러다가 갑자기 투명한 물결 속으로 가라앉았다.
사방이 온통 깊은 정적에 잠겼다.

셋째 날 열정에 불타오른 은자는
마법에 걸린 물가에 앉아
아름다운 처녀를 기다렸다.

---

77 Пушкин А. С. Соб. соч.: В 17 т. М., 1949, Т. 2 (кн. 1)

참나무들 사이로 그림자가 드리웠다…….
여명이 밤의 어두움을 쫓아냈다.
아무데서도 수도사를 찾을 수 없었다,
그리고 소녀들은 물속에서
백발 수염만을 보았다. (1819)

루살카의 유혹은 집요하다. 그녀는 바라보다가 고개를 끄덕대며, 저 멀리서 희롱하며 키스한다. 애들처럼 물장구치다가 놀다가 깔깔대다가 울다가 수도사를 부르며, 나지막한 신음소리를 낸다. "수도사님! 수도사님! 제게로 이리로 오세요!" 그러다가 갑자기 맑고 투명한 물속으로 가라앉으니 사방은 다시 고요해진다. 사흘째 되는 날, 정열에 들뜬 수도사는 매혹적인 물가에 앉아 아름다운 소녀를 기다리고 기다린다. 참나무들 사이로 그림자가 길어지고, 여명이 밤의 어둠을 쫓아내고 수도사는 보이질 않는다. 애들이 본 것은 물속의 하얀 수염뿐이었다. 푸슈킨의 시 텍스트에서 루살카는 매력적인 유혹자로서 수도사의 욕망을 부추긴다. 그의 욕망이 최고조에 달했을 때, 루살카는 유령처럼 사라지고 흰 수염만 남는다. 푸슈킨의 텍스트에서 흰 수염은 방해자일 뿐이다. 『롤리타』에서도 방해자는 험버트가 어린 시절 애너벨과 붉은 바위들의 보랏빛 그림자 속에서 탐욕스럽게 서로를 애무하기 시작할 때, 수염 난 사람으로 변주되어 다시 나타난다. "무릎을 꿇고 연인을 막 내 것으로 만들려는 찰나에 물속에서 수염 난 두 사람, 늙은 어부와 그의 형이 불쑥 나와 잘 해 보라고 소리를 질렀다."[78] 두 텍스트에서 수염은 욕망의 방해자로서 반복된다. 반복되는 그 슬픈 기억의 장면은 험버트의 전 생애를 비극적 운명으로 이끈다. 그 사건은 여름날의 좌절감으로 기억되고 험버트를 님펫광으로 만들어 버린다. 『롤리타』에서도 험버트가 가

78 나보코프, 21쪽.

장 싫어하는 사람들은 환상과 상상력의 방해자들이다. 가장 대표적인 방해자는 샬로트 헤이즈 부인이다. 그녀는 회고록에서뿐만 아니라 모든 것에서 방해자로 등장한다. 험버트의 어린 시절의 성적 억압은 억압기억으로 남아 성인에 이르러서도 트라우마가 된다.

요정 루살카는 푸슈킨의 서사시『루슬란과 류드밀라』에서도 반복해서 출현하며 유혹자 또는 방해자로 나타난다. "루슬란이 멀고 먼 북쪽을 향해 계속해서 용감하게 말을 달린다. 그는 날마다 새로운 어려움에 부딪힌다. 때로는 무사와, 때로는 마녀와, 때로는 거인과 싸우기도 한다. 때로는 달빛 찬란한 밤에 이상한 꿈이라도 꾸듯이 회색빛 안개에 휩싸인 루살카가 조용히 나뭇가지에 앉아 흔들거린다. 루살카는 입가에 교활한 미소를 띠고 한마디 말도 없이 젊은 기사에게 손짓한다."[79] 푸슈킨의 텍스트에서처럼 나보코프의 롤리타는 루살카 이미지의 모방과 변주인 것이다.

5.2 에드거 앨런 포에 대한 기억

나보코프는『롤리타』에서 애드거 앨런 포(Edgar Allan Poe, 1809-1849)에 대한 기억을 곳곳에서 다양하게 암시하고 있다. 포의 일생은 고통과 불행, 가난으로 점철된 비극적 삶이었다. 그는 26살 때 13살의 어린 사촌동생 버지니아를 아내로 맞이했으나, 그녀는 24살의 나이로 사망하였다. 나보코프는『롤리타』에서 애드거 앨런 포와 버지니아의 결혼을 빗대어서 언급하거나, 험버트가 시인의 이름을 직접 거론하기도 한다. "나이는 개인에 따라 열 살 혹은 그보다 아래일 수도 있으며 위로는 열일곱 살까지다. 해리 에드가가 버지니아를 소유했을 때 그녀의 나이는 열네 살이 채 못 되었다……. 그들은 신혼여행을 플로리다의 피

79 푸슈킨, 루슬란과 류드밀라 (조주관 옮김) (서울: 비룡소, 2004), 132-134쪽.

터스버그로 갔다. 험버트 험버트 씨가 파리에서 가르쳤던 소년은 그 시인을 '포 포 씨'라고 불렀다."[80]

험버트는 어린 시절의 연인 애너벨리(Annabel Lee)에 대한 소중한 기억을 갖고 있다. 공교롭게도 애너벨리는 포가 쓴 마지막 시 「Annabel Lee」의 제목이자 주인공이기도 하다. 포의 시는 죽음마저도 초월한 영원한 사랑을, 애조 띤 율조와 이국적 분위기 속에서 환상적인 아름다움으로 승화시켜 노래하고 있다. 스물다섯의 꽃다운 젊은 나이에 죽어버린 그의 아내 버지니아에 대한 그리움을 신비와 환상의 세계로 노래한 아름답고 애절한 사랑의 시다. 포의 시는 이국적이고 신비적이며 몽환적인 분위기를 창출한다. 그의 시에서는 몽환적 시각 이미지가 지배적이다. 회화에서 스푸마토 기법이 포의 시에도 나타난다. 스푸마토란 인물을 어스름한 안개로 감싸는 기법으로써 몽환적 효과를 자아내는 미술기법이다. 더욱이 부드럽고 애절한 율조를 통하여 영원한 사랑의 아름다움을 잔잔한 감동으로 표현하고 있다.

It was many and many a year ago,
In a kingdom by the sea,
That a maiden there lived whom you may know
By the name of Annabel Lee;-
And this maiden she lived with no other thought
That to love and be loved by me.

She was a child and I was a child,
In this kingdom by the sea,

80 나보코프, 61쪽.

But we loved with a love that was more than love-
I and my Annabel Lee-
With a love that the winged seraphs in Heaven
Coveted her and me.
And this was the reason that, long ago,
A wind blew out of a cloud, by night
Chilling my beautiful Annabel Lee;
So that her high born kinsmen came
And bore her a way from me,
To shut her up in a sepulchre
In this kingdom by the sea.[81]

에드거 앨런 포의 시 텍스트에서 다섯 차례나 반복되는 '바닷가 왕국'과 일곱 차례 반복되는 '애너벨 리'의 애조 띤 율조는 이 시의 정감을 살아 숨 쉬게 한다. 시인은 아름다움에 대한 절대적인 추구로 아내를 왕국의 소녀로 미화한다. 험버트 역시 롤리타의 발견을 '바닷가 왕국'의 환상과 연결시킨다. "롤리타의 발견은 내 고통스런 과거 속에 있던 '바닷가 왕국'의 치명적인 결과였다는 것이다."[82] 험버트의 환상은 시인 포의 첫 3연에 대한 기억의 메타포인 것이다. "아주 여러 해전/ 바닷가 어느 왕국에/ 당신이 아는지도 모를 한 소녀가 살았지./ 그녀의 이름은 애너벨리 -- / 날 사랑하고 내 사랑을 받는 일밖엔/ 소녀는 아무 생각도 없이 살았네.// 바닷가 그 왕국에선/ 그녀도 어렸고 나도 어렸지만/ 나와 나의 애너벨 리는/ 사랑 이상의 사랑을 하였지./ 천상(天上)의 날개 달린 천사도/ 그

---

81 애드거 앨런 포. 애너밸 리 (정규웅 역) (서울: 민음사, 2003), 11-12쪽.

82 나보코프, 56쪽.

녀와 나를 부러워할 그런 사랑을.// 그것이 이유였지, 오래전,/ 바닷가 이 왕국에선/ 구름으로부터 불어온 바람이/ 나의 애너벨리를 싸늘하게 했네./ 그래서 명문가 그녀의 친척들은/ 그녀를 내게서 빼앗아갔지./ 바닷가 이 왕국/ 무덤 속에 가두기 위해."[83]『롤리타』의 첫 문단 "롤리타, 내 삶의 빛이요, 내 생명의 불꽃, 나의 죄, 나의 영혼. 롤-리-타."는『애너벨 리』에서 반복되는 "나의 영혼, 나의 사랑, 나의 생명"같은 시어들을 생각나게 한다. 두 텍스트에 나타나는 반복의 쾌감과 음악성은 사랑의 아름다움에 대한 새로운 음향과 신화를 만들어낸다. 흥미로운 것은 나보코프가 포의 마지막 시『애너벨 리』를 읽고 난 후『롤리타』를 쓰지 않았을까 생각해본다. 미국의 대표 시인 포가 애너벨을 미국인의 신화로 만들었듯이, 나보코프는 롤리타를 아메리카의 새로운 신화로 부각시키고 롤리타 신드롬을 만들었다.

5.3 도스토예프스키의 서사에 대한 기억:

나보코프 자신의 부정에도 불구하고 그의 예술세계에 가장 커다란 영향을 준 작가는 도스토예프스키이다.[84] 지금까지 국내외의 많은 비평가들이 도스토예프스키와 나보코프의 상호관계를 비교분석하면서 영향과 원천에 대한 문제를 지적해왔다. 여기서 우리가 시도하는 두 작가의 비교도 이미 비평가들이 언급해온 사실의 재설명에 지나지 않는다. 물론 기존의 비평가들이 장르의 유사성이나 캐릭터들의 유사성격을 지나치게 과장하고 있음을 부인하기 어렵다. 그들은 고백이라는 장르가 언급되면 수기나 회고록으로 간주하여 유사성을 과대

83 애드거 앨런 포, 11-12쪽.

84 나보코프는 도스토예프스키를 3류 작가로 간주하였다.『롤리타』에서도 도스토예프스키를 부정적으로 묘사한다. "나는 도스토예프스키 같은 흉물스런 웃음을 입가에 흘리고 있었다." (민음사, 99쪽)

포장하여 누구누구의 영향으로 간주하는 경향이 있다. 그리고 비평가들은 아웃사이더적인 성격의 소유자는 지하생활자로 유도하여 그들의 유사성을 지나치게 강조해왔다. 문학작품에서 편집병적 성격의 소유자는 일일이 열거할 수 없을 정도로 너무나 많다. 러시아 문학작품에서 게르만, 페초린, 라스콜리니코프, 스타브로긴, 이폴리트, 아르카지, 지하생활자, 험버트 등 병적인 인간들의 군상은 셀 수 없을 정도이다. 이들은 심리상•성격상 직간접적으로 연관되어 있기에 유사성에서 해방될 수 없다.

나보코프는 도스토예프스키의 예술창작 기법에서부터 다양한 예술양식과 형식을 계승 발전시킨 예술가이다.[85] 나보코프의 예술작품에 나타난 도스토예프스키 창작기법의 모방과 변주에 대한 문제는 이미 여러 연구가들에 의해 언급되었기 때문에 여기서 더 이상 언급하지 않을 것이다. 우리의 관심은 험버트의 페도필리아(pedophilia)에 대한 문제이다. 『롤리타』는 오늘날 범죄로 간주되는 페도필리아에 대한 문제를 다루고 있다. '어린 소녀에 대한 이상성욕'을 다룬 『롤리타』는 처음부터 예술인가 외설인가로 찬반의 논쟁이 치열했던 작품이다. 사회적 금기인 10대 소녀와 40대 교수와의 사랑, 그것도 의붓아버지와 딸과의 애정행각을 다루었기에 작품의 도덕성에 대한 논쟁을 피할 수 없었다. 사회의 윤리적인 문제를 잘 알고 있는 서술자-험버트 역시 자신의 죄에 대해 "퀼티 살해에 대해서는 무죄를, 롤리타에 대한 범죄에 대해서는 삼십오 년을 스스로에게 선고한다."[86] 『롤리타』는 실제로 윤리적 금기와 인륜의 한계성을 뛰어넘은 부도덕한 포르노 소설로 간주되어 출판 금지의 수모를 당했던 소설이다. 나보코프는 미국에

85 권철근 교수의 저서 『도스토예프스키: 장편소설 연구』의 제8장 "도스토예프스키의 영향: 나보코프의 애증, 『롤리타』와 『지하생활자의 수기』"에 기존의 비평가들이 연구한 도스토예프스키의 영향에 대한 문제들이 잘 언급되어 있다. 그는 『롤리타』와 『지하생활자의 수기』에 나타난 수기와 고백 문학의 특성을 언급하며 구조적 연관성을 연구 분석하고 있다.

86 나보코프, 421-422쪽.

서 이 소설을 출판할 출판사를 찾지 못해, 파리의 올림피아 출판사에서 출판을 했다. 그 출판사는 포르노그래피까지는 아니라 해도 통속문학을 주로 출판하여 파리의 뒷골목 서점에 공급하는 곳이었다. 나보코프의 페도필리아 문제는 도스토예프스키, 차이코프스키, 에드거 앨런 포, 바이런, 고골 등 선배 예술가들의 작품과 연관 지어 설명할 필요가 있다. 서술자 험버트는 직접 페도필리아와 연관된 문학과 예술을 언급하며 기억의 상호텍스트성에 대해 말한다.

무엇보다도 먼저 페도필리아와 연관된 선배작가는 도스토예프스키이다. 그의 예술작품에 자주 나타나는 키워드 가운데 하나가 페도필리아이다. 어린 소녀에 대한 어른들의 이상 성욕에 대한 문제는 도스토예프스키의 소설에 다양하게 표현된다. 『가난한 사람들』의 마카르 제부쉬킨과 바렌카, 『죄와 벌』의 스비드리가일로프와 어린 소녀, 『악령』의 스타브로긴과 소녀 등은 어린 소녀 롤리타의 훌륭한 모델들이다. 『죄와 벌』의 스비드리가일로프의 꿈속에 나타나는 소녀는 험버트의 님펫 롤리타로 변주되어 재현된 인물이라 할 수 있다.

'험버트의 고백적 수기'인 『롤리타』는 도스토예프스키의 소설 『악령』에 나오는 '스타브로긴의 고백'을 생각나게 한다. 주인공 스타브로긴은 신에 대한 믿음을 상실하고 어린 소녀를 강간하였다. 그의 행동은 그가 완전히 악에 굴복했음을 상징한다. 나보코프의 『롤리타』는 도스토예프스키가 쓰고자했던 미완성 소설 『위대한 죄인의 생애』의 변주로 생각할 수 있다. 도스토예프스키는 그러한 제목으로 5부작 장편을 쓸 계획을 세웠다. 그 소설은 신과 인간에게 몹쓸 죄를 저질렀으나 정신적 순례를 끝낸 뒤 죄를 씻고 구원을 얻는 한 남자를 주인공으로 삼을 예정이었지만 끝내 씌어지지 않았다. 그런데 그 초안은 남아있다. 『악령』은 그 초안에서 사상과 장면, 등장인물을 빌려온 것이다.

오늘날 '어린 소녀를 향한 성적 동경', 즉 아동애의 상징으로 '롤리타 콤플렉스'나 신드롬이라는 용어를 만들어 낸 나보코프의 소설에 대한 독서는 사랑이라는 이름으로 이루어지는 인간의 성적 욕망과 광기에 대해 다시 한 번 생각하게 만든다. 험버트의 삶은 도스토예프스키가 창조한 님펫광이라 할 수 있는 실패한 인물의 이야기와 씨줄 날줄로 엮인다. 도스토예프스키 작품의 트레이드마크인 분신테마와 근친상간의 문제 역시 나보코프의『롤리타』에 그대로 반영되어 나타난다. 도스토예프스키와 나보코프의 예술작품에서 근친상간은 소설의 한 축을 담당한다. 그의 작품에서 근친상간은 보다 광의로 생각해 보면 나르시스적인 자아도취의 메타포라 할 수 있다.

6. 맺는말

지금까지 우리는 기억의 예술가 나보코프의『롤리타』에 나타난 기억의 다양한 의미와 형식을 크게 네 장으로 분류하여 검토해보았다. 첫째로 작가의 언어유희는 러시아 작가들의 전통적인 캐릭토님 기법에 대한 기억을 기초로 이루어진다. 유포니 효과를 살린 그의 캐릭토님은 인시류학자가 지어낸 나비의 학명과 더불어 언어 게임의 효과를 극대화 시킨 것이다. 둘째로 작가는 구전되어온 러시아 신화뿐만 아니라 유대신화와 그리스·로마 신화에서 나온 신화적 인물들의 이미지를 잘 활용하고 있다. 님펫 롤리타는 루살카, 릴리트, 나이아스, 그리고 비너스 등 신화적 인물들의 이미지를 기초로 유사하게 형성된다. 셋째로 작가는 망명 작가로서 조국 러시아에서 보낸 유년시절에 대한 아름다운 기억을 되살려내고 있다. 그에게 기억은 종종 일기장과도 같다. 과거에 대한 그의 문화적 기억과 개인의 기억은 그 자신의 정체성과도 연관된다.『롤리타』는 기억의 시간에 대한 회고록이라 할 수 있다. 나보코프의 예술세계에서 롤리타는 자신이 그리워하는 소년기를 대표하는 은유이기도 하고, 동시에 러시아 작가 나보코프에게 있어서 롤리타는 그가 새로운 의미를 추구하고 발견해야하는 아메리카의 상징일 수도 있다. 넷째로 작가의 기억은 과거 서사문학의 지평으로 확대되어 선배작가들의 텍스트를 패러디하거나 인용하여 자신의 작품을 만들어 낸다. 그의 혼성모방은 푸슈킨, 에드거 알렌 포, 플로베르, 그리고 도스토예프스키 등의 작품에 대한 오마쥬라고 할 수 있다. 이점이 바로 비평가들이 남독가 나보코프를 포스트모더니즘 작가로 자리매김하는 이유이기도 하다.

나보코프의 문학세계에서는 언제나 상호텍스트성이 주도적인 개념으로 등장한다. 그의 문학은 이미 존재하는 텍스트들을 자신의 문학텍스트 속에 끌어들이며 그것들을 결합시켜 새롭게 창조한 작품이다. 그의 예술작품들은 거의 다 "개인적인 기억과 문화적 기억의 단편들을 그러모아 상호 연관된 조직을 이루도록 조립해놓은 아상블라주"이다.[87] 『롤리타』 역시 기존의 텍스트들에 대한 반응 및 그것들과의 새로운 관계에 의해 생겨난 소설인 것이다. 이전 텍스트들이 반복해서 다시 인용되거나 패러디 될 때, 『롤리타』는 과거 텍스트들을 포괄하고 통섭한 것이다. 그러나 나보코프의 인용과 패러디는 과거를 단순히 현재의 시점에서 불러내어 반복하는 것으로 끝내지 않는다. 과거의 텍스트를 과거의 맥락에서 끄집어내어 새로운 연관 속에 집어넣는다. 그의 문학은 과거를 단순히 재현하는 것이 아니라 그것을 기억하되 과거와의 새로운 그물망(연관성)을 만들어냄으로써 창조적이 될 수 있다. 동시에 이는 그의 텍스트들이 종종 인용문으로 이루어진 모자이크와 같다고 평가받는 이유가 되기도 한다. 그러나 나보코프의 예술에 대한 열정, 즉 인간이 극복할 수 없는 시간에 대항하여 유일한 구원이 되는 언어의 마술에 의해 시간의 한계를 초월해 보려는 그의 노력은 매우 인간적이며 비극적이기 때문에 독자들은 그의 예술혼에 감동을 받는다.[88]

---

87 블라지미르 나보코프, 말하라, 기억이여 (오정미 번역) (서울: 플래닛, 2007), 9쪽.

88 이귀우, "나보꼬프 작품의 여성: 롤리타와 아다," 페니니즘 시각에서 영미소설 읽기 (서울: 서울대학교출판부, 2002), 383쪽.

나보코프에게 과거에 대한 기억은 루카치의 용어를 빌리면 '창조적 기억'이 될 것이요, 베르그송의 용어를 빌리면 '순수기억'(기계적, 습관적 기억과 구분되는)이 될 것이다. 그는 창작행위를 통해 기억을 보존하고자 했다. 그에게 있어 기억이란 과거의 단순한 보존이나 축척이 아니라 현재 속에서 새롭게 창조되고 미래를 향해 열려 있는 과거에 대한 찬가였다.

나보코프의 예술혼이 빚어낸 롤리타는 현대의 신화가 되었다. 신화가 고정된 개념이 아니라 인간의 역사 속에서 만들어지는 것이라고 할 때, 롤리타는 20세기가 창조한 신화인 것이다. 오늘날 롤리타는 아주 특별한 유형의 소녀를 가리키는 하나의 보통명사로 각종 인터넷 사이트에서 쉽게 찾아볼 수 있는 이름이 되었다. "신화는 빠롤"이라고 정의한 롤랑 바르트의 말처럼 나보코프는 "하나의 의미에 형태를 부여하는 데"[89] 공헌한 예술가인 것이다. 그는 인간의 의식 속에 묻혀 있던 것에 하나의 형상을 부여하여 살아있는 신화로 만든 창조자이다. 그렇지만 나보코프가 창조한 롤리타 신화는 고대 신화와 달리, 과거의 기억을 짜깁기하여 만들어진 것이다. 이런 방식은 포스트모더니즘 시대의 새로운 글쓰기 신화의 훌륭한 모델이라고 할 수 있다. 이처럼 나보코프는 기억이 문학의 본질임을 간파하고 다양한 기억과의 게임을 즐기며 언어 유희적 글쓰기의 뛰어난 전범을 보여준 위대한 기억의 예술가인 것이다. 기억은 『롤리타』의 본질이다. 그리하여 『롤리타』는 나보코프의 언어유희와 기억의 거미줄로 빚어진 한 권의 창작예술인 것이다.

---

89 모리스 쿠튀리에, "신화의 형성 과정", 롤리타 (서울: 이룸, 2003), 58쪽.

참고문헌

귀스타브 플로베르, 마담 보바리. (김화영 옮김) 서울: 민음사, 2008.

김상구, "Vladimir Nabokov의 문학성," 영어영문학연구 (Vol.9 No.2), 1999.

김성곤, 김성곤의 영화기행. 서울: 효형출판사, 2002.

다우베 드라이스마, 기억의 메타포 (정준형 옮김) 서울: 에코리브르, 2006.

모리스 쿠튀리에, 롤리타 (임미경 옮김), 서울: 이룸, 2003.

박혜경, 나보코프의 러시아어 소설에 나타난 기억과 예술의 문제, 서울대학교 대학원 박사학위 논문, 1996.

박희진 외, 페미니즘 시각에서 영미소설 읽기. 서울: 서울대학교출판부, 2002.

블라디미르 나보코프, 롤리타 (권택영 옮김), 서울: 민음사, 1999.

__________, 말하라, 기억이여. (오정미 옮김), 서울: 플래닛, 2007.

양윤희, "『롤리타』: 나보코프의 서사욕망," 미국소설 (Vol.3 No.1), 경희대, 2006.

애드거 앨런 포. 애너벨 리. (정규웅 옮김), 서울: 민음사, 2003.

윤효윤, 나보코프의 영어소설: 구조층의 연구. 서울: 한신문화사, 1999.

임철규, 그리스 비극: 인간과 역사에 바치는 애도의 노래, 서울: 한길사, 2007.

정항균, 므네모시네의 부활. 서울: 뿌리와 이파리, 2005.

조주관, 러시아문학의 하이퍼텍스트. 서울: 평민사, 2002.

커트 존스와 스티브 코츠, 나보코프 블루스: 한 천재 문학가의 과학 오디세이. (홍연미 옮김), 서울: 해나무, 2007.

푸슈킨, 루슬란과 류드밀라. (조주관 옮김) 서울: 비룡소, 2004.

Karges, Joann. Nabokov's Lepidoptera: Genres and Genera, Ann Arbor: Ardis, 1985.

Karlinsky, Simon (ed.). The Nabokov-Wilson Letters 1940-1971. New York: Harper & Row. 1979.

Nakhimovsky, A. and Paperno, S. (Compiled) An English-Russian Dicyionary of Nabokov's Lolita, Ann Arbor: Ardis, 1982.

Nabokov, Vladimir. Collected Russian Language Works, Sant-Peterburg <<Simpozium>>, 2000.

Oettinger, Mal. "Vladimir Nabokov: The Novelist as Magician." Dialogue (Vol. 11 No. 1), 1978, pp. 84-94.

Olga Hasty, "Memory, Consciousness, and Time in Nabokov's Lolita" KRONOSCOPE, Vol.4 No.2, 2004.

Proffer, Carl. Keys to Lolita. Bloomington: Indiana University Press, 1968.

Quennell, Peter. Vladimir Nabokov: Collin's Collector's Choice (Five Novels). London: Collins, 1979.

Rowe, William Woodin. Nabokov's Deceptive World, New York: New York University Press, 1971.

Rowe, W. W. Nabokov's Spectral Dimension, Ann Arbor: Ardis, 1981.

Shekhovtsova, O. “Spending the Night with Lolita: Vladimir Nabokov's Novel in the USSR”, Russian Social Science Review, Vol.48 No.1, 2007.

Stegner, Page. Escape into Aestheics: The Art of Vladimir Nabokov. New York: The Dial press, 1966.

_______. Valdimir Nabokov: Nabokov's Congeries Selected with a Critical Introduction. New York: The Viking press, 1968.

토론

유현주 상당히 상세한 부분까지 잘 설명해주셔서 저 같은 러시아 문학 비전공자도 나보코프의 소설에 나타난 기억의 여러 문제와 양상에 대해서 살펴볼 수 있는 좋은 기회가 되었습니다. 여기 계신 다른 선생님께서도 질문이 많으실 테니 저는 세 가지 정도로만 간단히 요약해서 질문을 드리도록 하겠습니다. 선생님께서는 나보코프의 『롤리타』에 나타난 기억의 문제를 몇 가지 카테고리로 나누어서 설명해 주셨는데요, 첫 번째는 언어유희로서의 문화적 기억, 그 다음에 신화적 기억, 그리고 개인적 기억, 마지막으로 서사적 기억이 그것입니다. 그렇지만 사실 첫 번째 문화적 기억이라는 명제 아래 나머지는 모두 포섭될 수 있다고 여겨집니다. 다시 말하면, 단순히 언어적 유희만이 문화적 기억 안에서 해석되는 것이 아니라, 예를 들어 신화적 기억이라든가 서사적 기억, 그리고 개인적 기억 부분에서 설명하신, 이전에 있었던 기억 같은 것도 결국 문화적 기억에 모두 포괄될 수 있지 않을까 생각되는데요, 따라서 지금과 같이 카테고리를 나누면 독자에게 조금 오해가 있지 않을까 합니다.

두 번째 질문은 다음과 같습니다. 저는 개인적으로 발표문 중 '개인적 기억' 부분을 굉장히 재미있게 읽었는데요, 여기서 언급된 정체성의 문제와 기억과의 관계를 좀 더 자세하게 설명해주셨으면 좋겠습니다. 특히 각주 48번에 보면 영화 <블레이드 러너>를 인용하면서 기억의 문제가 바로 인간의 정체성과 직접적으로 관련이 된다고 하셨습니다. 인간과 리플리칸트를 구분하는 기준도 기억의 유무라고 하셨는데, 그렇지만 사실 영화에서는 이러한 주장을 뒤집는 것이 핵심입니다. 영화의 후반부에는 개인적 기억과 추억이 있는데도 리플리칸트인 존재들이 등장하게 됩니다. 그러니까 기억의 조작과 관계된 것인데, 사실은 기억의 유무가 아니라 기억의 조작이 인간의 정체성 여부를 판단할 수 있는 기준이 되고 있습니다. 그런 관점에 따르자면, 사실은 나보코프의 소설

뿐만 아니라 문학 전반이 기억의 보존에 과연 기여하고 있는 것인가라는 질문을 제기해볼 수 있습니다. 소설 속에서 '개인적 기억'은 작가의 상상력을 바탕으로 변형됩니다. 그럼으로 해서 물론 긍정적인 방향에서는 굉장히 창조적인 결과를 불러일으키지만, 기억의 보존이라는 관점에서 보면 산출된 내용은 허구적이고 조작된 기억이 되어버리고 맙니다. 나보코프의 글쓰기 작업에서도 한편으로는 기억을 보존하려는 측면에서, 다른 한편으로는 인공 기억을 생산하려는 측면에서 높이 평가하고 계신데요, 사실 이 두 가지 측면은 상호 모순적입니다. 그렇다면 문학은 기억의 보존에 있어서는 어쩌면 불확실한 매체이며, 또한 인간의 정체성 문제와도 관련해서도 우리가 확고히 믿고 있는 정체성이라는 것이 실제로는 완전한 허구에 기반하고 있는 것이 아닌지, 그리고 기억과 정체성과 관련하여 오히려 이렇게 숨겨진 아이러니와 허구를 드러내어 보여주는 게 바로 나보코프의 텍스트가 아닌지, 라는 그런 생각이 들었습니다.

마지막 질문은, 상호텍스트성과 관련된 문제인데요, 상호텍스트성에 대한 논의는 상당히 많이 진행이 되어왔고, 말씀해 주신대로 나보코프의 소설은 일반적으로 패치워크적인 글쓰기로 이해가 됩니다. 기억이라는 담론을 끌어들여서 재해석할 때도 분명히 상호텍스트성 개념이 많은 도움이 될 것 같습니다. 기억과 관련하여 상호텍스트성을 언급할 때 기대할 수 있는 새로운 측면에 대한 보충 설명을 부탁드립니다.

조주관 잘 아시다시피 문화나 기억의 개념은 광의적으로 사용되고 있습니다. 첫째로 나보코프의 캐릭토님 기법은 러시아작가들의 오랜 전통에서 유래된 이름 짓기의 독특성이 반영되었기에 다른 특정 용어보다는 이름 문화가 어법상 가장 잘 어울리기 때문에 사용된 것입니다. 인간의 기억이 인류 문화와 밀접한 관계를 맺고 있기 때문에 문화라는 카테고리 안에서 벗어날 수는 없습니다. 사실 논문의 소제목 모두 문화적 현상과 완전히 독립적일 수는 없습니다. 독자의 이해를 쉽게 하기위해 의도적으로 기억을 세분한 것입니다. 오해의 여지가 없기를 바랍니다. 둘째로 개인적 기억과 시간의 기억에서 정체성의 문제를 제기한 것은 기억의 중요성을 강조하기 위한 것입니다. 우리가 작가의 기억을 이야기할 때 과거 사실의 기억과 변형된 기억을 정확하게 구별하기는 어렵습니다. 작가의 기억을 모두 허구적인 변형된 기억으로 간주할 수 없습니다. 인간들은 누구나 과거 사실의 기억과 허구적으로 조작된 기억의 융합에서 자유롭지 못합니다. 작가 역시 그가 직접 경험한 사실에 대한 기억과 상상으로 만들어진 허구적 기억의 혼재에서 자유롭지 못합니다. 기억의 보존과 인공기억의 생산은 모순이라기보다는 누구에게나 일어날 수 있는 가능성으로 생각할 수 있습니다. 인간의 모든 기억을 사실과 불확실의 경계로 생각하면 모를까 완전히 허구로만 생각할 수 없을 것 같습니다. 정체성 역시 마찬가지라고 생각합니다. 셋째로 상호텍스트성이란 개념은 공개적이거나 은밀한 인용, 인유, 기억, 패스티쉬, 그리고 패러디 등을 통해서 이전의 텍스트가 지닌 특성을 이후의 텍스트가 흡수하는 것을 의미합니다. 바흐친의 대화이론에서 유래된 상호텍스트성에 대한 논의는 상당히 진부할 정도로 논의되어 왔지만, 학자들에 따라 그 정의가 다 일치를 보는 것은 아닙니다. 츠베탕 토도로프는 한 텍스트가 다른 텍스트를 환기하는 것으로 상호텍스트성을 설명합니다. 볼프가 이저나 레나테 라흐만은 상호텍스트성을 텍스트에 나타나는 문화적 기억의 행위로 간주하고 있습니다. 그러나 로랑 제니의 정의에 의하면 상호텍스트성은 "단순한 인용이나 회상의 경우와는 다르다. 단순한 인용이나 회상의 경우는 의미 없는 선행 텍스트를 반복하는 것이지만, 상호텍스트성은 선행텍스트로부터 전체적인 구조, 형식, 그리고 의미의 모형을 인용하거나 전환시키는 것"이라고 합니다. 바흐친의 대화이론에 따르면, 타자 말의 담지자인 작가의 점진적인 망각과정에서 타자의 말은 익명으로 되어 (물론 가공된 모습으로) 자기 것이 되어버립니다. 타자의 말에 대한 원래의 대화적 관계도 잊혀 진다고 할 수 있습니다. 익명이 되어버린 타자의 목소리들은 다시 작가의 목소리로 나타나기 때문에 작가의 목소리는 익명이 되어버린 이전 목소리의 통합입니다. 마찬가지로 예술텍스트 역시 이전 예술 텍스트의 익명화된 모방과 변주라 할 수 있습니다. 텍스트는 다른 텍스트와 접촉함으로써만 살아갑니다. 서사 텍스트는 작가의 목소리를 다양한 방법(기억과 망각)으로 반영하고 있습니다. 최문규 선생님도 잘 알고 있는 라흐만은 그의 저서 <Memory and Literature: Intertextuality in Russian Modernism>에서 기억의 문제와 상호텍스트성의 문제를 함께 다루고 있습니다. 어쨌든 서사 기억의 문제에서 상호텍스트성의 문제는 자연적으로 함께 언급될 수밖에 없는 것이라 생각합니다. 질문에 대해 충분하지 않지만 이 정도로 답변을 드립니다.

성진배 오늘 발표하신 논문 주제하고 연결이 되는지는 모르겠는데, 기억이라는 주제를 논할 때 그 기억을 떠올리는 주체, 즉 '나'에 대한 실존적인 어떤 성찰이나 논의가 같이 수반되어서 이루어지고 있습니까? 그러니까, 인간의 사유 행위에 있어서 결국은 나라고 하는 기억의 주체도 어떻게 보면 기억 속에 존재하는 대상의 일부라고 생각되는데……달리 말해 나라고 하는 존재의 의미는 내 기억 속에 존재하고 있는 기억의 대상으로서의 '나'거든요? 그런데 이러한 논의 속에서 그 기억을 (행)하는 주체로서의 '나'가 자기의 기억의 대상으로부터 분리되어 있는지, 혹은 그 기억의 대상 속에 포섭되어 있는 존재로서의 나로 설정되고 있는지, 그 문제를 조금 알고 싶습니다.

조주관 좋은 질문이지만 답변하기가 쉽지 않습니다. 지난 번 발표에서도 유사한 질문이 계속 반복되었습니다. 기억의 주체와 객체에 대한 문제를 실존적 측면에서 성찰하거나 논의하는 것은 철학자들의 전문 분야가 아닌가 생각합니다. 저한테 보다는 철학 전공 분야 선생님들의 답변을 기대하는 것이 더 좋을 것 같습니다.

최문규 그런데 기억의 주체를 언급할 때 소설 내의 개개 인물을 염두에 두는 건지 아니면 소설을 이끌어가는 서술자 혹은 작가를 가리키는 것인지 명확히 해야 할 것 같습니다. 러시아 전공자인 레나테 라흐만의 이론에 의하면 기억의 주체는 텍스트라고 합니다. 텍스트 내에서 이름, 문장, 구절 등 모든 것이 치환과 변형, 왜곡을 거치기 마련인데, 그러한 치환, 변형, 왜곡이 실행되는 텍스트가 기억의 주체라는 이름 하에 지나간 것을 간직한다고 합니다. 실존적인 차원에서 기억하는 특정한 '나'가 중시되는 것이 아니라 텍스트와 텍스트, 텍스트와 독자 간의 관계가 중시된다고 할 수 있습니다. 요컨대, 텍스트는 단순히 특정 주체가 상황과 경험을 기록해 낸 것이 아니라 문화 공간 속에서 상이한 시간성에 의해서 해석되는 과정을 통해서 비로소 주체적 존재성을 획득한다고 볼 수 있습니다.

정진배 여기서 Author와 Narrator를 저는 구분 짓지 않습니다. 결국은 나라고 하는 것이 하나의 개념이니까……개념화 된 사유라고 하는 것이 결국은 기억의 대상을 자기의 인식체계로 가져오는 과정 아닙니까? 가령 논문에서 선생님이 '이름이 존재의 둥지다'라는 하이데거의 말도 인용을 하셨지만 결국은 존재의 둥지라고 하는 그 이름 자체는 어떤 의미에서는 존재를 굉장히 비틀고 왜곡시키는 변형 과정을 수반해야 하거든요? 일례로서 내가 어떤 나무를 내 기억 속으로 가져온다고 할 때, 그 나무라고 하는 것은 이미 그 이름과, 그 나무의 어떤 색깔과, 우리가 가지고 있는 (나무에 대한) 어떤 촉감이라든지 이런 여러 가지 요소들이 불가피하게 개입이 되면서, 그 분절된 개념들의 결과물로서 '나무'가 우리에게 인식된다면 결국 대상을 호명하는 과정 속에서 존재와 이름 상호간의 괴리가 발생할 수밖에 없다는 생각에서 이렇게 말씀 드리는 것이고요. 동일한 맥락에서 '내가 생각한다'고 할 때 그 나라고 하는 것도 결국은 개념화된 나가 아닌가라는 차원에서 질문을 드린 겁니다. 그러니까 그게 첫 번째 질문의 요지구요.

한 가지 다른 질문을 드리자면, 선생님 말씀하신 것 중에 러시아 소설의 어떤 특수성으로 하나의 캐릭터가 여러 가지 다양한 이름으로 호명이 된다고 이렇게 말씀을 하셨는데, 그와 유사한 사례가 불교 경전에서도 많이 나오거든요? 예를 들어 하나의 경전 내에서 부처를 호명할 때 세존이라 하기도 하고 여래라 하기도 하고 불(佛)이라고 부르기도 하는데, 물론 각각의 이름이 강조하고자 하는 내용이 달라지는 것이 사실이죠. 그렇지만 거기에 덧붙여 보다 본질적인 것은 하나의 대상을 여러 가지 다양한 이름을 통해서 호명하게 되면 우리가 어떤 이름에도 집착할 수 없게 되는 것이죠. 즉 일종의 해체론적인 의도가 내포돼 있어요. 그래서 혹시 러시아 소설에서 발견되는 이름의 다양성이 이런 해체론적인 측면하고도 연결이 되는지, 뭐 조금 뜬금없는 질문이지만 저는 그렇게 질문 드리겠습니다.

조주관 동일인에 대한 러시아 작가들의 다양한 호칭은 해체론적인 측면보다는 일종의 의도적인 언어유희에서 나왔다고 할 수 있습니다. 나보코프는 문학을 언어의 예술, 특히 의도적인 언어유희의 예술로 간주하는 경향이 있는 작가입니다. 그가 등장인물들의 이름을 다양하게 부르는 것도 이러한 맥락에서 이해하는 것이 더 좋을 것 같습니다. 나보코프의 소설을 좋아하는 독자들은 그의 소설 속에 담겨진 언어놀이에 매력을 많이 느낀다고 할 수 있습니다. 물론 인물들의 다양한 이름은 선생님이 제기한 해체론적인 측면도 고려할 수 있습니다. 굳이 해체론적인 측면을 찾는다면 가능하다고 할 수 있습니다. 왜냐하면 나보코프는 작중인물들의 다양한 호칭에서 유희 이상의 의미를 찾고 있기 때문입니다.

김진영 너무 많은 것을 집대성해주셔서 노력 많이 하셨다는 생각이 들어요. 좀 전에 정진배 선생님이 코멘트한 것에 대해서 혹시 대답이 될지 모르겠는데, 러시아어 이름 사용에 그렇게 심오한 존재론적 의미를 부여할 필요가 없을 것 같습니다. 해체론적 사유와는 관련이 없고 러시아어 언어에서 이름을 사용할 때에 그 자체가 언어적으로 인플렉션을 많이 갖고 있고 자주 애칭을 여러 형태로 만들기 때문에, 하나의 이름 속에서 여러 가지 형태가, 약간씩의 변형이 일어나는 것 뿐이에요. "험버트 험버트"도 어떻게 보면 오히려 대단히 단순한 자기 복제적인, 자기 더블의 의미가 들어간다는 식으로 받아들이는 것이 더 낫지 않을까 싶습니다. 나보코프가 굉장히 영리한 작가였고 굉장히 자의식이 강한 작가이긴 했으나, 그렇게 철학적인 작가였는지는 저는 잘 모르겠어요.

조주관 종교적 신념이나 철학과 관련된 이름에 대한 이야기를 하나 하겠습니다. 도스토옙스키의 소설 <죄와 벌>의 주인공 라스콜리니코프는 러시아

종교사에서 유래된 이름으로 중요한 함축의미를 갖고 있습니다. 라스콜리니코프는 "분리파교도"라는 의미의 "라스콜리니크(Raskol'nik)"에서 유래된 이름입니다. 17세기 종교 대분열이 일어났을 때, 분리파 교도의 러시아식 이름이 라스콜리니크입니다. 분리파의 특징은 자신들의 신앙과 신념에 절대성을 부여하고 누구와도 타협을 하지 않습니다. 이로 인해 정부로부터 탄압을 받아 많은 신도들이 화형에 처해지고 살아남은 사람들은 지하로 잠적합니다. 도스토옙스키는 의도적으로 종교사적으로 중요한 인물을 주인공의 이름으로 사용한 것입니다. 그리고 라스콜리니코프의 이름에는 심리적으로 정신분열이라는 의미도 함축하고 있습니다. 나보코프 역시 도스토옙스키처럼 작중이름의 호칭에서 해체적 측면의 의미를 찾는다고 생각할 수 있습니다.

조대호 선생님 발표를 들으면서 저는 나름대로 헤시오도스의 서사시를 떠올렸습니다. 그리스 문학, 서양 문학 최초의 서사시인 헤시오도스의 테오고니아는 지금 들어보니까 캐릭토님을 통해서 자연 세계의 근본적 관계를 표현한 서사시라고도 볼 수가 있을 거 같습니다. 헤시오도스의 작품은 하나의 서사시이면서, 동시에 기억과 서사, 기억과 문학 사이의 관계에 대해서 가장 최초의 반성을 한 작품이기도 한데, 그 안에서 시인은 기억이 어떻게 왜곡된 형태로 상상을 만들어내고, 또 어떻게 기억이 과거를 보존하면서 과거를 변형시키느냐에 대한 질문을 던지기도 합니다. 이건 나중에 드려도 될 질문인데, 나보코프가 혹시 그런 식의, 그러니까 헤시오도스 식의 캐릭토님을 동원한 기억의 보존, 이런 방식에 대해서 의식적으로 관심을 가지고 그 기법을 롤리타와 같은 작품에 쓴 것인지, 혹시 그런 것과 관련된 연구가 지금 있는지 질문을 드리고 싶습니다.

조주관 헤시오도스에 대해 잘 모르지만 선생님의 말씀을 듣고 보니, 그 말씀대로라면 서로 유사성도 가능하다 느껴집니다. 나보코프는 캐릭토님 기법을 의도적으로 사용하고 있습니다. 그러나 나보코프가 헤시오도스의 작품을 읽고 의식적으로 그러한 기법을 사용했는지는 알 수 없습니다. 그런 것과 관련된 연구는 없습니다.

조대호 가령 헤시오도스의 작품은 육백 개 정도의 이름들로 이루어진, 천백 행 정도의 서사시거든요. 에피소드들이 포함되어 있긴 하지만 이름들이 줄줄이 나열되는 식입니다. 하지만 헤시오도스는 그 이름들 사이의 연관성을 통해서 자연, 세계의 근본 질서를 보여주려고 하는데, 그러니까 그의 작품 속에서 각각의 이름들은 자연의 힘을 형상화하고 있는데, 지금 선생님의 발표를 들어보니까, 현대적인 작품 속에도 그런 방식이 수용될 수 있겠구나 라는 생각이 들었습니다.

조주관 작가 나보코프나 주인공 험버트 모두 남독가입니다. 그들은 지나치게 많은 독서를 하는 인물들로 잘 알려져 있습니다. <롤리타>의 아주 짧은 서문에 13명의 이름이 열거됩니다. 그리고 소설에서 험버트가 롤리타의 같은 반 친구들의 이름 목록(80개의 이름)을 시처럼 읽는 장면이 나옵니다. 그는 이름 목록을 80개의 이름으로 지어진 진정한 시라고 감탄하며 등장인물들의 이름과 특징을 열거합니다. 저는 이름에 상당히 관심이 많습니다. 이름에 대한 사연은 그 자체로 하나의 재미난 이야기입니다. 이름 사이의 연관성을 통해서 세계의 근본 질서를 파악해보는 일이나 이름들이 자연의 힘을 형상화하는 문제를 생각해보는 것 역시 흥미 있는 일이라 생각합니다. 조금 다른 이야기이지만, 요즘 우리나라 현대 작가들도 의도적으로 독특한 이름을 사용합니다. 현대 드라마 작가들 가운데 의도적으로 함축의미가 있는 이름을 선호하는 작가들이 많이 있습니다.

현대 매체이론에서 기억의 문제:
프리드리히 키틀러의 이론을 중심으로

유현주 (연세대, 독문학)

1. 기술비판으로서의 문자비판

문화적 기억과 매체

현대의 매체이론에서 기억에 대한 문제는 정보의 저장과 전달, 재현에 해당하는 과정으로 치환하여 이해할 수 있다. 문화로서의 기억 자체가 매체의존적인 것으로 설명되는데, 이것은 사회구성원의 동시대적인 상호소통에 의한 '의사소통적 기억 das kommunikative Gedächtnis'과 다양한 매체에 저장되어 전승되는 '문화적 기억 kulturelle Gedächtnis' 양자 모두에 해당한다.[1] 매체에 저장되는 기억뿐만이 아니라, 전자의 경우인 인간 사이의 상호작용에도 매체는 언제나 요

1 이러한 구분은 얀 아스만을 따른 것이다. Siehe Assmann, Jan: *Das kulturelle Gedächtnis. Schrift, Erinnerung und politische Identität in frühen Hochkulturen,* München 2002, S. 20f. (4. Auflage)

구되는 것이며, 이러한 면모는 매체 개념의 철학적 어원 속에서도 찾아볼 수 있다. 매체에 해당하는 라틴어 단어 메디움 medium('가운데')은 아리스토텔레스의 저서 『영혼에 대하여 De Anima』에 나오는 메타쿠 metaxu라는 용어에서 비롯되었다. 감각적 인지 과정을 설명하기 위해 아리스토텔레스는 '제 3자'를 상정하는 바, 제 3자는 주체와 대상 사이에 개입하여 양자를 매개한다. 따라서 메타쿠란 미정(未定)의 상태로 있으면서 전달을 가능하게 만드는 무언가라고 할 수 있다.[2] 이러한 어원을 상기해보면, 매체는 언제나 사이에 개입하여 전달과 표현, 교환 등을 수행하면서 주체와 타자의 소통을 가능하게 만들어주는 중간자이다. 그리고 이 과정에서 산출된 결과들을 시간의 제약을 넘어 문화적으로 가공할 수 있도록, 즉 '문화적 기억'을 저장하는 것이 매체가 수행하는 최초의, 그리고 최근의 다매체시대에 이르러서도 여전히 가장 근본적인 기능이라고 할 수 있다.[3] 이러한 저장의 기능을 통하여 매체는 기억의 문제와 유기적 관계를 맺게 된다.

> (…) 매체는 문화적 기억을 확고히 해주는 물질적 지지대이자 엄호해 주는 것이며, 인간의 기억과 상호작용을 한다. 오늘날 모든 개인적 기억이란 기술적 기억 매체들의 앙상블에 둘러싸여 있고, 이들은 심리 내적 과정과 외적 과정 사이의 경계를 지워버리고 있다.[4]

인간의 기억에 있어 물질적 지지대로서 매체는 필수적인 요소지만, 다른 한

---

2 Vgl. Mersch, Dieter: *Medientheorien*, Hamburg 2006, S. 18f.

3 Vgl. Bolz, Norbert: *Die Wirtschaft des Unsichtbaren: Spiritualität-Kommunikation-Design-Wissen: die Produktivkräfte des 21. Jahrhunderts,* München 1999, S. 26. "Die erste und immer noch fundamentale Medienleistung war und ist das *Speichern*." (Hervorh. im Text)

4 Assmann, Aleida: *Erinnerungsräume. Formen und Wandlungen des kulturellen Gedächtnisses*, München 2002, S. 20.

편 이들이 인간 기억의 내면과 외면 사이에 놓인 경계를 모호하게 만들고 있기 때문에 기억과 매체의 관계는 이미 그 자체로 모순적인 상황에 놓여 있다고 할 수 있다. 기억의 보존에 있어 반드시 필요한 매체는 동시에 저장된 기억의 조작과 변형에도 필연적으로 관여하고 있기 때문이다. 이미 기술매체의 등장 이전에도 이러한 현상은 발견되었으며, 보다 온전한 기억의 보존을 위해 매체기술이 발전하면 할수록, 기억의 조작과 변형의 과정은 오히려 더 교묘하게 공고화되는 아이러니를 보여준다. 언어와 그림, 몸과 영상 등 문화적 기억과 관련된 다양한 매체들 중 역사적으로 기억의 보존 가능성 혹은 불가능성에 대한 철학적인 성찰을 가장 먼저 유발한 것은 바로 문자였다.

플라톤의 문자비판

문자에 대해 서구에서 이루어진 최초의 논쟁은 잘 알려진 대로 플라톤의『파이드로스 Phaidros』에 등장한다. 인상적인 것은 이 대목이 현대에도 충분히 적용 가능한 기술매체 전반에 대한 비판으로 읽힐 수 있다는 점이다. 플라톤은 대화가 가지고 있는 능동적인 상호작용을 글이라는 매체가 가진 저장기능에 대비시킨다. 플라톤의 관점에서 철학적 사유에 더 적합한 매체는 침묵하는 문자보다는 반론과 변론을 유발하며 이를 통해 참가자들의 발전적 전개가 가능한 입말/대화라고 할 수 있다. 주목할 만한 것은 문자에 대한 일면적 비판이라고 알려진 이 논쟁에서 플라톤은 문자를 다분히 양면적으로 평가하고 있다는 사실이며,[5] 이것은 논의의 향방을 문자 그 자체보다는 문자가 가지고 있는 기술로서의 성격에 주목하도록 해준다.

---

5 지금까지 문자의 양면성에 대한 플라톤의 관점은 파르마콘 pharmakon (약/독약)이라는 단어에서 유추해 내는 것이 일반적이다. 데리다의 비판은 바로 플라톤이 파르마콘을 언급하면서도 그 불확실성을 균형있게 드러내기보다 '독약'의 면모만을 부각시켰다는 지점에 있다. Vgl. Derrida, Jacques: *Dissemination*, Wien 1995, S. 73-84.

플라톤이 문자를 하나의 기술체계로 간주하고 있다는 사실은 문자를 만들어낸 테우트 신의 다른 발명품을 소개하는 대목에서 찾아볼 수 있다. 테우트는 수와 계산법, 그리고 기하학과 천문학, 장기놀이와 주사위 놀이를 발명한 것으로 나오는데, 여기에서 플라톤은 문자와 숫자를 게임의 기술과 연결시키고, 밤하늘의 별자리라는 기호 해독의 기술체계와도 연관시킨다. 독일의 매체학자 디터 메르쉬는 이 지점에서 문자를 통해 모든 기술의 속성으로 간주될 수 있는 양가성을 발견하고자 한다.[6] 그에 따르면, 『파이드로스』에서 이러한 면모는 기술의 발명과 실제 사용을 분리시키면서 전개된다. 테우트가 타무스 왕을 찾아와 자신이 발명한 기술들을 보여주면서 이를 널리 보급해야 한다고 말하자, 왕은 그 기술 하나하나에 대한 자신의 의견을 말한다. 대화가 문자에 이르자, 왕은 '기술의 생산자는 자신의 발명품이 어떠한 결과를 초래할지 모른다'는 점을 지적한다.

> 기술이 뛰어난 테우트여, 기술에 속하는 것을 만들어내는 능력을 가진 사람이 있다면, 그것들이 사용하려는 사람들에게 끼치는 손해와 이익을 판단하는 사람은 따로 있는 법이오. 이제, 그대는 문자의 아버지로서 그것들에 대해 선의를 품고 있기에 그것들이 할 수 있는 것과 정반대되는 것을 말했소.[7]

여기에서 타무스의 논법은, 기술사용에 있어 생산자의 의도가 관철되지 않는 경우도 있을 수 있다는 충고가 아니라, 어떠한 생산자도 기술을 만들어 낸 이후의 상황에는 전혀 관여할 수 없다는 단호한 지적에 가깝다. 생산자는 기술의 기능만을 생각하고, 그것의 사용이 불러일으킬 연관관계에 대해서는 알지 못하

---

6 Vgl. Mersch, Dieter: *Medientheorien*, S. 29-33.

7 플라톤: 파이드로스, 조대호 역해, 문예출판사, 2008, 141쪽.

기 때문이다. 그렇게 되면 기술 자체와 기술의 사용에 대한 성찰의 간극은 커지고, 문자의 경우 문자 매체가 약속하는 기억의 지속여부는 기술의 생산자보다는 그 기술의 사용자만이 판단을 내릴 수 있는 것이 된다. 다른 한편으로는 이와 함께 기술은 애초의 기대와 실제의 사용이 항상 어긋날 수밖에 없다는 특징을 가지게 되는 것이다. 문자라는 기술과 관련해서는 인간을 풍요롭게 하는 "기억과 지혜의 묘약"[8]이 될 것이라는 기대와, 인간을 의존적으로 만들고 기억을 변형시키는 "바깥에서 오는 낯선 흔적"[9]이 되어버린다는 결과가 어긋나고 있다. 즉, 플라톤은 기술생산자가 예상할 수 없는 문자의 디스포지티브를 지적함과 아울러, 매체에 깊이 새겨진 근본적이고 불가피한 성격에 대해서도 언급하고 있는 것이다. 중요한 것은, 모든 매체는 기술로 정의되는 한 '낯선 흔적으로의 전환'이라는 운명을 가지고 있으며, 이러한 특성은 올바른 사용이나 잘못된 사용에 따른 것이 아니라, 기술매체에 이미 내재해 있는 특성이라는 점이다.

> 기록을 하고 증거를 남기면서도 (…) 기록물과 문서의 형태로 기억을 변형시키지 않는 문자는 존재하지 않는다. 이 변형과 미리 예측할 수 없는 숨겨진 뜻이 바로 플라톤의 논제이며, 그의 문자 비판 깊숙이 들어 있는 동기이다. *플라톤의 비판은 문자 비판이라기보다는 기술 비판 Kritik der Technik으로 읽힌다.*[10]

최초의 매체비판이라고 기록될 수 있는 플라톤의 문자에 대한 성찰은 모든 매체기술에 내재한 필연적인 변형 가능성과 나아가 의도적인 조작에 대한 의혹을 환기시킨다. 이러한 관점에서 겨냥하고 있는 것은 매체의 투명성에 대한 환

---

8 같은 곳.

9 같은 곳.

10 Ebd., S. 33. (Hervorh. im Text)

상이다. 즉, 매체는 정보라는 내용을 담고 있는 잠재적 운반자로서 투명한 용기와도 같고, 이러한 매체를 어떻게 사용하느냐에 따라 매체를 올바르게도, 아니면 잘못된 목적으로도 사용할 수 있다는 일각의 의견은 매우 순진한 것으로 드러난다. 모든 기술매체의 형식에는 그 매체를 사용하는 사용자들에게 강요하는 특정한 조건이 있으며, 이것은 필연적으로 그 내용에도 영향을 미친다. 매체에서의 이러한 변형과 조작의 가능성은 말하자면 숙명적인 것이다. 기술적 매체가 가지고 있는 이러한 성격은 모든 개인적 기억조차도 '기술적 기억매체들의 앙상블'에 둘러싸여 있게 된 현대에 들어오면서 더욱 심화되게 되었다. 이러한 맥락에서 우리는 문화적 기억의 변형과 조작과 관련하여 현재 가장 논쟁적인 주장을 펼치고 있는 프리드리히 키틀러의 '매체유물론'을 만나게 된다.

2. 키틀러의 매체유물론과 기록체계들

키틀러의 매체유물론

먼저 키틀러의 이론을 지칭하고 있는 매체유물론이라는 용어에 대해서는 설명이 필요할 것이다. 만약 이 단어에서 지난 세기 이데올로기의 향수를 느낀다면 이것은 대단한 오해가 아닐 수 없다. 키틀러의 관심사는 인지하고 기억하는 주체가 아니다. 키틀러는 주체가 오히려 대상에 종속된다고 보며, 인간의 지각이나 그 내용보다 그것을 가능하게 하는 물리적이고 기술적인 배경에 더 주목한다.[11] 그가 가장 관심을 기울이는 대상은 우리 삶의 가장 근본적 조건을 구

---

11 존 더럼 피터스: 해제: 프리드리히 키틀러가 선사하는 빛의 향연, 실린 곳: 광학적 미디어: 1999년 베를린

성하고 있는 하드웨어 Hardware이며, 이것은 매체를 '인간학적 아프리오리'로 이해하고 있는 그의 입장에서 극명하게 드러난다. 우리의 감각은 매체가 그에 대한 모델과 은유를 제공하기 전까지는 전혀 알 수가 없는 것들이다. 하이데거를 인용하여 기술이 우리의 운명이라고 말하는 그의 의도는 비인간화된 현대 사회를 개탄하거나 비판하고자 함이 아니라 우리가 처한 상황에 대해 객관적으로 이해하고자 하는 것이다. 후에 살펴보겠지만 키틀러에게 있어 현대는 인간에 대한 형이상학적 정의 혹은 '영혼을 가진 존재'라는 낭만주의적 인간관이 성립할 수 없는 시대로 간주된다. 인간은 정보학적인 소통이론에 따라 기능적으로 분류되며, 인간의 사유는 구체적으로는 철자, 신호, 정보처리작업, 수학적 계산과 연산자 등 기술적 표준 technische Standards들이 만들어 내는 종합적인 효과로 설명된다.[12] 이제 인간과 그가 처한 상황을 설명하기 위해서는 영혼이나 정신과 같은 애매모호한 개념을 제거해야만 한다. 이러한 그의 입장을 이해한다면 1980년 출판 당시 대단한 스캔들을 일으켰던 저서의 제목 또한 납득할 만한 것이 된다: 『인문학에서의 정신의 추방 Austreibung des Geistes aus den Geisteswissenschaften』.[13]

키틀러의 이론이 쉽게 수용되기 어려운 이유는 그가 전개하고 있는 매체이론의 계보가 생각보다 복잡하기 때문이다. 그는 우선 프랑스의 구조주의 및 후기구조주의, 그중에서도 특히 푸코와 라캉의 이론과 밀접한 관련을 가지며, 현대 매체이론에 있어서는 이니스와 맥루언을 중심으로 한 캐나다 학파의 이론을 비판적으로 계승하고 있다. 또한 거의 동시대라고 할 수 있는 비릴리오와 플루서의 관심사와도 공유하는 부분이 많으며, 무엇보다 클로드 섀넌이나 웨런 위

강의. 예술, 기술, 전쟁, 프리드리히 키틀러 지음, 윤원화 옮김, 현실문화, 2011, 13쪽 참조.

12 Vgl. Kittler, Friedrich A.: *Draculas Vermächtnis*, Leipzig 1993, S. 61.

13 Kittler, Friedrich A. (Hrsg.): *Austreibung des Geistes aus den Geisteswissenschaften. Programme des Poststrukturalismus*, Paderborn 1980.

버가 수행하는 정보처리이론에도 정통하여 인문학 내부의 논의로는 접근하기 어려운 내용을 서술하기도 한다.

그렇지만 그의 매체이론에 큰 바탕을 제공하고 있는 것은 역시 푸코의 계보학적인 방법론이라 할 수 있다. 이러한 면모는 바로 첫 번째 대작인 『기록체계들 Aufschreibesysteme 1800·1900』에서 나타난다. '문화적 정보를 저장, 전달, 재현할 수 있는 기술의 네트워크'[14]를 뜻하는 '기록체계'라는 독특한 용어는 푸코의 에피스테메 개념과 마찬가지로 특정한 역사적 시기의 단면들과 결부된다. 애초에 푸코의 담론고고학이 질서 관념의 문화사적 발전 속에서 사유와 행위를 조종하는 권력의 규칙체계를 설명하고자 함이었다면, 키틀러는 담론적 실제를 수행하기 위해 필요한 기술매체의 물질적 전제 조건에 주목하면서 인식의 체계를 중심으로 한 푸코의 담론분석이론을 비판적으로 확장하는데 주력한다.[15] 여기에서는 문학작품과 같은 인류의 지적유산도 정보를 보관하고 운반하고 재현하는 것으로, 다시 말하면 유물론적으로 해석된다. 결국 그의 계보학적인 작업은 문화적 기억물의 핵심이었던 시문학이 기록체계의 재편에 따라 어떻게 자신의 지위를 상실하는가, 그리고 새로운 조건하에서 기술매체들이 어떻게 표준화되어 마침내 '개인'을 대신하여 기억의 주체로서 등장하는가에 대한 과정의 서술이다. 따라서 그가 이러한 작업에서 추구하고 있는 것은 오랜 시간 과도하게 비대해진 서구의 형이상학적 유산의 청산이라고 할 수 있다.[16]

이렇게 드러난 단면들은 서구의 문화사를 새롭게 구성하는 바, 키틀러가 기록체계를 통해 재구성하고 있는 역사는 크게 두 단계로 나눌 수 있다. 바로 예술

---

14 "기록체계라는 단어는 (…) 주어진 문화에 중요한 정보의 위치지정과 저장, 처리를 가능하게 하는 기술의 네트워크를 뜻한다." Kittler, Friedrich A.: *Aufschreibesysteme 1800 · 1900*, München 1995 (3., vollst. überarb. Aufl.), S. 519.

15 클레멘스 캄믈러: 역사적 담론 분석 연구: 미셸 푸코, 실린 곳: 새로운 문학 이론의 흐름, 클라우스-미하엘 보그달 편저, 문학이론연구회 옮김, 문학과 지성사, 1994, 57쪽 참조.

16 유봉근: 프리드리히 키틀러의 매체 이론, 실린 곳: 독일언어문학, 제 43집, 2009.03, 309쪽 참조.

적 매체의 시대인 '기록체계 1800'와 아날로그 매체의 시대인 '기록체계 1900' 이다. 이 기록체계들은 각각의 시기에 있어 문화적으로 중요한 정보의 저장, 전달, 재현을 가능하게 하는 체계라는 의미에서 문화적 기억의 개념과도 밀접한 관련을 가지게 된다.

기록체계 1800

키틀러가 기록체계 1800 (정확히 보자면 1785-1815)이라고 명명한 시대는 다름 아닌 낭만주의와 문자의 시대로서, 낭만주의 기록양식은 어머니의 발화에 기반을 두고 있는 특징을 지닌다.[17] 당시 신흥 부르주아 계급의 새로운 가족모델에서 어머니의 입지는 이전 가부장제 시대와 비교하여 크게 상승하였고, 아이들에게 읽기와 쓰기라는 최초의 교육을 담당하는 것도 어머니였다. 당시의 분위기를 잘 보여주는 예를 들면, 신학자이면서 철학자였던 슐라이어마허는 언어습득을 어머니에게 전담시키기 위해 학교에서의 읽기 지도방법을 비판하며 이것이 폐지되어야 한다고 주장했다.[18] 따라서 이 시기에는 이러한 권고에 따라 어머니를 위한 가정독본이 쏟아져 나오게 된다. 그 중 키틀러가 주목하고 있는 하인리히 슈테파니의 독서교본은 어머니들을 향해 이전과는 달리 '음독법 Lautiermethode'을 통해 아이들에게 철자를 가르쳐야 한다고 역설하고 있는 바, 무조건 철자를 암기하며 단어를 외우는 방식과 달리 음독법은 내면의 목소리로 책을 읽는 방법을 사용한다.[19] 흥미로운 점은 여기에서 표준화된 발음 또한 탄

---

17 키틀러가 말하는 낭만주의란 예술사조상의 낭만주의를 지칭하기도 하지만, 그보다 더 큰 범주에서 이해되어야 할 필요가 있다. 기록체계 1800을 특징짓는 성격은 하나의 시대정신으로서 낭만주의가 가지고 있던 가장 일반적인 특성으로부터 출발하며, 이는 특히 자연과 여성에 대한 찬미와 관련이 있다. 박영욱: 매체, 매체예술 그리고 철학, 향연, 2008, 155쪽 참조.

18 이렇게 어머니를 통한 언어 습득 체계를 통해 언어는 단순한 기호가 아닌 영혼의 목소리이자 자연의 상징, 그리고 순수한 정신의 세계가 되었다. Vgl. Kittler, Friedrich A.: a.a.O., S. 41f. 따라서 키틀러는 유럽 알파벳의 혁명은 바로 어머니를 통한 구두화 Oralisierung에 있다고 본다. Vgl. ebd., S. 43.

19 Vgl. ebd., S. 42-47.

생한다는 점이다. 따라서 아이들에게 말하기를 가르치는 어머니의 음성은 하나의 근원적 소리의 상징이 되며, 여기에서 음성이란 내면의 정신을 담은 영혼의 소리가 된다.

> 어머니가 모든 수고를 '전담하게 되는' 알파벳 교육은, 사람들에게 기억과 저장 기술을 몸에 배도록 하기 위해 행했던 극복할 수 없는 폭력으로서 기억 속에 언제나 잠재해 있던 상처와 고통을 멈추게 한다. 기록체계 1800은 과거의 고통스런 교육과는 반대의 성격을 가진 어머니의 애정 어린 알파벳 교육으로 소급하는 기억의 상기 Erinnerung를 가능하게 해주는 것이다.[20]

따라서 어머니의 애정어린 알파벳 교육을 받은 아이들은 성장해서도 독서를 할 때 문자 속에서 어머니로 상기되는 영혼의 목소리를 불러오는 것이다. 이것은 글을 쓰는 남성 작가에게도 해당한다. 어머니는 이 시기 기록체계 그 자체이지만, 직접 글을 쓰고 문화적 기억을 생산하는 위치에 서는 것이 아니라, 남성 작가에게 영감을 주는 근원으로서만 기능한다. 글을 쓰는 작가는 남성이며, 이들이 쓰는 글은 어머니의 목소리로 기억되는 내면의 소리에 대한 기록이다. 키틀러에 따르면 괴테의 낭만주의 문학이 바로 이 시기의 기록양식을 대표한다. 파우스트는 자신을 만족시켜 주는 진리를 찾아 방황하지만, 결국 그를 구원하는 것은 '영원히 여성적'인 것, 모성적인 정신을 대표하는 그레트헨이다.

> 파우스트에게 로고스라는 초월적 기표를 부여하는 정신의 자리를 이제 '모성적인 정신 mütterliche Geist'이 대신하게 된다. 이 모성적인 정신은 그레트헨이 가진 자연적인 본성을 "매일같이 가르쳐주는" 그것이다. 가르쳐주는 어머니란

---

20 Vgl. ebd., S. 66.

1800년의 발명품인 것이다.[21]

여기서 어머니는 자연이자 여인이다. 이렇게 자연을 따라 그 안에 숨겨진 기의에 도달하는 글읽기와 글쓰기는 독일 낭만주의의 대표적 작가 호프만 E. T. A. Hoffmann의 소설에서도 등장한다. 키틀러가 예로 들고 있는 호프만의 『황금단지 Der goldne Topf』(1814)에서 주인공 안젤무스는 어느 순간 자신이 전혀 알지 못하던 산스크리트 문자를 마술과도 같이 이해하고 글을 술술 써내려가게 되는데, 이러한 놀라운 사건의 동력은 문자의 물질성 이면에 숨어 있는 여인의 사랑이라는 지고의 가치를 그가 마침내 이해했기 때문이다. 이러한 능력은 소설 초반 시민적인 욕망에 갇혀 모든 일에 서툴던 그로서는 기대하지 못했던 발전이다. 마치 아이들이 어머니의 음성으로 글을 배운 후, 문자를 읽을 때 항상 그 뒤에 숨어 있는 자연의 목소리를 듣는 것처럼, 안젤무스는 문자를 시각적으로 읽어내는 것이 아니라, 신비한 존재인 세르펜티나에 대한 사랑과 믿음, 상상력을 통해 문자 안에 들어 있는 그녀의 사랑스러운 목소리를 직접 듣는 것이며, 이로써 불가능해 보였던 그들의 사랑도 가능해진다.[22]

이처럼 기록체계 1800은 문자가 단순한 기호가 아니라 자연에 그 근원을 두고있는 신비로운 기의를 포함하고 있다는 전제를 가지고 있으며, 기록되고 그럼으로써 기억되는 것은 바로 이러한 보편적인 가치들이다. 이때는 모든 예술이 문자 혹은 시학을 지향하고 있었다는 것이다. 바로 문자가 기억의 저장을 독점하는 시대이다. 매체이론에서 자주 인용되는 키틀러의 "문자의 독점

21 Vgl. ebd., S. 36.

22 Ebd., S. 98-138. 물론 이렇게 이상화된 낭만주의의 여성은 가상적인 이미지일 뿐 당시 여성의 현실과는 매우 동떨어진 것이었다. Vgl. ders.: *Grammophon Film Typewriter*, Berlin 1986, S. 276.

Schriftmonopol"[23] 개념이라던가, '문자는 모든 매체의 어머니'[24]와 같은 발언은 여기에서 유래한다.

기록체계 1900

이러한 상황은 20세기의 시작을 전후로 급변하게 된다. 문자의 독점은 새롭게 등장한 매체기술에 의해 깨지게 되며, 이제 문자와 함께 소리와 빛이라는 새로운 질료를 저장하는 방식들이 기억의 기록체계를 새로이 구성한다. 다시 말하면, 빛과 소리는 각각 사진과 녹음기라는 새로운 기술조건들과 조우하게 되었으며, 이것이 20세기의 지배적인 문화적 기록양식인 영화와 축음기로 자리매김되는 것이다. 문자의 기록방식 또한 타자기의 발명으로 커다란 전환을 맞이하게 된다. 개인의 내면적인 모든 특성이 외면화되는 필사의 방식과는 달리 타자기는 모든 것이 규격화된 새로운 기록방식을 제시한다. 내면의 목소리를 따라 자연스럽고 유기적으로 연결되는 필사 방식에서 독립된 개별자로 인식될 수 있는 시민적 개인이 탄생했다면, 분절된 알파벳을 불연속적으로 기입하는 타자기로 글을 쓰면서 개인은 익명화된 존재로 해체된다.

이러한 맥락에서 '기록체계 1900'(1885-1915)은 이전 세기 낭만주의 패러다임과의 완전한 결별을 의미한다. 또한 문자의 독점에서 분화된 정보(소리, 이미지, 언어)의 저장, 전달, 재현과 함께 우리가 문화적 기억물의 저장에 있어 이전까지와는 전혀 다른 새로운 국면에 접어들었음을 표시해주고 있다. 음성/음악, 글, 이미지를 문자로서, 그리고 근원적 시문학으로 통합했던 시기는 20세기에

---

23 Ders.: *Optische Medien. Berliner Vorlesung 1999*, Berlin 2011, S. 18. (2. durchgesehene und um das Vorwort zur russischen Übersetzung erweiterte Ausgabe)

24 저장 기능을 매체의 가장 필수적인 기능이라고 생각하는 키틀러에게, 발화되자마자 사라지는 언어/입말은 한 번도 매체로 간주된 적이 없다. 따라서 문자가 최초의 매체이자 모든 매체의 시작이 된다. 이러한 맥락에서 축음기 Phonograph와 영화 Kinematograph의 명칭이 모두 문자에서 유래된 것은 우연이 아니라고 지적하는 키틀러의 언급은 쉽게 이해할 수 있다. Siehe ders.: *Grammophon Film Typewriter*, S. 10.

들어와서 사라지고, 구분된 정보를 독립적으로 기록하기 시작한 것이다. 이제 문자의 독점적 지위는 무너지고, 시문학의 언어로서 보편적 가치를 지닌 것이 아닌, 다만 "여러 매체 가운데 하나의 매체"[25]로 여겨지게 되었다. 이로 인한 예술에서의 가장 뚜렷한 변화는, 시문학 자체가 눈에 보이지 않는 초월적 가치를 추구하기보다는 전달하고 있는 문자라는 매체의 물질성을 강조하기 시작했다는 점이다. 19세기 후반과 20세기 초반에 등장했던 아방가르드 실험예술과 다다, 칼리그람과 비주얼 포엠들은 문자가 가진 시각성을 강조하고 근원적 목소리와의 연결고리를 끊는 역할을 하게 된다. 문자는 공간적으로 재배치되어 자기 자신의 물질성에 몰두하게 되며, 자연과의 연관성 안에서 실재를 포착하거나 상상을 통해 환영을 만들어 내는 임무는 다른 기술매체에게 내어주게 된다.

우선적으로 이러한 기록체계의 변화는 기억의 저장과 보존에 있어 획기적인 진보를 가져오는 듯 했다. 문자가 기호화의 과정 속에서 정확히 담아내지 못하던 감각적인 기억들, 덧없이 사라져 버릴 운명에 속했던 문화적 기억들이 아날로그 기술적 매체의 도움으로 다시 생생하게 재현되고, 영원히 지속될 수 있게 되는 것처럼 보였던 것이다.

> 죽은 자들의 왕국은 하나의 문화에 있어 저장가능성 및 송신가능성과 똑같은 크기를 가지고 있다. 매체는 (…) 언제나 우리를 저 세상으로 가게 해주는 비행선과도 같다. 만약 문화의 초입에 상징으로서 묘비가 서 있다고 한다면, 우리의 매체기술은 신들 모두를 한꺼번에 되돌려 준다. 단 한 번의 일격으로 덧없음에 대한 오래된 불평이 잠잠해진다. 이 덧없음은 언제나 글로 쓰여 왔었고, 문자와 감각적인 것들 사이의 간격을 측정했던 그것이다. 매체의 풍경 속에는 다시 불멸

25 Ebd., S. 226.

의 것이 존재한다.[26]

아날로그 기술매체에 대해 우리가 거는 기대는 문자와 감각적인 것들 사이의 간격을 줄이며, '저장'과 '송신'의 기능을 통해 우리를 잊혀진 것들의 세상으로 되돌리는 것이다. 그러나 '죽은 자들의 왕국'에서 소리와 이미지 등 감각적인 기억을 '불멸'의 것으로, 즉 그대로 보존하여 돌려주어야 할 기술매체들은 자신의 숙명에 따라 애초의 기대와는 다른 사용방식을 보인다. 다음 장에서는 1900년경에 발명된 새로운 아날로그 기술매체들이 어떻게 낭만주의의 기록양식을 파괴하고 문화적 기억을 대체하였는지, 그리고 여기에서 어떻게 기억의 조작과 변형이 가장 근본적인 특징이 되었는지를 살펴보기로 한다.

3. 아날로그 매체와 시간축의 조작

실재계, 상상계, 상징계

19세기에 문자가 독점해왔던 정보의 저장은 20세기의 아날로그 매체의 등장으로 분화되며, 인간 영혼의 울림을 기록하던 낭만주의적 세계는 순식간에 기술적인 조건하에 해체된다. 아날로그 매체들은 음성, 영상, 문자라는 정보의 형식을 엄격하게 분리하여 기록한다. 여기에서 중심이 되는 매체는 축음기, 영화, 타자기이며 이는 각각 근대의 녹음 기술, 이미지 저장 기술, 문자 처리 기술 전반을 의미한다. 시문학에 의해 담지된 문화적 기억은 보편적 가치를 지닌 것이었

26 Ebd., S. 24.

지만, 이제 아날로그 매체에 분리되어 저장되는 것은 정보일 뿐이며, 그것도 영혼이나 정신적 성취와는 관계없는 개별적인 데이터일 뿐이다. 여기에는 인간의 사고 작용 또한 아날로그 기술매체와 마찬가지로 정보를 기록하고 저장하는 과정이라는 생각이 깔려 있으며, 이러한 인간 가치의 하락은 모든 정보가 축음기, 영화, 타자기에 의해서 분리되어 저장되고, 기억됨으로써 시작되었다.[27]

이 부분에서 키틀러는 라캉이 정신분석을 위해 제시한 세계구분을 차용하는데, 그것은 바로 라캉이 심리발달의 단계로 구상했던 상상계, 상징계, 실재계라는 용어이다. 키틀러에게 있어 1900년대 이후 전개된 매체의 발달사는 라캉의 실재계 (현실적인 것), 상상계 (상상적인 것), 상징계 (상징적인 것)에 각각 대응한다. 라캉은 자기지각의 상이한 방식 (직접적 욕망/반사영상/언어)을 설명하기 위해 이 도식을 사용하는데, 키틀러는 이를 1900년경에 이루어진 현대 정보통신의 세 가지 형식으로 투사하고 있다.

축음기와 실재계

이 시기 축음기는 상징적인 것을 실재적인 것으로 대체하는 대표적인 기억의 기록매체가 된다. 이전까지 모든 소리는 기호화되어 문자로 저장되었으며 (특히 낭만주의 시대에는 어머니의 발화를 통해 교육되고 표준화된) 인간의 음성이 아닌 소리나 소음은 진지한 기록의 대상이 되지 못했다. 그러나 음을 등가적인 상징, 즉 기호로 번역한 알파벳 문자와는 달리, 음을 그대로 저장하는 축음기의 발명으로 모든 소리는 실제의 소리 그 자체로 기록/녹음되게 되었고, 그 안에는 우리가 그전까지 소리로 인식하지 못하던 것들도 포함된다. 기계의 소음이나 일상의 잡음도 이제는 기호화되어지지 않은 그 상태 그대로 저장되어 전

---

27 "1880년경 구텐베르크의 정보 보관 독점권이 무너진 것처럼, 시각, 청각과 문자의 기술적 분화와 함께 이른바 인간은 마음대로 조작 가능한 것이 되었다. 인간의 존재는 기술적 장치로 변질된다. 기계들은 중앙신경시스템의 기능을 정복한다. (…) 이른바 인간이라는 것은 생리학과 통신기술로 분열된다." Ebd., S. 29.

달 및 재현할 수 있게 된 것이다. 이러한 의미에서 축음기는 우리에게 상징적인 것을 실재적인 것으로 바꾸어 놓은 기록양식이 된다. 그동안 상징화에서 누락되고 배제되었던 것들이 이제 전면에서 우리를 마주하게 되었다. 인간 내부에 존재하는 무의식이라는 실재의 신대륙을 발견하게 된 것도 이러한 맥락에서 가능했을 것이다. 실제로 당시의 심리치료에서, 중요한 것만 걸러내어 적는 의사의 기록과는 달리 환자의 무의미하고 사소한 언술까지 모두 녹음하는 축음기는 매우 큰 기여를 하게 된다. 이처럼 새로운 기록체계에서는 이전까지 무의미하다고 여겨진 것들이 기록되고, 기억된다. 동시에 이와 함께 기록되고, 기억되는 것의 지위도 변화하게 되었다. 아날로그 기술매체로 이루어진 기록체계는 이전까지 숭고한 의미를 담고 있다고 여겨졌던 시문학의 가치를 하락시킨다. 이제 문학은 내면의 목소리를 찾아가는 영혼의 작업이라기보다는 부분적으로만 해독 가능한 소음의 기록으로 간주된다.

이러한 과정에서 의도하지 않은 또 다른 효과가 발생되는데, 축음기는 인간의 음성 자체가 어떤 특별한 조건에서 비롯되거나 보편적 가치를 지닌 것이 아니라, 그저 여타의 다른 소음들과 마찬가지로 물리적 진동에 불과하다는 것을 보여주었다. 인간의 음성과 소음을 전혀 구분하지 않는 축음기의 존재는 우리의 음성이 신비로운 자연에 그 근원을 두고 있는 초월적 기의의 현전이라는 믿음을 무너뜨린다.

이것은 한편으로는 음 Ton에서 소리 Klang로, 근대음악에서 현대음악으로의 발전과도 궤를 같이 한다. 이전 시기 아름다운 화음으로 이루어진 작품만이 작곡과 감상의 대상이었다면, 예상치 못한 소음의 발견은 음에서 소리로 예술적 영역을 대폭 확장시켜 현대음악의 토양을 마련해주었다. 또한 이전의 음악을 구성했던 간격과 화음은 주파수와 진동으로 대체되었으며, 시간당 진동수, 즉 시간이라는 독립변수가 등장하게 되었다. 축음기의 발명으로 드러난 음의 물질성, 즉 음이란 이전 시기에 상상하던 대로 이상적인 비례관계가 아니라 단지 금속판에 새겨진 홈에 불과하다는 발견은 당시 발달하고 있던 신경생리학적인 관점과도 유사했다. 키틀러는 축음기가 발명되었던 당시 뇌의 활동과 축음기 기능의 유사성을 서술하고 있는 장 마리 귀요 Jean Marie Guyau의 「기억과 축음기 Gedächtnis und Phonograph (1880)」라는 글을 소개한다.[28] 지각세포를 통해 인간의 뇌에 들어온 데이터들은 보이지 않는 선으로 뇌세포에 새겨지면서 저장이 되며, 그리하여 기억이란 축음기의 재생과정과 마찬가지로 새겨진 홈에 따라 재생되는 것에 불과하다는 것이다.

> 만약 축음기의 판이 자의식을 갖게 된다면, 노래를 재생할 때 자신이 이 노래를 기억하고 있노라고 말을 할 수도 있을 것이다; 그리고 우리에게는 간단한 메커니즘의 효과처럼 보이는 이것이 축음기에게는 아마도 매우 놀라운 능력으로 나타날 수도 있을 것이다. 바로 기억의 능력이다.[29]

이것은 인간 두뇌의 중앙신경시스템의 기능이 기술적으로 이식된 것과 같았다.[30] 귀요는 기록과 재생 기능 이외에도, 축음기와 두뇌에 각인된 진동의 속도가 저장된 정보의 성격을 변화시킬 수 있다는 점을 인간의 뇌와 축음기의 공통점으로 들고 있다. 여기에서 축음기의 속도를 빠르게 하는 작업, 이것이 바로 키틀러가 아날로그 매체에서 가장 특징적인 기능으로 보고 있는 시간축의 조작 time axis manipulation (TAM)이다.[31] 축음기에서 속도의 변화에 따라 나타나는 변화는 이전의 음의 변화와는 다르다. 속도를 빨리하여 음을 높일 경우, 축음기에서는 소음도 같이 증가하여 이전에 들리지 않던 소리까지 들리게 된다. 따라

28 Ebd., S. 49-54.

29 Ebd., S. 51.

30 Ebd., S. 47.

31 Ebd., S. 56.

서 축음기에서는 실재계가 조작되는 것이다.[32] 원래는 들리지 않는 음들도 재생할 때 귀에 들릴 수 있는 것으로 만든다면, 축음기에서 소리의 저장과 변조는 원칙상 동일한 메커니즘이다. 저장된 소리의 재생은 언제나 조작의 가능성을 내포하고 있으며, 이것은 기억의 개념 자체를 위협한다. 기록되는 순간, 기억은 이미 기술적으로 조작된 것으로 의심할 수 있기 때문이다.

영화와 상상계

축음기가 우리에게 소음이라는 이전까지 우리가 듣지 못한 소리를 새롭게 드러내준 것과 마찬가지로, 사진은 우리의 눈이 포착하지 못한 이면의 무의식적 영상들을 보여주었다. 그러나 마치 시각적 기억을 축음기와 마찬가지로 그대로 저장/전달/재현할 것과 같은 영화는 이와는 다른 길을 걷는다. 영화는 한 번도 우리에게 실재를 보여준 적이 없다. 영화는 우리에게 기술적 효과를 통해 1초에 24번의 스틸컷을 제시하면서 그것이 실재처럼 보이도록 '조작한다'. 영화가 실재의 정보를 그대로 보여주지 못하는 이유는 음성과 달리 영상의 파장이 너무나 큰 단위이기 때문이다. 광학적 파장은 테라헤르츠 범위에 속하는데, 이는 음성의 파장보다 몇 조배 이상 빠르다는 것을 의미하며, 프로세싱 용량의 기하급수적 확장을 요구한다. 따라서 영화는 물리적 파장을 기록하는 대신, 네거티브 필름에 화학적 효과를 저장하고, 이것을 잔상효과와 스트로브스코프 효과를 통해 실재처럼 조작하는 방식을 택했다.[33] 이렇게 본다면, 영화는 오히려 실재적인 것을 상상적인 것으로 대체하고 있는 기제가 된다.[34] 영화는 그 시작부

---

32 Ebd., S. 57. 여기에서 실재계를 '현실'과 혼동하지 말아야 한다고 키틀러는 지적한다. 실재계는 형태를 가진 상상계와 구문법을 가진 상징계와 구분되는, 기호의 조합을 통한 조직화나 광학적 시지각 과정에서 누락되는 부분을 표시해 준다. 그리고 이러한 이유에서 이전의 예술적 매체와는 다른 오직 기술적 매체를 통해서만 저장하고 처리할 수 있는 그 무엇이다. Siehe ders.: *Optische Medien*, S. 40.

33 Vgl. ders.: *Grammophon Film Typewriter*, S. 182.

34 영화를 통한 상상계의 실현은 초기영화에서 빈번히 나타나는 도플갱어 모티브에서 찾아볼 수 있다. 라캉의

터 눈의 신경과 시간에 대한 교묘한 조작이었다. 우리가 눈으로 보던 움직임은 연속촬영기술을 통해 쪼개지고 분석되며, 이를 통해 우리의 눈은 새롭게 포착된 형태를 지각하도록 조직화된다. 이렇게 영화는 시간 기반의 가장 대표적인 기술매체로서 기술적 수단을 이용해서 시간의 흐름을 편집하면서도 이러한 사실에 대한 망각을 매체향유의 조건으로 내세운다.

> 영화를 (…) '체험'하려면 스크린 상에 초당 24프레임이 나타난다는 사실, 그 24프레임이 매번 전혀 다른 촬영 상황에서 도출됐을 수도 있다는 사실을 무시해야 한다.[35]

따라서 영화의 생산조건은 인간의 기억에 대한 완전한 조작과 임의적 변형을 의미한다. 같은 이유로 키틀러가 최초의 영화작가로 지목하는 것은 뤼미에르 형제가 아닌 마술적 편집의 대가 조르주 멜리어스다. 뤼미에르 형제가 '역에 도착하는 기차'라는 하나의 시퀀스로 이루어진 영상을 선보인 반면, 멜리어스는 우연한 기회에 최초의 시각적 트릭을 발견하면서 위대한 영화편집의 시대를 개막하게 되는 것이다. 모든 위대한 발명이 그렇듯이 영화의 트릭도 우연과 실수에서 비롯되었다. 거리에서 여배우를 촬영하고 있던 멜리어스는 필름 릴이 다 떨어지자 삼각대와 카메라를 그대로 두고 릴을 바꾸어 끼우다가 나중에 편집된 필름에서 이 여성이 마술과도 같이 사라지는 장면을 목격했던 것이다. 이 트릭은 1986년 <한 부인의 증발 L'Escamontement d'une dame>이라는 영화

이론에서 마치 유아가 자신의 신체를 거울 속에서 최초로 완전한 것으로 파악하듯이, 영화도 분절된 인간의 몸을 최초로 스크린에 연속하여 저장하고 있기 때문이다. "영화는 움직이는 도플갱어를 최초로 저장할 수 있었으며, 인간은 (…) 그 안에서 자신의 신체를 인지(혹은 오인)할 수 있었던 것이다. (…) 따라서 상상계는 시네마의 위치를 지닌다." Ebd., S. 29. 따라서 도플갱어가 수없이 출현하는 영화는 영화라는 매체의 자기관찰을 보여주는 것이다. 즉, "영화의 도플갱어는 영화화되는 과정 자체를 영화화한다." Ebd., S. 224.

35 Ders.: *Optische Medien,* S. 34.

로 대중을 깜짝 놀라게 하는 데 성공하며, 이후 영화라는 매체의 본질을 컷과 편집으로 만들어주었다. 마술사가 전직이었던 멜리어스가 사라지게 한 것이 하필 여성이었기에, 키틀러는 아날로그 기술매체의 대두로 해체된 낭만주의의 이상을 '여성의 증발'이라는 이 영화의 주제가 상징적으로 보여주었다고 농담을 던진다.[36]

이제 문학작품이 보여주었던 상상의 세계는 어머니의 근원적 음성과 연관없는 영상들이 대체하게 된다. 음성이 들리지 않는 무성영화는 이러한 관점에서 매우 시사적인 것이었다. "상상계는 (…) 과거에는 영혼의 깊은 곳으로부터 나온 꿈이었지만, 이제는 단순한 시각적 트릭이다."[37] 영화가 상상계의 질서를 구현한다는 사실은, 현대에도 지속되고 있는 '카메라의 객관적인 눈'에 대한 신뢰, 영상으로 저장된 기억에 대한 믿음이 허위임을 폭로해 준다.

이렇듯 아날로그 기술매체는 청각적, 광학적 정보의 시간적 흐름을 기록하고 저장할 수 있게 해주었으며, 여기에서는 저장된 정보에 개입하여 그것을 조작하는 작업, 시간축의 조작이 가장 근본적인 창작의 구성원칙으로 기능한다.

> 그 이름이 우연히 문자로부터 유래된 것이 아닌, 축음기와 영화의 카메라가 저장할 수 있었던 것은 시간이었다. 청각의 영역 안에서 오디오 주파수의 혼합물로서의 시간, 그리고 시각 안에서는 단일 이미지 시퀀스의 움직임으로서의 시간말이다. 시간이 모든 예술의 한계를 결정한다. 그들은 일상 정보의 흐름을 우선 정지시켜야 하는데, 그러한 후에야 이것은 이미지나 기호로 나타날 수 있다.[38]

---

36 Siehe ders.: *Grammophon Film Typewriter*, S. 177f.

37 Ebd., S. 248.

38 Ebd., S. 10.

축음기나 영화처럼 극적이지 않아도, 모든 기술매체의 어머니인 문자도 이러한 역할을 수행해 왔다고 볼 수 있는데, 문자는 음성의 발화라는 시간적 흐름을 정지된 공간과 결부시켰기 때문이다. 글쓰기란 띄어쓰기와 줄의 이동, 레이아웃 등을 통해 각각의 단어에 새로운 시간과 공간을 부여하는 기술로 이해할 수 있다. 축음기와 영화는 이러한 시간-연속적인 사건을 편집의 기술을 통해 본격적으로 조작하며, 이것은 주체의 기술사용 방식을 떠나 매체의 작동방식과 존재 자체에 내재되어 있는 것이다.

타자기와 상징계

타자기의 등장 이전에도 문자 매체로 이루어진 모든 것은 상징 질서의 대상에 해당한다고 볼 수 있다. 문자는 기표라는 매우 좁은 틈을 통과한 정보만을 기록해 왔던 것이다. 그러나 타자기는 무엇보다 기록체계 1800이 가지고 있었던 가장 근원적인 믿음, 문자에 내포된 선험적 기의에 대한 믿음을 해체하고 문자의 물질적인 특성을 인식시키는 데 기여한다. 어머니의 음성과 단절된 문자는 이제 타자기의 자판 위에서만 정의될 수 있으며, 근원적이고 초월적인 가치와 분리되었던 것이다. 20세기 초 기계적 문서편집기인 타자기의 사용이 본격화되면서 글쓰기 작업은 이전과는 완전히 다른 성격을 가지게 되었다. 필사의 유려하게 계속되는 글쓰기와는 달리, 타자기에서는 분리되고 자간과 행간을 통해 격리되는 요소들이 공간적으로 나란히 들어서게 된다. 시간에 대한 편집의 기술은 필사에서보다 타자기에서 강화되는 것이다. "따라서 상징계는 인쇄활자의 지위를 가진다."[39]

기록체계 1800의 대표적 글쓰기로 낭만주의 작가의 작품들을 예로 들었듯이, 키틀러는 기록체계 1900의 대표적 글쓰기로 니체를 지목한다. 당시 널리 보

---

39 Ebd., S. 29.

급되었던 '말링한젠' 타자기는 타자를 치는 사람조차 자신이 쓴 글을 볼 수 없었다. 필사를 할 때 일어나는 눈과 손의 호응은 더 이상 발생하지 않으며, 글쓰기 과정에서 눈과 손, 글자는 서로 격리된 채 연결되지 않았다. 더구나 남성 작가가 불러주는 글을 여성 타이피스트가 받아 타이핑하는 것이 일반화되면서 글을 쓰는 행위와 의식이 분리되어, 글은 한층 더 파편화된다. 작가의 내면을 담은 발화는 타이핑되는 과정에서 변화를 겪는 것이다. 구술하는 자와 저술하는 자가 분리되고, 글쓰기가 작가의 손을 떠나 자동화되었다. 타이핑된 텍스트에 있어서 이제 저자의 위치는 불명확해진다.

> 니체는 "우리가 쓰는 문서기계는 우리의 생각에 함께 작동한다"라고 서술한다. (…) 그러므로 철학적으로 스캔들을 일으키는 이 주장, 즉 매체기술로의 대체라는 언급과 함께 모든 가치의 전복을 일으킨 사람은 바로 니체였다. 인간의 자리에, 인간의 생각과 저자의 자리에 1882년 이제 다른 것이 들어선다. 그것은 바로 두 개의 성별, 텍스트, 그리고 볼 수 없는 눈 먼 문서기계였다.[40]

또한 글자당 얼마라는 가격으로 타이피스트에 대한 보수가 책정되면서 문자는 상업적이고 물질적 차원으로 환원된다. 다시 말하면, 기록체계 1800에서 어머니의 음성과 만나 성립된 문자의 관념성은 기록체계 1900의 타자기라는 새로운 기술조건 하에서는 더 이상 유지할 수 없는 것이 된다. 텍스트는 분당 몇 백 타라는 기술적 규준으로 수량화되어 대량생산이 가능해지며, 작가가 불러주는 음성은 알파벳 낱말로 분화되어 그 개성과 영혼을 상실한다.

> 표준화된 텍스트에서는 종이와 인간의 몸이 분리되며, 문자와 영혼 또한 분리된

---

40 Ebd., S. 293.

다. 타자기는 어떠한 개인도 저장하지 않으며, 타자기의 글자는 어떠한 피안(彼岸)도 전달하지 않는다. 이 피안은 글자를 읽을 줄 아는 사람들이 환각 속에서 의미라고 생각하던 그 것이다.[41]

'개인을 저장하지 않는' 타자기는 이후 문예학에서 기억의 주체를 인간에서 텍스트로 이전시키는데 기여한다.

이처럼 기록체계 1900은 광학, 음향학과 문자를 기술적으로 분화시킴으로써 인간의 위치를 약화시키고, 인간을 원하는 대로 조작할 수 있는 것으로 만들었다. 축음기와 영화, 타자기와 같은 기계가 중앙신경시스템의 기능을 장악한 것이다. 여기서 키틀러는 맥루한이 주장한 '매체는 인간 신체의 연장' 테제를 조소하는 것처럼 보인다. 두뇌를 대신하는 축음기, 상상을 대체한 영화, 주체를 해체하는 타자기와 같은 아날로그 매체는 더 이상 예전처럼 상부의 명령을 수행하는 신체의 일부로 머무르지 않게 되었다.[42] 이와 함께 물질과 정보가 분리되고, 그리고 실재적인 것과 상징적인 것도 깨끗한 분리에 이르게 된다. 키틀러는 이러한 인간 가치의 하락이 인간 스스로 자초한 것이라고 일갈한다. 예를 들면, 축음기와 영화를 발명하기 위해서는 단순히 신기한 발명품에 대한 인류의 오래된 소망만으로는 부족했고, 인간의 눈과 귀, 그리고 두뇌까지도 생리학의 영역에서 자진하여 연구대상이 되어야만 했다는 것이다. 또한 문자를 기계적으로 최적화하기 위해서는, 더 이상 개성을 가진 개인으로서의 표현이나 몸의 흔적으로서의 문자가 허용되어서는 안되었다는 것이다. 개별 문자가 가진 형태나 특징, 빈도조차도 모두 공식으로 만들어져야 했다. 타자기는 인간에게 문자라는 매체를 자신의 몸으로부터 나온 것이 아닌, 바깥에서 온 '낯선 흔적'으로 최종

41 Ebd., S. 27.

42 Ebd.

적으로 귀결시킨다. 그렇게 본다면, 서구의 형이상학에서 언제나 중심이 되어 왔다고 믿었던 '인간'이라는 것은 우리가 진보라고 여겼던 과학과 정보통신기술 속에서 스스로 소멸해 온 것이나 다름없다.

4. 디지털 매체와 튜링은하계

새로운 중세

키틀러가 공식적으로 기록체계로 분류하지 않았지만, 컴퓨터의 탄생 이후 우리는 인간의 지각기능과 수용에 있어서 다시 한번 완전히 새로운 조건하에 놓이게 되었다. 기록체계 1900을 주도했던 아날로그 매체의 시대는 키틀러에게 있어서는 어디까지나 과도기적인 것이었다. 아날로그 기술매체의 가장 큰 어려움은 상호간의 호환성이 떨어진다는 점이었으며, 이러한 호환성문제가 완전히 해결되는 시점은 바로 컴퓨터의 출현시기와 일치한다. 키틀러는 이 시기를 이론적으로는 이미 1936년부터 시작되었다고 보며, 실제로 가능해진 것은 제2차 세계대전부터라고 기술한다.[43] 정보의 저장/전달/재현에 있어 컴퓨터로 대표되는 디지털 매체는 완전한 표준과 정보단위의 궁극적 해체를 제공한다. 인간의 탈주체화 과정은 인간의 정보가 축음기, 영화, 타자기와 같은 아날로그 매체에 의해 저장됨으로 해서 시작되었지만, 이제 디지털 매체의 시대에 "인간의 본질

43 Vgl. ders.: *Optische Medien*, S. 22. 키틀러에게 있어서 아날로그 기술매체의 시대도 두 단계로 세분화될 수 있다. 문자의 독점이 해체되고 소리, 영상, 문자가 각각 축음기, 영화, 타자기에 분리되어 저장되는 첫번째 단계 이후, 전기에 기반한 정보의 저장과 전송을 가능하게 하는 매체의 단계가 오게 되는데, 여기에서 중심적인 역할을 하는 것은 라디오와 텔레비전이 된다. 이 두 번째 시기는 제1차 세계대전과 일치한다.

은 기계로 도주"[44]하게 된다. 축음기와 인간의 뇌를 비유했던 귀요의 시도는 컴퓨터와 인간의 뇌가 가지는 강력한 유비관계에서 다시 그 현재성을 획득한다. 인간이 영혼을 가진 존재라는 낭만주의적 인간관과의 완전한 결별은 보편적 매체의 컴퓨터의 등장으로 실현되고, 분화되어 진행되던 세 가지 정보 영역은 다시금 통합되어 자유롭게 호환된다.

> 뉴스와 채널의 일반적인 디지털화로 개별 매체 사이의 차이는 사라진다. 소리와 이미지, 음성과 텍스트는 단지 피상적인 효과로만 존재하는데, 이러한 피상적 효과는 인터페이스라는 멋진 이름을 달고 소비자에게 제공된다.[45]

키틀러가 우리의 시대를 연산가능한 컴퓨터로 상징되는 '튜링은하계'로 부르고 있는 것은 이 때문이다. 오늘날 개인적 기억이란 기술적 기억매체로 둘러싸여 있다는 관찰처럼 우리의 기억은 이제 온통 외부로부터 온 낯선 흔적들로 채워져 있다. 더구나 이 흔적들은 개인이 더 이상 해독할 수 없는 암호들이다. 디지털 매체의 세계에서 모든 문화적 형식과 기억 형식은 0과 1이라는 이진법 코드로 전환되며, 아날로그 매체에 의해 분화되어 저장되었던 음성/영상/문자라는 정보는 다시 컴퓨터 안에서 숫자로 치환된다. 실제로는 (숫자 외에는) 아무것도 존재하지 않는 것이다.

> 컴퓨터 안에서는 모든 것이 숫자이다. 이미지도 없고, 소리도 없고, 단어도 없는 양적인 존재. 그리고 회로의 접속이 지금까지 분리되었던 정보의 흐름을 한꺼번에 디지털로 표준화된 수열로 가지고 온다면 모든 매체는 다른 모든 매체로 전

44 Ders.: *Grammophon Film Typewriter*, S 29.

45 Ebd., S 7.

> 환하는 것도 가능하다. 숫자로는 모든 것이 가능하다: 변조, 변환, 동시녹음; 느리게 하기, 저장하기, 전환하기; 혼합화, 스캐닝, 맵핑 – 디지털을 기반으로 한 전면적인 매체연합이 매체 개념 자체를 흡수한다. 기술로 사람들에게 접속하는 대신, 절대적인 지식이 끝없이 순환한다.[46]

이와 함께 키틀러의 매체이론은 묵시론적인 색채를 가지게 된다. 디지털은 저장된 정보를 자유자재로 변환하며, 아무런 흔적도 남기지 않는다. 서로 다른 기억을 변조하고 혼합하고 스캔하는 것도 가능하다. 프로세서는 점점 빨라지고, 저장용량은 점점 늘어간다. 기록체계들이 변화함에 따라, 즉 보다 많은 정보가 저장될 수 있게 됨에 따라 인간의 기억은 보다 풍성하게 되었는가? 필사로 써내려가는 문자의 시대에서 아날로그 기술매체의 시대를 거쳐 이제 디지털 매체의 시대까지 이르는, 기록하는 기술매체의 발전은 우리에게 보다 많은 한계를 뛰어넘어 매체를 자유롭게 운용할 수 있게 해주었는가? 키틀러는 삶을 실제로 규정하는 하드웨어들이 시야에서 사라지고, 그 효과들만을 누리고 있는 우리 시대가 '매우 친절하다'고 설명해준다. 그러나 이러한 친절함은 문자라는 핵심기술을 일반에게 알려주지 않기 위해 성서를 친절히 삽화로 설명해 주던 중세시대와 같은 친절함이다. 우리가 이 친절한 사용자 환경에서 볼 수 있는 것은 마치 양파 껍질과도 같은 표면뿐이다. 우리가 접근하지 못하는 이면에는 먼저 발명되고, 연산되고, 최적화되어야 하는 기나긴 기술의 행렬이 자리하고 있다는 것이다. 시청각 매체와 디지털 매체는 우리를 새로운 문맹상태, 새로운 암흑기로 이끌었다.[47] 기술은 더 이상 인간에게 접속하지 않고, 스스로 절대적 지식이 되어 끝없이 순환하고 있는 것이다. 이 지점에서 키틀러의 시각은 이미 70년대에 보드리야르가

---

46 Ebd., S 8.

47 Vgl. ders.: *Optische Medien*, S. 24.

「매체를 위한 진혼곡 Requiem für die Medien」[48]에서 토로한 비관적인 관점을 연상시킨다. "내용들을 민주화하고, (…) '코드의 투명성'을 다시 세우고, 정보과정을 조정하고, 순환의 전환 가능성에 도달하고 혹은 매체에 대한 권력을 극복하려는 이 모든 시도가 헛된 것이다." 이로써 우리는 모든 기술적 매체의 투명성에 의혹을 제기했던 플라톤의 출발점으로 다시 돌아오게 된다.

---

48 Baudrillard, Jean: Requiem für die Medien, in: ders.: *Kool Killer*, Berlin 1978, S. 90f.

참고문헌

박영욱: 매체, 매체예술 그리고 철학, 향연, 2008.

유봉근: 프리드리히 키틀러의 매체 이론, 실린 곳: 독일언어문학, 제 43집, 2009.03.

존 더럼 피터스: 해제: 프리드리히 키틀러가 선사하는 빛의 향연, 실린 곳: 광학적 미디어: 1999년 베를린 강의. 예술, 기술, 전쟁, 프리드리히 키틀러 지음, 윤원화 옮김, 현실문화, 2011.

클레멘스 캄플러: 역사적 담론 분석 연구: 미셸 푸코, 실린 곳: 새로운 문학 이론의 흐름, 클라우스-미하엘 보그달 편저, 문학이론연구회 옮김, 문학과 지성사, 1994.

플라톤: 파이드로스, 조대호 역해, 문예출판사, 2008.

Assmann, Aleida: *Erinnerungsräume. Formen und Wandlungen des kulturellen Gedächtnisses*, München 2002.

Assmann, Jan: *Das kulturelle Gedächtnis. Schrift, Erinnerung und politische Identität in frühen Hochkulturen*, München 2002.

Baudrillard, Jean: Requiem für die Medien, in: ders.: *Kool Killer*, Berlin 1978.

Bolz, Norbert: *Die Wirtschaft des Unsichtbaren: Spiritualität-Kommunikation-Design-Wissen: die Produktivkräfte des 21. Jahrhunderts*, München 1999.

Derrida, Jacques: *Dissemination*, Wien 1995.

Kittler, Friedrich A.: *Optische Medien. Berliner Vorlesung 1999*, Berlin 2011 (2. durchgesehene und um das Vorwort zur russischen Übersetzung erweiterte Ausgabe).

Ders.: *Aufschreibesysteme 1800·1900*, München 1995 (3., vollst. überarb. Aufl.).

Ders.: *Draculas Vermächtnis*, Leipzig 1993.

Ders.: *Grammophon Film Typewriter*, Berlin 1986.

Ders.: (Hrsg.): *Austreibung des Geistes aus den Geisteswissenschaften. Programme des Poststrukturalismus*, Paderborn 1980.

- Mersch, Dieter: *Medientheorien*, Hamburg 2006.

토론

최문규 2011년 사망한 매체학 분야의 대가인 키틀러의 시각과 분석이 독일에서는 매우 참신하고 혁신적인 것으로 인정되고 있지만 국내에는 잘 소개되어 있지 않은데, 최근에 비로소 <광학적 미디어>라는 제목의 역서가 출판된 것으로 알고 있습니다. 문화학, 문학, 철학, 사회학 등 독일 인문학 저변에는 그의 시각이 상당한 영향을 끼치고 있는 것으로 알고 있습니다. 요즘 우리는 정신과학과 자연과학의 융복합에 대해 언급하고 있지만, 키틀러야말로 오래전부터 그와 같은 융복합의 패러다임을 실천해왔던 것이 아닌가 생각됩니다. 우선 백문임 선생님에게 질문을 부탁드립니다.

백문임 유현주 선생님의 발표에 대한 토론을 수락했던 건 제가 키틀러에 대해서 잘 알아서가 아니라 몇 년 전부터 영어권 학계와 한국에서도 키틀러에 대한 관심이 많이 일어나고 있기에 이번 기회에 키틀러 공부를 한번 해보자는 의미에서였습니다. 마침 유현주 선생님께서 키틀러의 주저작을 번역하고 계시다니 많이 배울 수 있겠다 싶기도 했고요. 일단 유현주 선생님께서 발표문에서 잘 정리를 해주셨기 때문에 저는 제가 키틀러를 약간 들춰보면서 궁금했던 것들, 그리고 키틀러의 이론에 대한 유현주 선생님의 입장에 대해 몇가지 질문을 드리도록 하겠습니다.

첫 번째는 키틀러가 워낙 논쟁적인 이론을 제시했기 때문에 누구나 다 궁금하게 생각할 지점에 대해서입니다. 이 콜로퀴엄의 주제가 '기억'이라고 알고 있는데, 키틀러에 의하면 근본적으로 기억이라고 하는 것은 인간으로부터 분리가 되는 것 같습니다. 기억의 주체로서 인간이란 이제 사라졌다, 사망했다라고 판단을 내리는 것 같고, 기억이라고 하는 것 자체도 그냥 '정보'가 되어버린다고 진단을 하는 것 같습니다. 그래서 상식적으로 드는 의문은, 기억이라고 하는 것에서 '인간의 역할'이라고 하는 것을 키틀러는 그야말로 삭제를 해 버린 것인지, 그렇다면 이 기억 - 개인의 기억의 문제뿐만 아니라 (처음에 의사소통적 기억 말씀도 하셨지만) 인간과 집단, 사회와 역사, 이런 차원에서 기억이라고 하는 게 중요해지는 건데 - 이 인간으로부터 분리되어서 정보가 되어버린다고 했을 때에, 기억의 전승이라든가 기억의 주체 문제는 어떻게 생각해야 하는지 하는 것입니다. 아마 키틀러를 처음 접하는 사람이라면 누구나 갖게 되는 질문일 것 같습니다.

두 번째는, 예술, 혹은 문화적 생산물, 텍스트의 존재 조건에서 '의미'라고 하는 것을 어떻게 생각해야 되는가라는 질문입니다. 저는 뭐 꼭 예술 개념이 존속되거나 지켜져야 한다고 생각하는 입장을 가지고 있진 않습니다만, 키틀러는 예술의 시대는 낭만주의로 끝났다, 아날로그 시대가 오기 전에 이제 예술의 시대는 끝났다고 보는 것 같아서요. 또 매체이론이다 보니까 정보와 메시지 등이 어떻게 매체를 통해서 저장되고 전달되고 수신이 되는가에 주로 초점을 맞추는데, 키틀러의 틀에서는 그렇다면 그 정보나 메시지 자체의 '의미'는 전혀 중요하지 않아지는 것인가 하는 것이죠. 아무래도 문학이나 예술 연구를 하는 사람들은 그것의 '의미'가 어떻게 생산되고 소통되는가를 주로 다루는데, 키틀러의 틀에서는 그 '의미'라고 하는 것은 전혀, 정말 의미가 없어지는 거 같아요. 그냥 정보이고, 이게 어떻게 저장되고 전달되는가에 관심을 갖기 때문에. 그래서인지 키틀러의 이론이 기존에 영미권에서 이루어지는 문화연구, 즉 비판적인 관점에서 이루어지는 문화연구와는 큰 담을 쌓고 있다고 평가를 받는 것 같아요. 요약하자면 매체 자체보다는 그 '의미'의 생산과 소통, 이런 것에 관심이 있는 입장에서는, 키틀러에게서 이 '의미'라는 것의 영역이 어떻게 상정될 수 있을까가 궁금해지리라 생각됩니다.

그리고 세 번째는 좀 세부적인 질문인데, 선생님이 번역하고 계시는 <축음기, 영화, 타이프라이터>에서 키틀러가 라캉을 끌어들여서 흥미롭게 분석을 하고 있는 데 대해서입니다. 예컨대 축음기는 상징계를 실재계로 바꾸는 것이고, 영화는 실재계를 상상계로 바꾸는 것이다, 이렇게 보는 것 같은데, 이런 관점에서 보면 영화가 상당히 '저급한' 매체처럼 생각되더군요(웃음). 선생님 글에서는 타이프라이터에 대한 언급이 없으셔서요. 키틀러의 틀 속에서 타이프라이터라고 하는 것은 어떻게 상정이 되는가 좀 설명해 주시면 좋겠구요.

마지막으로는, 선생님의 글 마지막 부분에 보면 이렇게 기록체계들이 변하고 주체가 사라지면서 어쨌든 우리가 새로운 문맹 상태에 놓여 있다고 되어 있는데요, 그건 하드웨어들이나 이런 것들을 소유한 소수의 사람, 혹은 정보를 소유하고 유통시킬 그런 권력, 파워를 가진 사람들 말고 나머지 사람들은 그것을 자유롭게 운용하기 보다는 그냥 다시 문맹이 된다라는 이야기인 것 같아요. 키틀러가 여기에 대해서 조금 비관적인 관점을 가지고 있는 것 같다고 말씀하셨는데, 실제로 그런지 일단 궁금하고요. 그렇다면 최근에 미디어 리터러시 이런 문제도 중요한 키워드로 떠오르는데, 이제 우리는 어떡해야 될 것인가, 문맹으로 계속 살아야 되는 것인가 하는 질문입니다. 키틀러 틀에 의하면 미디어 리터러시를 우리가 소유한다고 해도 실은 우리는 핵심에는 도달하지 못하는 거잖아요. 이 문제들에 대해서 유현주 선생님의 생각은 어떤지 궁금합니다.

유현주 사실 저도 전문가는 아니지만 제가 아는 한도에서 대답을 해보도록 노력하겠습니다. 우선 선생님의 해주신 첫 번째 질문과 두 번째 질문은 같은 맥락에 놓여 있다고 생각됩니다. 기억의 문제에서 우리가 보편적으로 가치를 두고 있는 것들이지요. 바로 인간의 역할, 다시 말하면 주체의 문제, 그리고 매체가 전달하는 메시지에 대한 부분입니다. 이에 대한 키틀러의 입장을 한마디로 압축해서 말씀을 드리자면, 바로 선생님이 우려하시는 것처럼 기억의 문제에서 주체는 완전히 삭제된다고 할 수 있습니다. 이미 장-마리 기요가 인간의 뇌와 축음기를 비교한 그 때부터 인간의 기억을 포함한 모든 두뇌의 작용은 기계적 메커니즘으로 환원하여 설명할 수 있게 됩니다. 그런데 장-마리 기요의 텍스트를 보면 인간의 뇌가 축음기와 다른 것이 하나 있다고 언급하고 있습니다. 바로 인간의 뇌는 축음기와는 다르게 의식활동을 한다는 것이지요. 그런데 우리에게는 높은 가치를 지니는 이것이 키틀러에게 있어서는 결코 플러스 요인이 아니라고 설명이 됩니다. 인간의 의식작용이라는 것은 순수한 정보의 저장을 오히려 방해하기 때문입니다. 예상하시는 대로 이 부분이 키틀러가 많은 비판을 받고 있는 지점이기도 해요. 예를 들면 하르트무트 빙클러라는 독일의 매체학자는 인간의 뇌가 수행하는 선별과정이야말로 기억에 있어서 가장 중요한 것인데, 키틀러가 이를 평가절하하거나 아예 고찰의 대상으로 삼지도 않는다고 비판합니다. 그런데, 아까도 말씀드렸다시피, 키틀러는 이러한 문제에 대하여는 그다지 큰 관심이 없습니다. 얼마나 순수하게 정보가 저장되느냐의 관점에서 보면, 인간의 뇌는 실재를 그대로 기록해서 재생하는 축음기보다 못한 것이고, 그리고 정보의 손실을 최소화하고자 하는 최근의 컴퓨터 프로세서와 비교해서는 아주 뒤떨어지는 것이 됩니다. 이러한 관점은 인간을 비하하고자 함이 아니라 인간이 처한 현재의 상황을 정확하기 이해하기 위해서라고 설명하고 있습니다. 마찬가지로 매체가 전달하는 의미의 문제에 대해서 말하자면, 말씀하신대로 우리 모두가 문화적 생산물을 주로 다루고 있고, 물론 저도 텍스트를 다루며 텍스트의 의미를 중요하게 생각합니다. 그렇지만 키틀러에 한정하자면, 키틀러는 내용 분석에 그다지 큰 비중을 두지 않습니다. 맥루한이 이야기하는 '매체가 메시지이다'라는 경구를 상당히 확장시켜서 사고한다고 할 수 있습니다. 이미 많은 비평가들이 지적한대로, 키틀러는 예술작품을 분석할 때 그 내용에 전혀 관심을 두지 않음으로 해서 낯설게 하는 효과를 불러일으키는 걸 좋아합니다. 그리고 매체는 표준에 의거하지만, 예술은 양식에 의존하고, 또한 매체는 표준화하기 쉽지만 예술은 자동화되기 어렵다는 의미에서, 어느 정도 부정적인 의미로 예술을 이야기하고 있는 것이 사실이지요. 따라서 의미 자체에 대해서 부정하고 있는 것은 아니지만, 키틀러가 다루고 있는 것은 대상이 전달하는 의미보다는 전달하는 형식들입니다. 그 사이의 연관고리들, 다시 말하면, 이것들이 어떻게 연결이 될 수 있으며, 어떤 회로들이 어떻게 조직될 수 있는가에 관심이 있는 것이지, 그 안에서 이루어지는 어떤 내용이나 이들의 순수한 전달, 그런 것들은 애초에 불가능하다고 보고 있고요, 따라서 주요한 분석대상으로 삼고 있지도 않습니다.

다음으로는 타이프라이터와 관련하여 답변 드리겠습니다. 발표문에서는 제가 시간관계상 생략했던 부분인데요, 사실 키틀러가 원용하고 있는 라캉의 트라이어드가 완성이 되기 위해서는 타이프라이터가 꼭 언급되어야 하는 것이 맞습니다. 선생님께서 잘 말씀해 주신 대로, 축음기는 상징적인 것을 실제적인 것으로 돌려놓는 기제였고, 영화는 실제적인 것을 오히려 상상적인 것으로 바꾸어 놓았다고 볼 수 있습니다. 타이프라이터에 대해서도 같은 맥락에서 추론을 할 수가 있습니다. 타자기로 글을 쓴다는 것은 상상적인 것을 상징적인 것으로 바꾸는 기제가 되는 거지요. 말하자면 기호화시키는 과정으로서, 키틀러가 제시하고 있는 트라이어드에서 상징계를 대표하는 것이 타이프라이터입니다. 이것은 이전의 필사문화에서도 어느 정도는 동일한 작용이었겠지만, 타자기 자체가 이전의 기록체계와 결별하는 가장 큰 동인이 된다는 점에서 필사문화와 구분됩니다. 실제로 키틀러는 타이프라이터가 탈주체화 과정에 있어서 가장 큰 역할을 한다고 보고 있습니다. 부연하자면, 글쓰는 기계의 등장이 단순히 글쓰는 수단이나 방식이 변화했다는 걸 의미하는 것이 아니라, 글을 쓰고 있는 인간의 사고 자체에도 영향을 주었다고 보고 있는데요, 기록체계 1800의 대표적인 글쓰기의 방식을 괴테에서 찾아내고 있듯이, 키틀러는 기록체계 1900의 대표적인 글쓰기 방식을 니체로부터 찾아냅니다. 니체의 글쓰기는 굉장히 독특하며 단편 위주로 많이 이루어졌는데, 이런 것들이 모두 타이프라이터를 사용했기 때문이라는 것이지요. 또한 자신의 글쓰기 도구에 대한 니체의 인식도 변화된 시대에 부합하는 것이었습니다. 키틀러가 인용하여 유명해진 니체의 경구중의 하나는 '타자기는 우리의 사고와 함께 작동한다'라는 것입니다. 즉 글쓰기의 작업이 더 이상 인간의 두뇌로부터 손으로 가는 일방향의 명령체계가 아니라는 것이지요. 타이프라이터와 함께 반대방향의 작용도 가시화되었다는 겁니다. 또한 니체는 『도덕의 계보학』에서 '타자기의 사용과 함께 인간은 글을 쓰는 주체로부터 글이 쓰이는 표면으로 바뀌었다'라고 지적하고 있는데, 키틀러는 이러한 언급들이 모두 현대를 진단하는 굉장히 탁월한 것이었다고 평가하면서 니체를 '최초의 매체 이론가'라고까지 칭하고 있습니다. 그러니까 하이데거의 표현처럼 현대 인간은 우연히 타자기로 글을 쓰는 것이 아니라는 것이지요. 이러한 니체의 생각은 굉장히 중요한 변화를 함축하고 있는데, 기록체계 1800의 기본정신, 즉 무엇을 쓰든 간에, 글은 작가의 내면을 담아내는 것이라는 그러한 생각이 현대의 타자기에 와서는 깨지게 되었다는 겁니다. 작가의 영혼을 담아내던 글들이 이제 타이프라이터에서는 단순히 알파벳 스물여섯자로 파편화되게 됩니다. 글이란 불멸의 무언가가 아니라 알파벳들의 조합 그 이상도 이하도 아니게 되는 거지요.

마지막으로 그렇다면 우리는 무엇을 할 수 있는가, 라는 질문을 해주셨는데요. 이 문제가 모든 키틀러 연구자들이 가장 어려워하는 부분이기도 합니다. 제가 키틀러의 모든 저작을 다 읽은 것은 아닙니다만, 주저에서는 어떤 저항의 가능성에 대해서 이야기하는 부분을 찾아내기 어렵습니다. 모두 매체의 진화에 대해 상당히 비관적인 관점으로 끝나고 있다고 할 수 있습니다. 다만, 키틀러 본인이 여러 언론매체와 행한 인터뷰에서 보면 유사한 질문이 나오는 경우가 있는데, 이때의 우회적인 답변이 조금 힌트가 될 수도 있을 것 같습니다. 발표에서도 말씀드렸지만은, 현재의 시대는 '사용자친화적인' 환경에 갇혀서 실제적인 기술에 접근하지 못하는 시대라고 볼 수 있습니다. 바로 그렇기 때문에 실질적인 기술로의 접근, 키틀러의 표현으로는 하드웨어로의 접근을 계속 시도해야 한다고 주장하고 있습니다. 키틀러 스스로도 이를 실천하고자 했던 것 같아요. 저는 독일 훔볼트 대학에 재학할 당시 키틀러 선생님께 수업을 직접 여러 차례 들었는데요, 어떤 걸 개설하시는가 하면, <유닉스 시스템> 이라든가 <광학적 미디어> 등 수업을 듣고 있으면 이게 철학인지 공학인지 알 수 없는 그런 것들도 많았습니다.

백문임 우리가 엔지니어가 되어야 한다는 것인가요?

유현 예, 어느 정도는요. 은유적인 부분도 있겠지만, 모두가 엔지니어가 되어야 한다는 표현이 키틀러의 주장과 부합한다고 생각합니다. 우리 삶을 실제로 규정하는 기술에 대해서 무지한 채로 남아 있으면 안된다는 입장이니까요. 매체가 제공한 친절한 표면에서 계속 머물러서는 우리에게 희망이 없다고 말하고 있기 때문에, 이러한 부분에서는 어느 정도 인간의 행위주체성을 지지하는 면모를 보이고 있지 않은가 하는 생각도 듭니다. 본인은 인간의 주체를 완전히 삭제했다고 하지만요. 앞서 말씀드린 <광학적 미디어>라는 수업의 강의록은 처음에 소개해 주신대로 한국에도 번역되어 나와 있는데요, 이 책에서 가장 마지막에 어떠한 언급으로 끝나는가 하면, 저도 이번에 독일어가 아닌 한국어로 다시 읽으면서 굉장히 인상적이었는데, 키틀러는 강의를 듣고 있는 새로운 세대가 고주파 광섬유 케이블을 깔고 극비의 세계대전 알고리즘을 해킹하리란 희망에서 위안을 얻는다고 말하고 있습니다.

김철 그것이 진심으로 한 말인가요, 아니면 반어적으로 한 것인가요?

유현주 제 생각에는 진심으로 한 것 같습니다. 굉장히 친절하게 아이콘으로 설명하고, 실제 핵심적인 기술은 보여주지 않는 현재의 디지털 사용자 환경에서 우리가 다시 매체의 내부로 침투해야 한다는 것인데요, 여기에서 미디어 리터러시를 재설정할 수 있을 거 같습니다. 그러니까 미디어 리터러시는 것은 우리가 매체를 잘 '사용'할 줄 아는 게 아니죠. 컴퓨터에 대해서 아무것도 몰라도 컴퓨터를 사용할 수는 있습니다. 이러한 사용은 주어진 틀 안의 사용자 환경 위에만 머무른다는 것이고, 매체 향유를 위해 강제된 조건을 무비판적으로 받아들인다는 것이지요. 여기에서 기존의 미디어 리터러시는 사용자 환상이 됩니다. 내가 이 컴퓨터를 잘 다루고 있다고 믿게 하는 환상이라는 거죠. 사실은 시스템에 조금이라도 문제가 생기면 굉장히 무력해지는데도 불구하고 우리는 자신이 컴퓨터를 컨트롤하고 있다고 착각하고 있다는 겁니다. 결국 진정한 미디어 리터러시는 컴퓨터를 잘 사용하는 것이 아니라 컴퓨터의 본질을 이해하는 것이 됩니다. 키틀러의 입장에서 본다면, 하드웨어를 이해하는 것이 미디어 리터러시라고 볼 수 있을 것 같습니다.

백문임 그러니까 대학에서는 인문학도보다는 공학도나 엔지니어 같은 인재를 키워내야 하는 걸까요?

유현주 그것은 아닙니다. 왜냐하면 우선적으로 이러한 성찰이 앞서 있어야 하기 때문이지요. 맥락 없이 기계적 메커니즘을 단순히 아는 것으로는 상황의 개선에 크게 도움이 되지는 않습니다.

백문임 손으로 쓰는 것과 타이프라이터로 쓰는 것, 양자 사이에는 차이가 없는 것인가요?

유현주 앞서 답변에서도 어느 정도 말씀드린 것 같은데, 물론 양자 간에는 큰 차이가 있으며, 여기에 대해 키틀러는 굉장히 상세하게 논증하고 있습니다. 손으로 쓸 때에는 여기에 쓰는 사람의 감정이나 성격, 개성들이 담겨져 나온다고 봅니다. 근데 이것이 기계로 옮겨지면서는 그런 것들이 단절이 됩니다. 우리들도 키보드를 사용하여 전자파일에 글을 쓸 때와, 손으로 글씨를 쓸 때는 많이 다른 걸 느끼잖아요. 근데 그러한 차이들을 근대의 지식인들은 굉장히 확연하게 몸으로 체험을 했다고 기술하고 있습니다.

백문임 그러나 상징계로 옮겨진다는 차원에선, 즉 상징계가 언어와 질서를 뜻한다고 할 때, 그 상징계라는 차원 면에선 똑같지 않은가라는 생각이 듭니다.

유현주 예, 만약 기호화라는 측면에서만 한정시켜 본다면 그렇지요. 그렇지만 필사문화가 견지하고 있는 세계관과 타이프라이터로 상징되는 시대정신은 확연히 구분됩니다.

조대호 저 또한 선생님의 발표를 상당히 재밌게 들었습니다. 질문할 점이 굉장히 많이 떠오르지만, 제가 그걸 다 하면 여기다 다 정리를 해야 되기 때문에 사서 고생을 하는 셈이 되겠기 때문에, 한두 가지만 생각나는 대로 말씀을 드리겠습니다. 제 생각에는 특정한 매체가 다른 매체에 비해 우리의 인지 활동에서 더 큰 영향력을 미친다는 것과 그 매체가 다른 매체의 기능을 대신할 수 있다는 것은 좀 다른 문제인 거 같아요. 영상 매체와 문자 매체의 관계가 그럴 것 같습니다. 예컨대, 똑같은 아이들에게 소풍을 가는 광경을 기록한 문자 텍스트를 보고서 그 광경을 각자 그림으로 그리게 할 때 하고, 똑같은 광경을 영상 매체에 담아서 아이들에게 보여준 뒤 그것을 다시 그림으로 그리게 할 때를 비교해 보면 아이들이 그린 그림의 내용은 완전히 다르다고 하거든요. 그러니 똑같이 '매체'라는 이름으로 불린다고 하더라도, 서로 다른 매체에 의해 정보를 수용하는 방식이 다르다는 겁니다. 다시 말하면 유투브를 비롯한 다양한 영상 매체가 현실사회에서 더 지배적인 역할을 한다고 하더라도, 그것이 곧 문자 매체에 고유한 상상의 다원성을 대체하지는 못한다는 거지요. 이런 점이 유현주 선생님의 발표 내용과 관련해서 어떻게 이해가 될 수 있는지 궁금합니다. 또 제가 듣기에 키틀러는 기억과 관련해서, 축음기가 정보를 저장하는 방식과 우리의 뇌가 정보를 받아들이는 방식이 똑같지 않느냐고 말하는 것 같은데, 이 점에 저는 동의하기 어렵습니다. 물론 기억이 저장되는 기계적 메카니즘에 대해서는 축음기의 기억 방식과 인간 두뇌의 기억 방식이 똑같다, 라고 제한적으로는 얘기할 수가 있을 거 같애요. 하지만 키틀러의 그런 이야기들이 오늘날 인지과학이라든지, 심리학에서 과연 정당화될 수가 있느냐, 저는 그렇게 보지는 않거든요. 뇌과학 쪽에는 키틀러의 입장을 두둔할 사람들이 상대적으로 더 많을 수 있을 겁니다. 왜냐하면 인간의 두뇌 활동을 기계적 모델에 입각해서 분석하는 뇌과학자들은 기계의 정보 저장이나 뇌의 정보 저장이 비슷하다고 얘기할 수 있을 것 같은데, 심리학의 경우는 좀 다를 것 같습니다. 예컨대 파리의 샹젤리제 거리를 걸을 때의 기억의 내용이 제게, 저의 대뇌 피질에 입력이 돼 있겠죠. 그리고 제가 머릿속에 기억하고 있는 빠리 샹젤리제 거리의 기억, 산책의 기억이 똑같은 기계적인 방식으로 컴퓨터나 또 다른 매체에 저장될 수 있을 겁니다. 하지만 한 가지 근본적인 차이가 있습니다. 나의 기억 내용은 내가 한 일, 내가 겪은 일에 대한 기억이고, 매체에 기억돼 있는 것은 매체가 직접 체험한 기억이 아니라는 겁니다. 동일하게 혹은 유사하게 기계적인 방식으로 기억이 내재화된다고 하더라도, 그 '기억의 주체'가 그 기억에 직접 참여하는지 여부에서 차이가 난다는 겁니다. 내가 한 일을 내가 기억하는 것 하고, 남이 한 일을 특정한 매체에 저장하는 것 하고는 근본적으로 다른데, 그런 차이를 무시하는 것, 즉 기계적인 모델에 따라 인간의 기억을 설명함으로써 인간에게 고유한 기억의 주관성을 부정하는 것은, 뭔가, 너무 저장방식의 한 측면에 국한해서 인간의 기억과 축음기의 정보저장을 비교한 것이 아닐까, 그런 생각이 듭니다.

유현주 선생님의 두 번째 질문은 마치 플라톤의 문자비판을 연상시키는데요. 인간 주체가 기억하는 것과 매체가 기억하는 것의 차이는, 문자에 의존한 기억과의 유비관계로 생각하시면 될 거 같습니다. 제가 아까 소개해 드린 하르트무트 빙클러의 비판이 바로 선생님이 질문과 같은 맥락일 것 같은데요. 말씀하신 대로 인간의 뇌는 선별작용을 한다는 장점을 가집니다. 주체로서 직접 체험을 하고, 그때의 기억들을 자기 나름대로 조직해서 기억을 하지만, 기계는 차별

없이 모두 다 저장을 하거든요. 그런데 키틀러에게서 흥미로운 점은 인간의 뇌가 가진 이 굉장한 기능, 선별의 기능이 현대에서는 더 이상 크게 장점이 되지 않는다고 생각하는 부분입니다. 공평하고 차등 없이 모든 것을 그대로 저장하는 매체의 저장 능력이 더 탁월하고 더 유용한 시대에 우리가 살고 있다는 것입니다.

조대호 상상의 차원을 끌어 오면 어떨까요? 우리는 상상을 동물에게는 없는, 인간 인지능력의 고유한 측면이라고 볼 수 있을 텐데, 상상은 서로 늘 결합돼 있던 것을 재구성해서 다시 바꾼다는 데 있잖아요? 예컨대 우리의 기억 속에서 신호등은 언제나 빨강색이나 초록색과 결합되어 있지만 그런 연결을 끊고 신호등을 분홍색과도 결합할 수 있지요. 이런 방식으로 상상을 통해 기억 내용의 재배치하는 능력은 인간 사유의 특이함이 드러나는데, 과연 이런 것들을 기계가 할 수 있을까요? 그리고 우리의 기억은 감정 상태와도 관련되어 있습니다. 우리가 기억 속에서 어떤 정보를 불러낼 때 거기에는 특정한 감정이 수반되기도 하고, 또 내가 지금 어떤 감정 상태에 있느냐에 따라 과거가 완전히 회색으로 보이기도 하고 장밋빛으로 보이기도 합니다. 이런 식의 다채로운, 인지 기능의 다양성과 복합성에 비추어 인간의 두뇌 활동을 이해를 한다면, 과연 기계적 모델이 그런 복합성을 충분히 설명할 수 있을지에 대해 저는 회의적입니다.

유현주 저도 개인적으로는 그런 인간 두뇌의 창조성이라든가 창발성, 변형 가능성에 대해서 굉장히 높게 평가를 하고 있습니다. 그렇지만 정보 저장과 전달의 관점에서 보면, 말씀하신 것처럼 당시의 일을 모두 회색으로 기억 한다든가 하면 이것은 사실 정확한 기억이 아니죠. 기억의 측면에서 보자면, 사실 그건 변형되거나 손상된 정보입니다. 개인의 주관적인 이해 속에서 변형되고, 어쩌면 어떤 무의식의 발로를 통해 조작된 기억이기 때문에, 정보의 차원에서 보면 아까 말씀드린 대로 플러스 차원이 아니라 마이너스 차원이 된다는 거죠. 물론 그렇게 이해하는 방식이 있다고 설명드리는 것이 제가 꼭 그러한 생각을 지지한다는 것은 아닙니다.

김용민 선생님은 주체 철학적 관점에서 말씀하시는 것 같습니다. 그런데 주체에 대한 논쟁에서 늘 제기되는 문제는 이거지요. 즉 우리가 주체라고 생각하는 주체가 과연 주체인가? 흔히 내가, 우리가 기억한다고 말하는데, 과연 그 내가 기억하는 것들이 제대로 된 기억인가? 키틀러는 거기에서 출발하고 있습니다. 키틀러는 매체에 의해서 우리의 기억이 계속해서 변형되고 조작될 수 있다는 점에 주목한 것이지요. 우리가 어떤 매체를 쓰느냐에 따라서 기억의 양상이 달라진다는 점을 지적한 것이에요. 1800년대의 인간과 1900년대의 인간과 현대의 인간은 동일한 종인데, 매체에 따라 기억의 양상이 달라지고 그걸 갖다 쓰는 방식도 달라진다는 것이지요. 그렇기에 '내가 기억한다'라는 고전적 의미에서의 주체보다는 매체에 종속되어 있는 존재로서의 인간을 분석하고 그 점에 강조점을 둔 것이지요.

조대호 제 이야기는 어떤 매체를 어떤 방식으로 사용해서 어떤 방식으로 기억을 조직하던 간에 그 배후에는 역시 과거의 기억을 통해서 재구성된 '나'가 있다는 겁니다. 기억의 문제가 처음 철학적인 논의의 장에 등장할 때, 그 논의의 바탕에는 "나는 나의 기억이다"라는 생각이 놓여 있었습니다. 기억은 자아를 형성하기도 하고 또 그렇게 형성된 자아에 의해서 재조직, 재구성되기도 하는데,

제가 보기에는 그런 식의 역동적 관계가 컴퓨터 모델에 따라 인간의 인지활동을 설명하려는 쪽에서는 충분히 고려되지 않는 것 같습니다.

김철 키틀러라는 분에 대해 저는 전혀 문외한입니다만, 오늘 발표를 들어서는 이 분은 기계적 매체들에 대해 한편으로는 상당히 매체 물신주의적으로 얘기하는 것 같기도 하고, 또 한편으로는 뭔가 매체에 대한 심한 불신을 드러내는 것 같기도 합니다. 매체 환경의 미래에 대해 낙관적이면서도 동시에 비관적인 생각을 하고 있는 것처럼 보이는군요. 기계 매체가 끊임없이 발달하다 보면 언젠가는 매체에 의해 왜곡되지 않은 어떤 진정한 재현이나 인식이 가능하게 되지 않을까, 그런 낙관적인 생각도 할 수 있다고 봅니다. 저로서는 비관적인 부분, 불신하는 측면이 마음에 듭니다만…. 그런데, 제가 질문 드리고 싶은 것은, 가령 말이나 문자 등 모든 매체라는 것이 어차피 왜곡이고 조작이라는 점을 우리는 잘 알고 있습니다. 재현불가능성의 이론은 그런 점을 전제하고 있는 것이겠지요. 그런데 키틀러라는 분은 우리가 매체의 본질을 정확히 이해하면 왜곡되거나 조작되지 않은 인지 능력을 갖추게 된다, 그렇게 말하고 있는 것인가요? 저의 질문은, 매체를 통하지 않은(im-mediate) 인식도 가능하지 않은가, 매체이론에서는 그런 것을 어떻게 이야기하고 있나 하는 것입니다

최문규 조대호 선생님의 의견, 가령 매체 의존성이 기억을 제한시킨다는 것은 플라톤과 비슷한 입장인 것 같습니다. 플라톤이 우려한 점은, 우리가 생생하게 주고받는 목소리(로고스, 본래의 의미 등)가 생생하게 간직되어야만 하는데 문자에 의해 그것이 기록될 경우 본래의 목소리로부터 멀어질 수 있는 위험이 야기된다는 것이었지요. 가령 내가 했던 말들이 기록될 경우 시간이 지나면

서 그 원래 의미가 점차 사라지는 것 말입니다. 즉 문자는 본래 목소리에 대한 기억을 쇠퇴시키는 것이지요. 이처럼 음성, 로고스, 본래의 의미를 쇠퇴시키는 문자에 대한 플라톤이 비판적이었다면, 데리다는 그와 같은 문자의 비판적 측면을 긍정적으로 전환시킵니다. 즉 희미한 기억과도 같은 문자가 오히려 텍스트 차원에서 읽힘으로써, 즉 해석적 상상력과 결합되면서 더욱 풍요롭고 생산적인 의미를 생산하게 되는 것이지요. 요즘 세대의 경우 문자 매체보다는 영상 매체에 더욱 의존하고 있는데, 그들 새로운 세대는 문자와 상상력의 관계보다는 영상과 상상력의 관계에 더욱 친밀해 있습니다. 우리보다 더욱 뛰어난 상상력으로 젊은 세대는 특정 영상에 대해 자유롭게 생산적인 이야기를 나누지요. 결국 매체들 간에는 상호 차이점이 존재하고 있을 뿐, 문자보다 그림이, 그림보다는 디지털 영상이 더욱 뛰어나다고 말할 수는 없을 것 같아요. 마찬가지로 상상력의 영역에서도 문자 매체는 긍정적이고 영상 매체는 부정적이라고 말할 수도 없을 것 같습니다.

홍종화 사실 인지나 기억은 개인적인 것 같습니다. 그렇기에 개인의 능력, 개인의 인지 등에 대해 말하게 되지요. 그러나 기억과 매체가 연계될 경우, 가령 매체의 기억, 매체에 의한 기억이라고 말할 때 그것은 개인적 기억이 아니라 일종의 집단적 기억을 의미한다고 볼 수 있습니다. 일종의 매체를 통한 집단적 기억인 셈이지요. 그래서 키틀러의 이론을 전혀 모르는 제 의견으로, 키틀러가 개인을 뛰어넘는, 집단적 기억의 원리를 제시하고 있는 것이 아닌가 싶습니다. 우리 개개인이 기억이 절대적이고 신뢰성이 있다고 믿고 있지만, 많은 경우 나의 기억은 한계에 부딪치게 되고, 그 결과 보다 객관적이고 신빙성을 가진 기억, 매체의 집단적 기억을 찾게 되지요.

신형기 내러티브 문법 같은 것이 있을 수 있습니다. 매체는 물질적인 것이라면, 내러티브 문법은 비물질적인 것이지요. 미디엄에 작동하는 내러티브의 문법이 있을 수 있습니다. 예를 들어 문자에 작동하는 내러티브 문법과 영화에 작동하는 내러티브의 문법이 과연 그렇게 차별화될 수 있는 것일까? 물질적으로 변하는 매체를 뛰어넘어 지속적으로 존재하는 내러티브 문법이 있을 것입니다. 기억도 그런 내러티브 문법을 통해서 재생되겠지요. 즉 기억을 끄집어내거나 다시 리액티베이트하는 데서 결국 내러티브 문법이 작동하고 있다고 볼 수 있습니다.

백문임 내러티브 문법 같은 것은 키틀러의 경우 단지 내용에 속하는 것이죠?

유현주 두 가지가 합쳐져 있다고 볼 수 있습니다. 지금 말씀하신 예술형식마다 다른 내러티브 문법이란 사실 내용이라기보다는 매체 특유의 형식, 즉 매체성으로도 볼 수 있지요.

조대호 선생님의 첫 번째 질문에 아직 대답을 못 드렸습니다. 그 대답을 마무리로 드리고 싶습니다. 기록체계의 설명에서 1900년대를 전후로 우리가 문자매체에서 아날로그 매체로 넘어왔다고 했을 때 그렇다고 문자매체가 완전히 소멸된 것은 아니거든요. 키틀러도 문자매체가 갖고 있는, 선생님이 표현하신대로 상상의 다원성을 굉장히 높게 평가하고 있습니다. 말하자면 이미지와 소리 모두를 통합하는 최초의 보편적 매체이자, 오랜 시간동안 유일한 매체로 기능해 왔으니까요. 키틀러의 독특한 표현에 따르자면, 문자로 된 글을 읽으면 총천연색의 멀티미디어 쇼가 머릿속에서 펼쳐진다고 합니다. 그렇지만 매체로서 문자가 가졌던 주도성은 아날로그 매체 시대로 오면서 분명히 상실했다고 보고 있어요. 그러한 의미에서 우리 시대의 문화적 저장매체가 어떻게 변화하는가를 추적하고 있는 작업에 대해서 왜 문자매체의 가치를 중요하게 생각하지 않느냐는 비판은 적절하지 않은 것 같습니다. 같은 맥락에서 이러한 논의들을 개인적인 주체와의 관계로 환원시킬 수 없는 이유가, 기록체계 구상 자체가 그 시대와 역사에 결부된 문화적 기억들을 저장하는 매체의 시스템이기 때문입니다. 개인의 주체적인 기억과 문화적 기억들의 상관관계를 논의하는 것은 약간 다른 문제인 것 같습니다.

기억과 상상에 관한 현상학적 고찰:
후설과 하이데거를 중심으로

김희봉 (그리스도대, 철학)

1. 문제제기

이 글의 목적은 기억과 상상 간의 본질적 관계에 대한 철학적 논의를 그 중에서 철학사적으로 비중이 있는 후설과 하이데거의 견해를 비판적으로 소개하는 데 있다. 그러나 단순한 소개가 아니라고 한다면, 어떠한 관점에서 다룰지는 매우 다양하게 열려있다. 그래서 이 글은 대상인식 또는 존재이해에서 기억과 상상이 어떤 방식으로 기여하는지 하는 방향에로 맞추고자 하였다. 그 안에서 이러한 철학들이 어떻게 두 개의 근본 인식능력 또는 경험적 작용들의 관계설정을 구체화했는지 그리고 그러한 견해들이 어떤 의미와 가치를 가지고 있는지를 살펴보고자 한다,

일반적으로 기억과 관련해, 역사왜곡이 중요한 시사문제로 다루어진다. 그래서 우리는 과연 하나의 진실한 역사를 가질 수 있는지 아니면, 가질 수 없다면 그러한 '진실한'역사란 오히려 집단적 의미에서의 상상적 산물에 불과하거나 의

도적으로 곡해된 기억들의 소산이 아닌지 묻게 된다. 어떤 기억도 그 자체로 그대로 기억되지 않고 그 기억력의 제약성 때문에 망각 또는 왜곡을 겪을 수밖에 없으며, 상상력과의 연관을 피할 수 없다. 인간에게서 개인적 차원과 관련된 기억 능력의 한계도 있고, 역사적 차원에서 전승되어 내려오는 기록보존의 문제로 인한 제약은 불가피하기 때문이다. 또한 역사의 문제가 아니라도 기술의 영역에서도 우리의 경험을 기계적으로 보전하려는 연구노력은 역설적이지만 망각과 변형이라는 경험의 문제에 직면한다. 모든 것을 다 기억에 저장한다면 어디서 인간은 새로운 경험의 가능성을 열 수 있는지 문제시되기 때문이다. 오히려 인간은 망각하기 때문에 다양하고 새로운 유사기억들을 경험할 수 있다. 인간의 경험에 있어서는 기억을 변형시키는 상상의 개입은 피할 수 없다.

이처럼 인간의 경험을 둘러싸고 기억과 상상은 긴장, 갈등, 또는 보완적으로 뒤얽혀 있다고 해도 과언은 아니다. 현실세계를 구성하는데 결정적 역할을 하는 이 둘의 관계는 혼합적인지, 배타적인지 아니면 보완적인지 쉽게 규정해 설명되지 않는다. 그럼에도 우리가 철학적으로 관심을 가지려는 지점은 기억과 상상 간의 의존과 배타가 자리한 곳에서 등장하는 부재의 현전(the presence of the absent)이라는 문제이다.[1] 이것은 이 두 인식능력이 공통적으로 갖는 본질적 특성에 관련된 것이며, 이러한 특성으로 인해 이 능력들에서 인식과 존재문제가 중요하게 부각될 수밖에 없다.

대략적으로 부재의 현존이라는 문제가 왜 야기되는지는 기억과 상상의 다음과 같은 특성들과 무관치 않아 보인다. 우선적으로 기억은 세 가지 특징을 지닌 것으로 설명된다. 기억과 관련하는 한, 기억된 대상은 과거의 것, 즉 지나가

1 부재의 현전은 대상이든 의식작용이든 동일한 계기의 성격으로 해석되어서는 안 된다. 부재는 대상의 성격을 현전은 의식의 작용의 측면에서 고려되어야 한다. 또한 독일어의 경우, 부재와 현전이 양의적으로 시간의식의 차원에서는 Preasenz und Absenz 로, 존재론적 관점에서는 Anwesen und Abwesen 으로 규정될 수 있다.

버려 지금은 없다(부재)는 존재적 성격을 가진다. 그리고 기억작용은 이미 발생한 사건과 관련하는 한, 항상 시간의 제약으로부터 자유롭지 못하다. 시간적 구속에서 본질적으로 기억은 작동하기 때문이다. 끝으로 기억은 이미 기억된 대상에 대한 재현화(representation, 반성)라는 특징을 갖는다. 따라서 기억된 것으로서의 대상에 대한 확인과 판단이 이미 동반되고 있다고 볼 수 있다.

이에 반해 상상은 대상으로서 부재하는 것이지만 반드시 지나 간 것에 대해서만이 아니라, 없는 것 또는 가능한 것 등 실질적으로 현재하지 않는 모든 것을 포함한다. 상상은 현실적이고 객관적인 시간의 흐름 속에 제약되지 않는다는 점에서 매우 자유로운 의식 활동이다. 그렇다고 상상이 다른 의식 활동이 작동하고 있는 이러한 현실적 시간과 대립하고 충돌하는 것은 아니다. 임의적이거나 자의적이지 않다는 점에서 상상은 실질적 대상의 현재와 마주하는 것은 아니지만, 어떤 종류의 대상이든 그것을 재현화하는 의식작용인 것이다.

이러한 특성으로 인해 상상과 기억은 대상의 부재를 무로 화하게 하는 것이 아니라, 실질적인 시간 속에 재현시킴으로써 세계의 구체적 현실화에 결정적으로 기여한다고 볼 수 있다. 그래서 이런 개략적 특성의 토대 위에서 보다 더 존재 및 세계 경험에서 상상과 기억이 작용하고 있는 기능과 역할을 두 철학자들의 논의를 중심으로 체계적으로 검토할 것이다.

2. 기억과 상상 간의 아포리아[2]의 성격과 구조

부재의 현전이라는 형용 모순적인(?) 문제는 우선 재현의 문제로 규정될 수 있고 이 재현과정에서 상상과 기억 가운데 어떤 쪽이 원본을 더 잘 모사하는가의 경쟁을 부추긴다. 그것은 참된 존재가 불완전하게 나타나는 재현은 모방에 불과해 존재의 위계가 낮을 수밖에 없기 때문에, 기억이 아니면 상상이 존재의 진리에 더 가까이 다가갈 수 있는가를 둘러싼 갈등인 것이다. 그래서 부재의 현전이라는 성격에 관련된 기억과 상상의 아포리아는 그 역사가 길다. 서양사의 시원인 그리스 신화로 소급된다고 볼 수 있다. 플라톤(Platon)의 『국가』[3]에 어림짐작할 이유가 나와 있다. "결국 시가 위에서 본 바와 같은 성격이기 때문에 우리가 그때 이 나라에서 시를 추방한 것은 당연한 처사였네. 이치가 우리에게 그렇게 하지 않을 수 없게 했으니까. 그러나 우리의 경직됨과 투박스러움을 비난받지 않기 위해서 시를 상대로, 철학과 시 사이에는 오래된 일종의 불화(diaphora)가 있었다는 사실을 말해 두도록 하세. '주인을 향해 멍멍 짖어대는 개'라든가, '짖으며 달려드는 개', 그리고 '어리석은 자들의 실없는 이야기로 대단한'자라든가, '지나치게 똑똑한 자들의 무리', '시시콜콜 따지며 생각하는 자들', 그래서 '궁상맞은 자들', 그리고 그 밖에 것들로 시인들과의 오랜 대립(enantiosis)을 나타내는 수없이 많은 표현이 있으니 말일세.(…..) 다만 진리라고 생각되는 것을 배반하는 것은 신께 경건치 못한 일일세"(『국가』, 607b-c)

철학자와 시인의 갈등이 기인하게 된 신화에 따르면, 자신의 아홉 명의 딸

2 아포리아(aporiā): ἀποϱία의 어원은 ἄ(부정 접두사)와 ποϱος(다리, 길)로, 길이 없다, 즉 난제를 의미하는 그리스어다. 근본적으로 해결될 수 없는 '모순'과는 의미가 다르다. 주로 철학적으로는 사물에 관하여 해결의 방도를 찾을 수 없는 난관을 의미한다. 아포리아는 해결하기 어려운 문제 같은 것을 말하지만, 이론을 발전시키기 위해서 우선 문제점을 명확히 한다는 의미에서 긍정적으로 중시될 수 있다.

3 Platon, *Werke*, Bd.1-Bd.8, hrsg. von G. Eigler. (Darmstadt: Wiss. Buchges., 1990) (약칭. 『변명』, 『국가』, 『소피스트』)

들을 통해 시와 예술에 종사하는 사람들에게 영감을 준 기억의 신이 므네모쉬네다. 이러한 기억의 신의 대표사제가 시인인 것이다. 뒤늦게 태어난 철학은 뮤즈의 은총을 받지 못해 기억의 향연에서 배제된다. 따라서 시인이 볼 때, 앞서의 '수없이 많은 표현'처럼 철학자는 전해들은 바(기억)에 의거해 불완전하게 주장하는 골칫거리인 것이다. 그러나 철학자가 볼 때, 향연의 현장(상상과 지각)에 있었음에도 시인은"지혜(sophia)에 의해 짓는 것이 아니라 어떤 소질(physis)에 의해서 그리고 마치 예언자들이나 신탁의 대답을 들려주는 사람들처럼 영감을 얻은 상태에서"(『변명』, 22) 진리를 왜곡하기 때문에 추방될 대상에 불과하다.

따라서 철학자는 진리를 올바르게 지켜야 할 책무가 주어졌다고 생각하게 된다. 물론 이 경우의 진리란 단지 우리의 정신에 의해 정당화되는 인식론적인 의미를 갖기 보다는 우리를 초월해 있는 존재 차체에 의해 주어지는 존재론적 의미를 뜻한다. 동일하고 불변하고 영원한 것으로 규정될 수 있는 그런 존재에 대한 확신인 것이다. 이러한 진리의 기억을 확보하기 위해 철학자는 상상(지각)에 의존해 왜곡된 진리를 퍼뜨리는 소피스트(시인을 포함)[4]와의 논쟁을 불사한다. 플라톤은 참된 존재를 둘러싼 거인족의 싸움(gigantomachia peri tes ousias)에 뿌리를 두고 있는 이러한 쟁론을『소피스트』와『테아이테토스』에서 본격적으로 다루고 있다. 특히『소피스트』인 대화편의 주제는 거짓말과 있지 않음에 관한 것이다. 존재의 동일성과 진리의 절대성을 주장하기 위해 파르메니데스의 생각을 따르면, "존재하지 않는 것이 존재한다"라는 생각은 거짓일 수밖에 없다. 그러나 이러한 전제를 따르면, 소피스트들이 오류를 범했다고 지적해야 하는데, 그들이 거짓주장을 한다고 말할 근거를 상실하게 된다. 그것은 거짓말은 있지 않는 것으로, 있지 않는 것을 있다고 말할 수 없기 때문이다. 오히려『소피

4 소크라테스가『변명』에서 죽음을 앞두고 변론하기 위해 찾아갔던 소피스트는 정치가, 시인, 장인(예술가)로 대변되는 이들이다.

스트』의 손님처럼, 플라톤도 "거짓말이나 거짓판단이 실제로 있어야 한다"는 어려움에 빠지게 된다. 그래서 그는'친부살해범'의 비유에 적합한 결론을 내려야 한다는 데 동조한다. "자신의 입장을 지키려는 우리로서는 사부 파르메니데스의 주장을 반드시 검토해서 '있지 않는 것'이 어떤 점에서는 있고 또한 다시금 '있는 것'도 어떻게든 있지 않다고 주장해야만 하네."(『소피스트』, 241d.)

여기서 플라톤의 고백처럼, 반론자인 소피스트는 있지(-이지) 않는 것을 있다거나, 알지 못한 것을 안다고 하는 거짓판단이 불가능하다고 주장함으로써 진리와 허위를 구분하지 않고 진리 자체를 무력화시키려 한다는 것을 알 수 있다. 비존재 자체를 부정하면 거짓도 성립될 수 없다는 소피스트의 반격은 역설적이지만 비존재는 사유할 수도 언명할 수도 없다는 철학자(파르메니데스)의 논리에서 그 타당성을 얻고 있다. 따라서 이러한 소피스트의 견해를 반박하기 위해 플라톤은 거짓판단이 가능하다는 입장을 제시하게 된다. 그러나 이러한 반박의 논리 속에, 기억의 신의 저주인지 모르겠지만, 거짓을 증명하기 위해 비존재의 존재를 인정해야 하는 역설을 피할 수 없게 된다. 이러한 역설을 피하기 위해, 존재가 전체라고 주장하면서 비존재를 부정하는 입장도, 아니면 동일하게 머무는 것은 없고 모두 다 지속적으로 변화한다는 주장도 반박하면서, 플라톤은 존재와 비존재(이데아와 현상), 일과 다, 동일과 차이 간의 관계에 주목하게 된다.[5] 결국에는 없는 것을 있다하거나, 있는 것을 모사하거나 간에 그러한 주장 속에 재현된 대상이 그 존재 자체와 얼마나 유사한지에 대해, 즉 존재의 진리에 기억이든 상상이든 어느 길로 가는 것이 적합한지 하는 고민에 직면하게 된다. 쉽게 단순화할 수 없지만 철학자로 상징되는 기억과 시인으로 상징되는 상상 간의 관계는 부재의 현전에 관련된 문제와 관련되지만, 결국에 아포리아

---

5 "존재(ousia)와 비존재(to me einai), 그리고 유사성과 비유사성, 동일성과 타자성, 거기다 하나와 그것들과 관련된 그 밖의 수들, 즉 공통적인 것들(ta konia)은 영혼 자체가 자신을 통해서 생각한다." 『테아이테토스』 185c9

로 빠지게 된다.

이러한 관점에서 폴 리쾨르(P. Ricoeur)는 철학의 시원에 있어서 기억과 상상의 관계에 대한 두 종류의 아포리아가 있다고 주장한다.[6] 기억을"부재하는 것의 현전적 재현"으로 본 플라톤이 처한 경우와 "지나간 것의 상기"로 파악한 아리스토텔레스(Aristoteles)가 처한 경우로서 아포리아인 것이다. 각각의 아포리아적 구조는 다음과 같이 간략해 정리할 수 있다.

우선 거짓의 문제를 다룬『테아이테토스』에서 플라톤이 빠지게 된 기억과 상상의 아포리아다. 지각(상상)[7]을 토대로 거짓판단의 불가능성을 주장하는 테아이테토스를 반박하는 플라톤은 거짓판단의 가능성을 기억과 관련해 모색하고자 한다. 상상만으로는 진리와 비진리가 구분되지 않지만, 기억에 준거해 상상에 대해 그 참된 기준을 마련하려는 것이다. 그것은 어느 능력이 더 동일하고 확실한 대상과 관련하는가를 밝히는 일인 것이다. 플라톤은 기억을 상징하는 밀랍의 비유와 새장의 비유로 거짓(오류)의 근거를 설명하게 된다. 우선 진리는 상상이나 기억 그 각각으로가 아니라 둘 간의 관계로서 성립되는데, 거짓은 상상(지각)이 기억에 불일치함으로써 발생된다는 것이다. 더 나아가 진리와 거짓의 변별, 즉 상상과 기억간의 일치여부를 확정하는 재인식(anagnorisis)은 새장의 비유로 설명하게 된다. 그럼에도 이러한 설명에는 기억(앎)을 다시금 확신하는 재인식은 어떻게 다시금 타당할 수 있는지의 난제, 즉 기억의 무한퇴행과 같

---

6 참고. P. Ricoeur, *Memory, History, Forgetting,* (Uni. Chicago press: Chicago&London, 2004). 7-21

7 고대 그리스철학이 자리한 고대 그리스의 세계에서 지각(아이스테시스)과 상상(판타지아)은 매우 불안정한 대상이나 가변적인 상들과 관련하는 감각작용으로 낮은 인식능력에 속하지만 플라톤의 구분에 따르면 상상이 지각보다 더 높은 존재영역에 관련된 경험능력이다. 따라서 상상보다 지각이 더 사실적이라고 오늘날 우리가 알고 있는 견해와는 매우 다르다. 뿐만 아니라 존재의 진리가 인식의 진리보다 더 근원적이라고 본 고대 사유에서 상상 및 지각 또는 기억은 자발적으로 대상을 구성해내는 것이 아니라, 그러한 존재등급의 대상에 적합한 수용적 의식능력에 불과하다. 그런데 철학사적으로 이 부재의 현전의 문제가 상상과 기억과 관련해 복잡해진 것도, 서양의 근대이후 인간의 인식능력에 근거한 인식의 진리가 우선시되면서 존재와 인식의 관계가 반전되었기 때문이다.

은 난제에 빠지게 된다. 어쨌든 이데아인 참된 존재는 우리의 경험에 그 자체로는 부재하지만, 상상보다는 기억 속에서 부분적으로나마 더 동일하게 나타난다는 점에서 플라톤은 기억을 중시한다.

다른 한편 아리스토텔레스는 지나가버려 부재하는 것에 대한 인식이 어떻게 가능한가를 해명하고자 한다. 이와 관련해, 그는 플라톤보다 더 체계적으로 상상력의 기능과 역할에 주목한다. 상상은 지각에 근거해 발생하고 지각과 유사한 일종의 운동이지만, 지각이나 믿음과 구분되는 독립된 위치와 기능을 부여받게 된다. 부재의 현전에서 상상과 기억이 동시에 관련되는 활동이지만, 일차적으로 상상을 토대로 기억이 작용한다고 본 것이다.

지나간 대상이 재현되는 가능성에서 어떤 역할을 하는지, 상상과 기억 간의 그런 관계를 규명하려고 아리스토텔레스는 『기억과 상기에 대하여』에서 기억 대상과 기억작용의 성격을 세분화하게 된다. 작용의 측면이 아니라 대상적 측면에서 파악된 기억, 즉 지나가버려 부재하는 대상의 기억에는 상상에 의해 생산된 체감(affection)을 이미 흔적(typos)으로 지니고 있다. 다만 상상과 달리 그러한 기억에는 시간의 표식(proteron, Mem. 449b23)이 부가되어 있다. 그러나 기억과 상상 간의 내용적 일치로 진리를 파악한 플라톤과 달리, 아리스토텔레스는 활동적 측면에서 단순기억(mneme)과 상기(anamnesis)를 구분하고, 처음에 체감된 것들을 다시금 추론하는 상기를 통해서 인식이 가능하다고 본 것이다.[8] 그것은 부수적으로 기억되는 "상상없이는 있을 수 없는 것들"이 아니라 그 자체로 기억되는 "상상될 수 있는 것들"이 상기되기 때문이다.(Mem. 1, 450a22)[9] 이처럼 상기의 활동을 통해서 모든 상상이 아니라 기억된 상상 만이 인식이 된다는 것이다. 그래서 인식의 토대가 되는 상기는 단지 상상에 의해 받

---

8 참고. 조대호,「기억과 상기」,『철학연구 96집』, 철학연구회, 2012.

9 King, R. A. H. Aristoteles. De memoria et reminiscentia. Berlin, 2004.(약칭. Mem.)

아드려진 체감(흔적)들이 아니라, 체감들과 다르게 구분되어서 이미 지나간 대상을 다시금 지향하여야 한다고 볼 수 있다.

그러나 아리스토텔레스의 시도에서 여전히 상기의 대상과 단순기억으로서의 상상적 체감이 서로 어떻게 유사한지 여부가 문제로 남게 된다. 그것은 상기에 의해 파악된 동일한 대상인 형상이 원리적으로는 다양한 상상에 의해 앞서 경험되기 때문이다. 모든 상상은 아니더라도 기억을 위한 근거가 되는 상상들이 어떻게 경험되느냐 하는 문제는 피할 수 없다는 것이다. 그렇지만 분명히 아리스토텔레스는 현실화된 형상존재는 지속적으로 변화하는 상상에서와 달리 동일하게 유지되는 기억을 통해 드러난다고 본 점에서 플라톤과 마찬가지로 기억의 우위를 두고 있다. 이처럼 상상을 오류의 원천으로 배제하든지, 기억의 보조적 수단으로 용인하든지 기억을 진리의 원천으로 삼으려는 고대 철학자에게 있어서 기억과 상상의 관계는 난제로 남았다.

3. 칸트의 선험적 상상력의 의미와 한계

앞서 살핀 대로, 플라톤과 아리스토텔레스는 부재의 현전이라는 난제해결을 위해 각각 기억의 타당한 원천으로서의 이데아(idea)를, 상기의 동일한 준거로서의 실체(ousia)를 설정함으로써 기억의 우위를 내세우며, 서양사상사의 향방을 확정짓게 된다. 그렇지만 존재의 진리를 토대로 하는 존재론적 관점에서 부재의 현전과 관련된 문제의 해결노력은 고대철학의 논의에서 여전히 내면적으로 한계를 안게 되었다. 이를 극복하려는 반성적 노력은 인식의 능력을 더 중시하는 인식론적 관점에로의 전환을 통해 모색된다.

그래서 존재의 형이상학에 대한 반성과 인식론에 대한 급진적 비판 위에서 인간의 이성능력이 새롭게 주목된다. 이러한 반성은 외부세계에 대한 믿음이 어떻게 가능한가의 물음으로 다음과 같이 집약된다. “대상들이 우리의 감각에 나타나 있지도 않는데도 왜 우리는 그것들에 지속적인 존재를 부여하는가? 왜 우리는 대상들이 우리의 마음, 우리의 지각과는 구별되는 존재를 갖고 있다고 생각하는가?”(Hume, Treatisie, 188) 이러한 문제를 해결하려는 노력은 기억력의 전통적 개념에 의문을 제기하고 상상력에 새로운 역할을 부여하려는 방식으로 근대철학자 흄(Hume)에 의해 추구된다. 이처럼 기억과 상상 간의 본질적 차이를 의문시하게 된 그는 전통적으로 기억이나 상상이 부재하는 대상을 표상하는 능력이며, 인상(impression)에 의해 생산된 상상력의 표상이 기억보다는 인상의 세기나 강도 면에서 더 생생하지만, 상상력은 시간적 계기나 순서에 의거하는 표상정립에서 자유롭다는 사실을 알게 되었다. 그러면서 그는 표상들의 변화와 순서를 확정한다는“기억의 근본성취"를 문제로 삼으며, 기억 관념이 사실상 그 힘과 생동성을 상실하게 되면 상상관념과 구별되기가 어렵다고 판단하였다. 그러한 반성으로부터 기억과 상상을 본질적으로 구분하는 것이 불충분하다고 주장하기에 이른다.[10] 달리 말하면, 대상의 존재 자체로부터 그 구성근거가 주어지는 않고, 우리의 인식능력에 의해 정립된다면 어떤 세부적 능력이 더 타당한지가 확실치 않다는 것이다.

그의 논거는 핵심적으로 요약해 보면, 지나간 인상(기억된 표상)을 불러낼 수도 현재의 표상들과 비교할 수 없기 때문에, 표상의 순서와 근원인상의 질서 간에 일치하는지를 증명할 수 없다는 점에서 기억의 표상들이 근원적 시간순서 안에서 유지된다는 생각은 증명불가능한 가정이라는 것이다. 결과적으로 기억은 상상력의 특수한 경우로 포함되고 상상과 기억은 상상력의 두 가지 표상방식에 불과하게 된다. 이처럼 흄에게 있어서 상상력은 연상의 원리에 의

---

10 참고. D. Hume, *A Treatisie of Human Nature*, (ed., by L. A. Selby-Bigge, Oxford, 1978).(약칭. *Treatisie*)

거해 어쨌든 물체의 존재에 대한 (자명하지도 정당하지도 않은) 믿음의 가능성을 열어주었다. 물론 그 대신에 참된 대상, 또는 보편적 대상을 근거지우는 실체(substance)라는 본유관념이라든지 인과관계(causality)를 거부함으로써 근본적으로 보편적 인식의 가능성을 부정하는 한계를 드러낸 것은 사실이다.[11]

그 결과 상상은 기억에 의해 통제되어야 한다는 지배적 인식은 극복되었지만, 동일성을 유사성으로, 또는 실질적 대상을 허구의 이미지로 필연적으로 전락하게 만드는 인간의 인식체계의 위기 앞에 근대의 철학들은 마주서게 된다. 상대주의 또는 회의론에 무력해진 인간이성의 능력을 보다 올바르게 해명하기 위해, 상상이든 기억이든 어느 쪽으로 일방적으로 환원하려는 어떤 시도에 맞서 칸트(Kant)는 새로운 절충적 전략을 취한다. 따라서 대상의 인식 가능적 조건을 묻기 위한 전제조건으로서 인식과 존재의 구별이 제시된 것이다. 앞서 언급했던 대로, 칸트는 존재하는 것이 무엇인가를 근거지우는 존재론적 진리대신에 존재하는 것이 어떻게 알려지는가를 정당화하는 인식론적 진리가 세계경험의 권리로서 주어지는 이성비판을 시도하게 된다. 그리고 칸트의 『순수이성비판』[12]에서 지각과 개념의 결합에 의해 이뤄지는 보편적 인식을 위한 매개적 역할로서 상상력의 선험적 의미가 중요하게 부각된다.

우선 칸트는 선험적 상상력(구상력, transzendentale Einbildungskraft)에 대해 두 가지 접근을 하게 되는데, 한편으로는 대상인식과 관련한 상상력의 재생산 내지는 생산적 기능을, 다른 한편으로는 미적 판단과 관련한 창조적(자발적) 기능을 주목한다. 전자는, 대상인식에서 항상성과 정합성에 근거해 상상력이 본질적으로 작용한다는 흄의 견해와 관련해 이해될 수 있다. 상상력의 이러

---

11 참고. Paolo Volonté, *Phaenomenologie der Imagination,* (Freiburg: Alber, 1997). 33-40.

12 I. Kant, *Kritik der reinen Vernunft*, Felix Meiner Verlag, (Hamburg, 1971). (약칭 KrV) 그리고 *Kritik der Urteilskraft*, (Hamburg, 2006) (약칭 UK)

한 기능은 크게 감각에 나타나는 것 이상, 즉 지각들의 결합에 작용하는 종합활동[13]과 그리고 감성의 다양한 내용들과 오성의 범주들을 매개할 수 있는 도식을 만드는 생산능력으로 구성된다.[14] 이처럼 상상력이 대상인식에 비중있게 작용한다 하더라도, 특수한 것을 보편적인 것 아래 수렴하여 규정하는 규정적 판단력에 속한다는 점에서, 여전히 상상력은 개념을 적용시키는 기억(사고)의 활동에 의해 제약된다고 볼 수 있다.

이에 반해, 칸트는 앞서와 다른 의미에서 상상력의 고유한 성격과 지위를 취미 판단과 관련된 창조적 기능에 의해 제시하고자 한다.[15] 칸트는 존재방식에서 실재하지 않는(부재하는) 존재가 모두 거짓으로 볼 수 없기 때문에, 존재론적 또는 인식론적 진리로부터 면제되는 존재의 영역, 즉 미적 가상을[16] 포착하고 이러한 가상경험에 대한 주관적 원리의 근거를 찾는다는 의미에서 선험적 상상력의 근원성을 규명할 수 있었기 때문이라 여겨진다.

이제『판단력비판』에서 상상력은 특히 지각된 대상이 비록 존재하지 않더라도, 그 대상을 표상할 수 있는 능력으로 규정된다.[17] 그렇다면 상상력이 창조적으로 기능한다는 것이 어떠한 의미에서인가이다. 상상력에 의해 성취된 취미판단은 대상의 객관을 규정하는 지성 대신에 그 대상의 표상들을 쾌감정과 관련시킨다는 점에서 미감적이다.(KU, 39) 표상과 감정의 관련맺음이, 전혀 대상의 실재와 무관하다는 의미에서 철저하게 주관적일 수밖에 없다는 것이다. 그래

---

13 대상을 선천적으로 인식하는 판단이 이뤄지기 위해 통일작용에는 직관에서의 각지, 구상력에서의 재생, 그리고 개념에서의 재인식이라는 세 겹의 활동이 기능한다.

14 선험적 종합이란 이러한 감성의 순수 형식적 조건을 산출하는 상상력의 생산적 기능을 의미한다. "상상력의 종합이 의도하는 것은 개별적 직관이 아니라 감성의 규정에서의 통일이다(KrV. B179)."

15 참고. 조경식,「상상력. 독일에서의 논의」,『현대비평과 이론』27호, 2007년, 247-256.

16 참고. 최문규,「자율적 예술과 가상」,『독일문학』65, 1998.

17 상상(Einbildung)이란 “현실적 표상(또는 현존)에서 전혀 원인을 가지지 않고 오히려 정신(Seele)의 고유한 활동을 통해서만 발생하는”(Refl. 124) 표상을 말한다.

서 미적 표상에 대한 주관적 감정, 즉 어떤 대상의 현존과 결합되거나 어떤 욕구능력에 연관된 만족들과는 전적으로 다른 만족감으로 정의할 수 있고, 취미판단이 토대로 하는 특성인 것이다. 그런 까닭에 취미의 만족은 개념의 규정이 갖는 어떠한 강제성에서 벗어난 "무관심한 자유로운 만족"[18]인 것이다. 그런데 취미판단의 구성계기로서의 이러한 만족은 미적 표상방식을 판정하는 상상력의 작용에 따른 결과라 볼 수 있다. 그 상상력의 작용이란, 표상의 다양한 직관들을 결합하는 상상력과 표상들을 개념을 통해 통일하는 지성의 상호작용이 이뤄지지만, 주어진 개념의 규칙에 따르지 않고 앞서의 인식능력들 간에 자유롭게 유희하여 조화를 이룬다는 점에 특징을 갖는다. 그래서 이 능력들이 감관이나 개념에 구속되지 않고, 양자 간의 조화를 즐기면서 인식을 유희할 수 있다는 감정의 상태가 생겨난다고 본다. 따라서 취미판단은 주관적으로 조건지우는, 상상력과 지성의 자유로운 유희에 근거해, 보편에 특수를 귀속시키는 규정적 판단이 아니라"특수에서 보편자를 찾는"[19] 반성적 판단의 성격으로 이해될 수 있다. 따라서 이러한 관점에서 상상력이 성취한 보편이란 결코 개념이 아니고, 표상들의 "부분들이 오직 전체와의 맺는 관계"(KU, 290)인 형식적 합목적성이라는 사실에 주목하지 않을 수 없다. 이는 상상력에 의해 산출된 임의적 형식의 성격을 지시하는 것이며, 지성에 의해 제약받지 않고도 미적 대상을 표상할 수 있음을 말한다.

그러나 이처럼 칸트에 의해 주목된 상상력의 근본능력에도 다음과 같은 한계를 드러내고 있음을 부정할 수 없다. 그것은 미적 판단에 관련한 선험적 상상력이 대상개념의 객관적 실재성을 정당화하는 도식(시간적 규정)을 요구받지는

18 칸트,『판단력 비판』, 이석윤 역, 박영사, 1989, 65쪽

19 같은 책, 31쪽. 두가지로 구분되는데, 규정적 판단력 은「절대 확실한 apodiktisch」것이고, 반성적 판단력은 "특수는 확실하되 결과로서의 이 특수에 대한 규칙의 보편성은 아직 개연적이라"는 점에서「가언적 hypothetisch」이다. (KrV, A 646/B 674)"

않지만, 그러한 상상력에 의해 이뤄지는 새로운 형식의 임의적 산출에서 시간 규정이 어떻게 작용하는지가 충분하게 고려되지 않았기 때문이다.[20] 달리 말하자면, 칸트에게서 미적 대상에서 이러한 주관적인 합목적적 형식은 결코 지성의 개념의 경우처럼 대상의 실재성 내지 필연성을 연역해 내는 보편타당한 규정이 아니라면, 분명히 보편성을 띤 특수의 미적 현상이 어떻게 해서 자발적으로 하나의 형상(통일체)을 이루고, 미적 판단을 내릴 때마다 지속적으로 표상될 수 있는가가 의문시되기 때문이다. 따라서 대상의 현존에 따른 의존이 전혀 없는 미감적 표상은 적어도 하나의 미적 대상(가상)으로 동일시되려면 시간에 따르는 상상력에 의한 구성이 불가피하게 된다.

4. 후설의 환원과 기억의 현실성

기억과 상상이 교차하는 부재의 현전의 난제를, 후설(Husserl)은 수적 대상(number)과 같은 이념적 대상이 어떻게 파악되는가, 즉 의식 속에 어떻게 주어지는가하는 의식의 지향성 해명의 맥락 속에서 다루고자 하였다. "어떻게 객관성 자체가 표상으로 떠오를 수 있는가? 그리고 어느 정도로 그것은 주관적인 것이 될 수 있는가? 대상 그 자체가 존재하면서 인식 속에서 주어진다는 것은 무엇을 의미하는가? 어떻게 (개념이나 법칙으로서의) 보편자의 이념성이 실재적인 심리적 체험의 흐름 속에 들어올 수 있으며 사유하는 자의 인식 속에 소유

20 칸트는 외부대상을 질서지우는 내적 감성의 형식으로 시간을 전제했을 뿐, 시간형식과 자기의식의 관계를 구조적으로 해명하지 못했다. 가상인 미적 대상을 하나의 시간적 통일체로 정립하려면, 주체가 먼저 스스로를 하나의 통일체로 구성해야 한다는 점에서 시간의식으로서의 자기구성이 칸트에서는 논의할 수 없었기 때문이다. 참고. 박진, 「유한한 인간의 조건으로서의 시간」, 『철학논총』49집, 새한철학회, 2007. 161.

된 어떤 무엇으로 될 수 있을까?"(Hua. XIX/1. 12)[21] 이러한 문제제기에서 출발하는 이념적 대상의 인식해명에 맞물려 기억과 상상과 같은 의식현상의 분석이 전개되기 때문이다. 그런데 후설이 기술하려고 하는 이러한 분석은 전통적 논의들과는 전혀 다른 성격을 갖는다. 그것은 의식현상을 그 자체로 기술한다는 점에서 현상학이라는 방법론적 특성을 띠게 된다. 현상학적 분석이란, 우선 기억과 상상을 기억력과 상상력과 같은 정신적 능력(faculty)으로 실체화(hypostasization)하려는 시도를 비판하고, 상상표상과 관련된 다양한 유사 현상들을, 즉 구상(Einbildung), 환상(Imagination), 그림의식(Bildbewusstsein) 그리고 상상(Phantasie)[22]- 우리의 논의에서 후설의 상상작용이 중요하다- 에 대한 엄밀한 구분과 각각의 현상에 관한 적합한 서술을 제시하는데 있다.

이러한 관점에서 후설은 이념적 대상의 인식의 문제를 다루는데, 책상과 의자와 같은 물리적 현상이 아니라 이러한 실재물이나, 또는 이념물이 의식되는 심리적 현상 자체에 주목함으로써 문제해결을 시도하게 된다. 이러한 시도를 위해 후설은 물론 심리적 현상의 특성이 지향성에 있다는 자신의 스승인 브렌타노의 입장을 따르며, "의식은 무엇에 관한 의식이다"라는 지형성 개념이 부재의 현전이라는 문제에 대한 해결의 새로운 가능성을 제시하게 된다. 그것은 존재와 인식의 분리에 따라 상상력의 해명이 처하게 된 관념론적 한계를 극복할 수 있는 계기가 분리 이전에 놓여있는 근원적 관계를 의미하는 지향성에 의해 제공될 것으로 확신했기 때문이다.

따라서 후설은『논리연구』에서 이러한 지향성의 성격에 의거한 이념적 대상

21 E. Husserl. *Gesammelte Werke, Bd. 19/1*. (The Hague : Kluwer Academic Publishers, 2002). (약칭. Hua), *Gesammelte Werke, Bd. 3/1*. (The Hague: Martinus Nijhoff, 1977), *Gesammelte Werke, Bd. 10.* (The Hague: Martinus Nijhoff, 1969), 그리고 *Gesammelte Werke, Bd. 23.* (The Hague : Kluwer Academic Publishers, 1980)

22 구상개념 하에 상상과 환상이 구분된다. 환상은 정립적인데 반해, 상상은 비정립적인(중립적) 작용이다.

의 인식을 위해서 그 대상을 심리적 작용의 내적 구성계기로 환원하거나, 심리적 작용을 초월해 지속하는 어떤 특별한 존재방식으로 정립하려는 방법들을 우선적으로 배제하려 한다. 그 대신에 그는 지향성이 근본적으로 드러나고 있는 '의식 자체의 소여방식'(die Gegebenheitsweisen des Bewusstseins)에 대한 현상학적인 기술을 시도하게 된다. 따라서 이념적이든 실재적이든 어떤 종류의 대상도 현상학적으로 볼 때, 그 존재 자체가 아니라 항상 의식작용과 지향적으로 드러난 존재현상으로 파악된다.

그래서 후설은 지향성으로 특징지울 수 있는 현상의 구조와 대상적 인식의 본질을 은폐시키고 있는 두 가지 위험을 먼저 제거해야 한다고 주장한다. 그 하나가 『그림의식, 상상, 기억』에서 비판되는 그림이론(Bildtheorie)이다. 그림이론은 의식은 대상 자체를 곧바로 경험하는 것이 아니라 중간에 매개된 심상을 통해 지시한다는[23] 오류를 내포하고 있는 견해이다. 물론 유사하지만 다른 어떤 것을 지시하게 되는 그림의 특성에 근거해, 그림이론은 그림 속에 부재하는 대상을 대신하는 재현적인 그림(Bildrepraesentanten)을 통해 매개적으로 설명하려는 인식론적 의도가 있는 것은 분명하다. 그러나 이렇게 재현된 대상이 인식되기 위한 과정에서 개입되고 있는 매개물인 심상은 그 자체로 다시금 매개된 상을 의식 속에 필요로 하게 되는 무한소급에 빠진다는 것이 후설의 지적인 것이다.[24] 결과적으로 그는 상상현상에 있어서 심상(이미지)에 의해 매개된 것처럼 대상인식을 설명하려는 이론을 비판하고, 모든 의식작용에서 영상(그림)개념과 관련된 애매성들을 피하고 상상표상에 주목할 수 있게 된 것이다.

의식의 지향성 파악에 있어서 또 다른 위험은 특히 지각작용에 있어서 대

---

23 이 이론은 "의식 안에 외적 실재의 재생산의 가정"으로 특징지울 수 있는 인식론이다. W. Windelband, Einleitung in die Philosophie, (Mohr: Tuebingen, 1920), 198.

24 Hua III/1, 208. "지각과 일관되게 모든 지향적 체험에 모사기능을 추정하는 것은 불가피하게 (…..) 무한퇴행을 동반한다."

상의 현존에 관한 믿음에서 야기된 것이다. 실재적인 대상의 현존이라는 정립적 성격에는 의식으로부터 외부적 대상의 초재성이라는 독립성이 전제되어 있다. 따라서 인식과 존재가 분리되어 있다는 전제에서 지각과 지성의 매개, 주관과 객관의 매개의 논란이 인식해명의 배후에는 자리할 수밖에 없다는 것이다. 이처럼 변화하는 의식이 자신과 구별되는 동일한 대상과 매개되기 위한 고정된 상에 대한 요구도 분명히 실질적 대상의 인식과 무관하지 않게 제기된 것이라고 볼 수 있다. 대상의 현존에 근거한 의식(인식)과 대상(존재) 간의 분리라는 전통적 견해는 의식과 대상의 상관성이라는 지향성을 인식의 전제조건으로 통찰하는데 결정적 걸림돌이 된 것이다. 따라서 지향성 개념의 일반 성격을 현상학적으로 해명하기 위해, 후설은 모든 작용의 존재정립에 대한 판단중지를 실행하게 된다. 이렇게 함으로써 후설은 의식에 어떤 매개없이 대상 자체가 직접적으로 나타나는 사태에로 다가갈 수 있게 된 것이다.

이제 수적 대상은 현상하게 되는 한에 있어서, 이것에 상응하는 표의적 지향(signitive Intention)의 상관성 분석에 의해 해명될 수 있게 된다. 이러한 관점을 확대해 후설은 『이념들』에서 개별적 대상을 포괄하는 자연세계의 현실성(Wirklichkeit)에 대한 일반정립인 자연적 태도, 자연적 세계가 실재한다는 믿음에 주목한다. 그래서 그는 모든 개별 대상들에게로 향하는 작용들을 근본적으로 조건지우는 자연적 세계를 향해 암암리에 이뤄지는 근본믿음에 대해 급진적으로 그 효력을 중지시키는 현상학적 환원을 시도하게 된다. 이처럼 현상학을 근본적으로 특징짓는 방법론적 전환에 의거해, 그는 모든 인식의 가능적 조건을 해명할 수 있다고 확신하게 된다. 그것은 "'선험적으로' 순화된 현상들의 자유로운 지평을 획득하고 그와 더불어 고유한 의미의 현상학의 영역을 획득하게 되는(Hua III/1, 5)"본질적인 방법을 통해서 의식의 지향적 구조가 드러나기 때문이다.

그런데 이러한 방법론의 내재된 의미와 관련해서 상상작용의 두 가지 특성이 두드러지게 고찰될 수 있다. 우선 현상학적 환원은 보편적 차원에서, 대상들을 포괄하는 세계 전체의 존재적 양태를 급진적으로 중립화하는 비정립적 근본 활동이다. 환원과 상상은 존재에 대해서 비정립적이라는 데에서 일치한다. 그러나 "반복이 본질적으로 배제된"(ibid, 227) 환원과 달리, 중립화변양으로서의 상상은 반복적이라는 사실이다. 이러한 특성으로 인해 후설에게서 상상은 모든 종류의 작용들에 대해 중립화를 시도해 단순한 표상(bloss Vorstellung)으로 전환시켜, 그러한 각각의 작용들이 지니고 있는 순수한 상관구조를 밝혀내는데 중요한 역할을 하는 의식 활동으로 파악된다. 더 나아가 상상은 지향된 대상에 대한 자유변양을 통해 그 대상의 본질을 파악하는데 기여한다. 이런 맥락에서 상상은 인식의"원천"이라는 의미에서 보편학으로서의 현상학에 있어서 핵심적 계기로 여겨진다.

다른 하나는 세계의 '실재성'을 구성하는 신념특성(Glaubenscharakter)과 존재특성(Seinscharakter)을 중립적으로 '괄호치는' 현상학적 환원에 의해, 대상 자체가 무화되고 그 작용적 활동이 중지되는 것을 의미하는 것이 아니라, 오히려 자연적 세계에 대한 자연적 태도의 상관성인 '환원된 것'에서 역설적으로 지각으로 대표되는 직관의 원본성의 의미가 부각된다는 점이다. 후설은 직관의 특성을 원리중의 원리로 보면서, 다음과 같이 언급한다. "원본적으로 부여하는 모든 직관이 인식의 권리원천이다. 우리의 직관 속에 원본적으로 (말하자면 그 생생한 현실성 속에서) 제시되어 있는 모든 것을 주어져 있는 그대로, 그렇지만 그것이 주어져 있는 한계 내에서만 단적으로 받아들여야 한다."(Hua III/1, 51) 인용에서 보듯이, 후설은 주어진 것을 받아드려야 하지만 그 자체로 그것을 지향한다는 그런 수용적 자발성의 특성에 의거해 직관은 모든 사고의 원천이 되는 것으로 파악한다. 칸트에게서도 충분히 천착하지 못한 사고에 대한 직관의 우위를 후설은 주목하게 된 것이다.[25] 이제 인식의 정당한 권리근거를 직관의 명증성 안에서 찾을 수 있게 된다.

이런 관점에서 후설의 현상학은 직관의 범위 속에 상상작용을 포함시키고 새로운 의미를 분석해 낸다. 물론 상상은, 대상 자체가 구체적(leibhaft)으로 주어지는 지각과 같이 본래적인(eigentlich) 의미에서가 아니라, 비본래적인 의미에서의 직관이다. 상상은 지각의 경우와 같지만, 존재의 비정립적 특성으로 인해 대상이 부재한다는 점에서 비본래적이다. 이런 상상은 유사한 의미의 환영(illusion)과는 구분되어야 한다. 후자는 백화점에 진열된 마네킹이 실제의 사람으로 혼동되는 경우와 관련된다. 여기서는 사람과 마네킹 간의 지각적 확실성들이 경쟁을 하다가 그중 하나가 허구로 바뀌며 사람(또는 인형)에 관한 지각이 정립된다. 그러나 이러한 환영과 달리 상상은 결코 지각과 경쟁하지 않는다는 점에서 차이가 난다. 상상은 지각을 상호간에 은폐(verdecken)시키지만, 결코 폐기시키지 않는다. 그래서 상상에서 지각으로, 또는 그 역으로의 이행이 가능하지만, 불연속성이 존재한다는 점에서 상상의 특징이 드러난다.[26] 이와 같이 상상은 지각의 지평 속에서 인식의 근원으로 함께 기능한다고 볼 수 있다. 그러나 모든 작용의 지향(Intention)은 충족(Erfuellung)의 과정을 통해 그 명증성(진리성)을 확보하게 된다. 상상은 물론 지각도 절대적으로 충족되어야 한다는 이념의 성격과 관련해 작용들의 시간적 구성이 불가피하다. 따라서 상상에 의한 다양한 지향들은 자신들의 명증성을 위해 궁극적으로는 충전적인 직관의 시간적 구성에 근거할 수밖에 없게 된다. 후설은 이에 대한 해명을 『시간의식』에서 모색한다. 그러나 현상학적 분석은 이러한 근원적 영역에서 중요하게 작용하는 기억의 측면을 드러낸다.

---

25 윤명로, 「현상학에 있어서의 사유와 직관」, 『현상학과 유식론』, (시와 진실, 2006). 107

26 Paolo Volonté, *Phaenomenologie der Imagination*, (Freiburg: Alber, 1997). 210

『시간의식』에 따르면 인식대상의 구성조건으로 근원적으로 주어진 지평이 시간의식이라는 것이 후설의 통찰이다. 그런데 시간자체를 구성하는 의식의 심층구조에서는 이러한 의식작용과 의식대상의 상관관계를 기초지우며 모든 체험을 통일적으로 구성하는 터전인 내적 시간의식의 지속적 흐름만 남는다. 이러한 흐름의 구조적 내용을 해명함으로써 후설은 최종적으로는 시간적 대상의 개별성과 객관성에 관한 인식의 근거를 마련하고자 한다. 시간은 부재인 과거와 미래인 동시에 현전인 현재인 세 개의 상이한 계기들로 구성된다는 점에서 어떻게 하나의 연속적 흐름으로 드러나게 되는가의 문제는 아포리아이며, 부재의 현전이라는 우리 문제와 관련된다.

시간해명의 곤란은 시간의 핵심인 현재가 있는 것도 없는 것도 아니기 때문에 생긴다고 볼 수 있다. 시간의 분석에 대한 전통적인 해명은 이러한 현재의 애매성에서 자초해 왔다. 그러나 이를 극복하기 위해 후설은 상상력의 연상 기능으로 시간의 흐름을 구성하려고 한 브렌타노를 비판하고, 원본적 시간직관(Gegenwaert)을 재현적인(Vergegenwaertigung) 상상의 산물(Reproduktion)로 대체하지 않는다. 그 대신에 그는 자기촉발(Produktion)의 통일적 지평(연속성의 토대)으로 구성할 수 있는 시간직관 내의 비자립적 계기에 주목함으로써 시간의 통일적 흐름을 구성하게 된다. 이 시간의식의 흐름은'지금'(생생한 현재)이 과거로부터 미래로 이어지는 계열인 가로방향의 지향성과,'지금'이 지나가버린 그러나 흔적없이 사라진 것이 아니라 변양된 채 침전되어 유지되는 계열인 세로방향의 지향성으로 이중의 연속성을 지닌 것으로 파악된다. 그래서 이 연속성 때문에 의식흐름은 방금 전에 체험한 것을 현재화하여 의식하는 1차적 기억으로서 지각하는 '파지(Retention)', '생생한 현재'(lebendige Gegewart)인 근원적 인상(Urimpression) 그리고 미래의 계기를 현재에서 직관적으로 예상하는 '예지'(Protention)로 연결되어 통일체를 이루게 된다는 것이다. 의식흐름의 지향적 구조에 의거해, 이미 알려진 파지와 아직 명확하게 규정되어 알려지지는 않았지만 과거의 경험을 통해 친숙한 유형으로 알려질 수 있는, 즉 미리 지시하는 예지가 생생한 지금(현재)의 지평을 이루게 된다. 이러한 내적 시간의식의 분석을 통해 후설은 인식대상의 구성이 파지와 원천적으로 관련된 근원인상의 현전적 지평 속에서 가능하다는 점을 보여주고 있다. 따라서 시간의식의 통일은 모든 시간객체들이 통일될 수 있는 가능조건으로서 해명된다. 그리고 근원인상에 원천을 두고 있는 현전으로서의 지각 속에 상상과 기억이 불연속적 계기로서가 아니라 재현화라는 시간적인 의식작용로서 기능하는 연속적인 계기로 포함되면서 실질적인 세계의 시간을 구성할 수 있게 된다. 이렇게 함으로써 후설은 대상인식의 구성작용에서 상상과 기억이 서로 간에 배타적이거나 위계적인 것이 아니라, 오히려 상호보완적이라는 점을 보여줄 수 있게 된다.

그럼에도 대상인식이 가능하려면 내적 시간의식 속에서 그 대상은 통일된 객체로 구성되어야 하기에, 원리적으로 볼 때 파지가 시간적 대상의 구성에서의 필수적이고 근본적인 계기로서 작용하고 있음은 분명하다. 그런데 이런 파지의 의미와 관련해 상상 보다는 기억이 대상인식에서 더 중요한 역할을 한다고 볼 수 있다. 왜냐하면 대상을 재현하는 기억은 대상의 현존에서의 비자립적 구성계기인 파지와는 구분되지만, 근원인상을 뒤따라 정립한다는 점에서 파지의 후속적인 정립으로서의 성격을 유사하게 갖기 때문이다. 이처럼 기억은 지나가 버린 근원적 현재를 재현적 이라는 의미의 제한 속에서지만 다시금 정립하는 작용인 것이다. 이런 의미에서 후설은 파지 개념에서 기억의 현실성을 직시하며, 부재의 현전의 문제에서 기억의 중요성을 부각시켰다고 볼 수 있다,

5. 하이데거의 존재망각과 기억의 가능성

앞서 살폈듯이, 시간의 분석을 통해 부재의 현전의 아포리아를 해결하려는 고유한 시도는 후설과 전혀 다른 방향으로, 하이데거(Heidegger)에게서도 이뤄진다. 후설은 의식에 대한 인식 비판적 관점에서 현전(작용)의 성격에 초점을 맞췄다면, 오히려 하이데거는 현존재에 대한 존재론적 관점에서 부재(존재)의 측면에 초점을 맞춰 부재와 현전의 관계를 새롭게 해명하고자 한다. 그것은 인간의 일상적 존재이해나 본래적 이해의 토대가 되는 현존재의 시간성은(Zeitlichkeit) 존재 자체가 시간적으로 규정된 것, 즉 존재의 존재시성(Temporalität)으로서 존재자들에 대한 모든 존재적 경험의 지평을 열어 보이기 때문이다. 이런 맥락에서 하이데거의 문제제기의 새로움은, 세속적인 인간존재에 머무는 한 존재론적 차이에 대해 망각할 수밖에 없다는 사실에 대한 통찰인데, 즉 존재를 말하는 곳에서 사실은 언제나 존재자만을 생각하고, 존재를 그 자체로 사유하지 못한다는 '기이한 혼동'[27]에 대한 반성과 관련된다. 그래서 문제의 지평 속에 바로 존재와 존재자간의 존재론적 차이가 있으며, 그 차이를 간과함으로 인해 존재 자체를 불가피하게 망각했다는 하이데거의 통찰이 적용되고 있다. 이처럼 존재자와 존재의 근원관계의 해명문제에로 부재의 현전의 문제를 전이함으로써 하이데거는 상상과 기억 간의 관계설정을 전통과 다르게 모색할 수 있게 된다.

---

27 M. Heidegger, 'Einleitung zu: Was ist Metaphysik?', *Wegmarken*, GA 9, 370. 또한 *Sein und Zeit* (1927) GA2. (약칭. SZ), *Kant und das Problem der Metaphysik* (1929) GA3.(KMP), *Der Ursprung des Kunstwerkes, Holzwege(1935-46)* GA5.(UK), *Vorträge und Aufsätze(1936–1953)* GA7, *Was heißt Denken?* (1951-1952) GA8, *Kants These über das Sein* (1961) GA9. (K), *Aus der Erfahrung des Denkens (1910-1976)* GA13, *Zur Sache des Denkens* GA14, *Prolegomena zur Geschichte des Zeitbegriffs (Vorlesung Sommersemester 1925)* GA20, *Logik. Die Frage nach der Wahrheit (Vorlesung Wintersemester 1925/26)* GA21, 그리고 *Einleitung in die Philosophie – Denken und Dichten (Wintersemester 1944/45)* GA50.

그런데 하이데거는 문제해결의 실마리를 탁월한 존재자인 현존재(Dasein)에서 찾는다. 그것은 현존재는 존재자와 존재의 관련성을 드러내며 자신의 존재를 문제삼는 탁월한 존재자이기 때문이다. 존재자들의 존재론적 의미를 밝혀준다는 차원에서 하이데거는 이러한 현존재를"존재구성틀"(Seinsverfassung)(SZ, 53)로 특징짓고 있다. 여기서 주목해야 할 것은, 바로 현존재가 존재자의 존재론적 성격을 이해함에 있어서 그러한 이해의 과정이 바로 시간적으로 전개된다는 사실이다. 그런데 존재구성이 시간적 지평의 차원에서 이뤄진다는 이러한 사태에 관한 통찰은 상상력을 포함한 칸트의 이성개념에서 선취된 것이라 볼 수 있다.『존재와 시간』에서 전개되는 현존재의 시간성(Zeitlichkeit)에 대한 탐구가 칸트의 선험적 상상력에 대한 논의를 확대, 심화한 것으로 파악해도 틀린 주장은 아니다. 이러한 내용을 뒷받침하는 근거로는 하이데거의 작품,『칸트와 형이상학의 문제』를 들 수 있다.

이 작품에서 보듯이, 실제로 칸트가 선험적 주체의 개념적 지평에서지만 대상인식의 가능성을 선험적 상상력을 토대로 범주의 도식화(시간적 규정)[28]에 의해 근거지우려 했다.[29] 그래서 하이데거는 존재사유의 길과 마주한"첫 번째이자 유일한 사람"[30]으로 칸트를 부각시키기까지 한다. 그러한 평가는 대부분『순수이성비판』초판에서 이루어지는 선험적 상상력에 대한 분석과 관계된 것이다. 이 저서의 초판에 따르면, 상상력은 감성과 지성에 환원될 수 없는 능력으로서 모든 종합의 근원적 원천으로 해석된다. 이를 근거로 하이데거도 구상력은

28 도식은 오성개념이 감성화된 것인데, 이런 감성화는 선험적 구상력이 내감의 형식이자 감성 일반의 조건인 시간을 매개로 하여 범주를 규정함으로써 그것이 경험적 대상에 적용될 수 있도록 하는데 있다. 이와 같이 도식은 내감형식인 시간에 따른 구상력에 의해 형성되기 때문에 칸트는 도식을 "시간규정"이라 부른다.

29 하이데거에 따르면, 존재자가 존재자로서 어떻게 드러나는가에 관계하는 존재적 진리는 더 근원적으로 이미 존재론적인 진리에 근거하는데 칸트는 이 점을 간과했다는 것이다. 오희천,「하이데거에 있어서 존재물음의 단초와 철학적 방법론」,

30 "존재시성(Temporalität)의 차원을 향하여 탐구하는 도상의 구간을 간, 다시 말해서 현상 자체의 강요에 의하여 스스로를 그리로 밀려가도록 놔둔 첫 번째이자 유일한 사람은 칸트이다"(SZ, 23).

시간을 형성하는 능력으로서 감성과 지성의 '공통의 뿌리'(KMP, 213)라고 파악한다. 그러나 이러한 재해석(해체구성)에는, 대상의 직접적인 소여라는 직관의 성격과'유한성'과'시간성'이라는 인간적 본성이 깔려있다. 따라서 직관의 성격과 관련해, 자발적 수용성인 감성에 기초한 순수 직관을 순수 상상력으로 보려는 근원적 해석이 가능하며, 순수직관에서 직관된 것을 적극적으로 밝힐 수 있는 가능성이 제공된다는 입장을 취할 수 있다.[31] 그렇지만 인간본성과 관련해, 직관은 임의적으로 규정됨을 거부하는"존재의 선행적 저항성"(K, 73, 74)[32]과 직면하는 데서 유한성이 드러난다는 것이다. 그렇기 때문에'자기 자신도 아니고 자신이 만든 것도 아닌' 존재자를 대상으로 지각하려면, 유한한 직관은 존재자의 존재구성틀을 미리 알고 있어야만 한다고 본 것이다.[33] 따라서『칸트와 형이상학의 문제』에서 하이데거는 칸트의 선취된 지평을 토대로'선험적'상상력이 직관과 지성을 종합 통일하여 구성해 내는 선험적 도식이야말로 유한한 존재인 인간이 존재자들을 대상으로 만날 수 있는 대상성의 지평이 된다는 점을 기본 관점으로 수용하게 된다.

그러나 하이데거는 칸트에게서 한발짝 더 나아가, 선험적 도식에 근거한 상상력을 궁극적으로는 현존재의 근원적 시간성으로 환원하게 된다. 이러한 초월적 상상력은 현재의 연속이라는 일반적인 의미가 아니라 보다 근원적으로 파악된 시간, 즉 현존재의 본질인 시간성(Zeitlichkeit)과 다르지 않다고 보았기 때문이다. 그의 이러한 생각은, 상상력이 근원적 시간 자체이고 도식은 상상력에 의

---

31 순수 직관은 그것이 순수하기 때문에 단순한 수용성에서 벗어나 직관 가능한 것을 발생하게 하는 "근원적 현시"(exhibitio originaria)(KPM 136)로 활동한다

32 시간 속에서 하나의 대상으로 정립할 때, "우리의 인식이 닥치는 대로 혹은 임의에 따라 규정되지 않고, 오히려 어떤 방식에 따라 선험적으로 규정되도록 하는 저항적인 것"(KrV, A 104)에 직면한다는 칸트의 생각을 하이데거가 재해석하였다.

33 "유한한 존재는 마주서게 되는 어디로 향함(entgegenstehenlassenden Zuwendeung-zu…)이라는 근본 능력을 필요로 한다. 이러한 근원적인 향함 속에서 유한 존재는 비로소 어떤 것에 상응(korrespondieren)할 수 있는 하나의 활동 공간(Spielraum)을 갖게 된다."(KPM 67)

한 시간규정이라면, 오히려 도식화 작업은 상상력이 시간을 매개로 해서 이루어지는 작업이 아니라 상상력 자신의 자기규정이라는 주장에 이르게 된다. 결국 이러한 관점에서 칸트와는“전혀 다르게, 그리고 훨씬 더 근원적인 방식으로”(GA 21, 384) 파악되는 시간성의 성격을, 하이데거는 현존재의‘탈자성’(das ‘Außer-sich’, Ekstasen)에서 찾게 된다는 것이다. 하이데거에 따르면, 이 탈자성이란 자기 내부에 머물러 있는 존재자가 자기 밖으로 나가 다른 존재자들을 만나다는 의미가 아니라, 타자와의 만남 자체가 가능하기 위해 그 이전에 만남을 가능하게 하는 근거로서의 사건적인 성격을 띤다. 따라서 ‘자기 밖으로 나감‘이라는 탈자성은 오히려 존재 자체의 이해를 위한 현존재의 순수한 분화의 사건을 의미한다. 다른 존재자들과 조우에 앞서 이미 현존재 자신 속에서 순수한「서로」의 사건이 일어난다는 것이다. 따라서 탈자성은 순수한 차이(dif-ferre)의 사건으로 현존재를 규정짓는다고 볼 수 있다. 이 차이를 통해 사이(zwischen)로서 열림의 사건이 열리게 된다. 즉 시간성 속에서 탈자적 계기들은 서로를 향하여 탈자적이기 때문에 개개의 계기들은 서로에게 하나의 지평이 된다. 이 열림의 사건에서 현존재의「개방성」이 가능하게 된 것이다. 그렇다고 지평이 현존재의 탈자적 성격에 의해 내재적으로 형성된 것이라고 이해해서는 안되며, 지평은 현존재의 자기를 벗어나는 방식을 통해 스스로 열어보이기 된다는 것이다. 달리 말하자면, 이러한 지평성이 전제되기 때문에 현존재의「탈」, 즉 초월성도 가능하다는 것이다. 이러한 해석은 하이데거의 다음과 같은 언급에서 잘 뒷받침된다. 현존재의 초월성을 특징짓는 완전한 초월의 구조는 “대상을 향해 그 대상을 대상이 되게 하는 것 자체가 대상성 일반의 지평을 형성한다는 사실에 있다. 따라서 유한한 인식에서 선행적으로 언제나 필연적인「~에로 나가 섬」은 지속적인「~에로 나가 섬」(탈자성)이다. 그러나 이러한 본질적인「~에로의 나가 섬」은 바로 그「서있음」에서 하나의 지평을 확보한다. 초월은 본질적으로 탈자적-지평적이다.”(KPM 119)

이처럼 하이데거는 상상력을 현존재의 근원적 존재방식이라는 의미에서[34], 존재자의 경험을 체계적으로 조직화하는 능력으로가 아니라, 구성적 강박으로부터 자유롭게 벗어나 열린 지평 속에서 존재자들과 조우하는 실존방식으로 파악하고 있다. 그 결과 상상력에 근거한 현존재의 시간이해가 차이성(auseinander)을 통한 지평형성 속에서 존재이해를 가능케 했다는 점에서, 이러한 하이데거의 통찰은 주체의 시간의식, 즉 기억에 붙들린 근원인상에 의한 동일성(ineinander)에 기초하게 된 후설의 이해방식과 근본적인 상이성을 보여주게 된다. 그러나 시간 자체로 규정하는 상상력에 기반을 둔 현존재의 관점에서 이뤄진 존재해명의 시도를 하이데거는 여전히 주관적 해석의 혐의로부터 자유롭지 못하다는 반성하게 된다. 이러한 반성에서 그는 현존재에서 존재의미를 해명하는'기초존재론의 길(전기사유)'과 다르게 존재 자체가 사유되는'존재역사적인 사유의 길'로의 전회[35]를 모색하게 된다.

이러한 전회에는 존재망각의 역사로 규정된 서양사유가 그 근원적 존재로부터 이탈한 과정에 대한 더 철저한 반성이 자리한다고 볼 수 있다. 하이데거는 존재가 '눈앞에 있음(Vorhandenheit)'으로서 사유되기 때문에 전통철학에서 그랬듯이 시간 자체인 존재를 그 가장 고유한 본질에 있어서 사유할 수 없었다는 비판으로 나아간다. 그렇다면 사유의 역사 속에서 망각되지 않은 순수한 본질적 사유가 어떻게 확보되는가가 문제와 부닥치게 된다. 이에 대해서 하이데거는 '사유란 무엇인가?'에 대한 '답변하는 사유'이기보다는 차라리 '우리로 하

---

34 상상력(선험적 구상력)을 주체성의 근원으로 파악하려는 시도는 이미 독일 관념론자들에게서도 발견된다. 다양한 인식능력들을 하나의 근원, 즉 상상력으로부터 해명하려는 초기의 피히테도 시간을 형성하는 상상력을 이론적 자아의 근본작용으로 보아, 이러한 생산적 작용에서 감성과 오성이 비롯된다고 주장하였다. 헤겔은 선험적 상상력을 절대적 동일성으로서의 이성 자체로 보고 감성과 이성으로 분화되면서 현상계와 관계하는 능력으로 보았다. D. Henrich, "Ueber die Einheit der Subjektivitaet", in: *Philosophische Rundschau* Bd 3, Tuebingen 1995. S. 55-60.

35 하이데거는 자신의 후기 사유를 특징짓는 '전회'(Kehre)에 대해서도 언급한다. 전회는 "존재자 없이 존재를 사유하려는 노력"이다. M. Heidegger, "Zeit und Sein", Zur Sache des Denkens, GA 14. 2.

여금 사유하게끔 하는 것은 무엇인가?'에 대한 '묻는 사유'로 전환되어야 한다고 주장한다. 그리고 이러한 묻는 사유는 우리로 하여금 사유하게끔 하는 존재가 말 건네는 것에 '귀기울이는 사유', 즉 '응답함(entsprechen)'으로 탈은폐한다는 생각을 자신의 입장으로 내세운다. 하이데거는 존재물음에서 사유를 이처럼 존재의 말 건넴에 '응답하는 사유'로 파악할 필요가 있음을 역설하게 된다. 존재역사적 사유라는 말은 "전래적 사유 안에로 해소된 결합에 대한 회-상(an-denkend)함에 우리를 내어맡김"이다. 이러한 사유도정은 "말하여지지 아니한 것"을 듣는 들음에로 우리를 이끌어 가고 있다.(GA9, 336)

이러한 관점에서 볼 때, 사유는 의식주체인 우리가 자유롭게 생각해 성취하는 것이 아니라, 존재로부터, 존재에 의해 가능하게 된다. 이것이 사유의 본질로서 그 유래인 것이다. 그렇다면 사유란 우리가 통상적으로 알고 있는 논리적이거나 계산적인 성격에서의 표상적 사유가 아닐 것임은 분명하다. '존재'안에서 진행되는 근원적 사유는 주객구분 그리고 이론과 실천 등의 구분에 앞선'존재에 대한 회상(Andenken)'이라는 것이다. "만일 존재의 진리에 대한 질문의 발전에 있어서 형이상학의 극복이 거론된다면, 그것이 의미하는 바는 존재자체에 대한 회상을 말한다."(GA9, 363) 그래서 사유는 존재 자체에 대한 고유한 '기억'이며 '감사'일 뿐인 것이다.

『사유란 무엇인가?』[36]에서 하이데거는 기억(Gedaechtnis)이나 감사(Dank)라는 사유의 근원적 의미가 '게당크(Gedanc)'라는 고어에 함축되어 있다고 밝히고 있다. 흔히 우리는 '사유' '사유된 것(Gedachtes)', '사상(Gedanken)' 등에 대해 말하면서, 사유되는 곳에 '사상'이 있다고 생각한다. 그러나 '사유된 것'은 어디

---

36 M. Heidegger, Was heisst Denken?, Dritte unveraenderte Aufl., (Max Niemyer Verlag, Tuebingen, 1971), 74쪽. "사유의 어떠한 길도 … 인간의 본질로부터 출발해 존재에로 이행하지 못하며, 혹은 거꾸로 존재로부터 출발하여 인간에게 되돌아가지도 못한다. 오히려 사유의 모든 길은 언제나 이미 존재와 인간의 완전한 관계 안에서 진행될 뿐이며, 그렇지 않다면 그것은 결코 사유가 아니다."

에 있는가? "그것은 기억을 필요로 한다. 감사가 사유된 것과 그것의 사상에, '게당크'에 귀속해 있다."(GA8, 91) 그런데 이때의 기억은 우리가 통상적으로 생각하는 기억력을 의미하는 것이 아니라, "근원적으로 회-상(An-dacht)과 같은 것들, …에서 방출되지 않은, 집약된 머물음"(GA8, 92)을 말하는 것이다. 이러한 사유의 머무르면서 모아들임의 특성을 하이데거는 "사유의 기억"(Gedaechtnis)으로 명명한다. 이처럼 기억 속에는 그 '무엇인가'에 대한 본질적인 '회-상(An-denken)'의 특징이 들어 있는 것으로 생각되어야 할 것이다. "존재의 도래를 기다리는 한 사유자의 사유는 참되다. 사유함은 존재를 보존하며, 이로서 존재의 도래는 자신의 말함 안에서 회상적으로 보존된다. (….) 이것은 철학의 참-됨(진-리)이다." 이처럼 사유는 그 본질에 있어서 존재의 사유이며, 바로 존재에서부터 "모두어 보내어짐" 자체이다. 존재가 "모아 보냄"(Ge-schick)이라는 말은, 존재는 스스로 "탈취함"이며, 동시에 사유에로의 개시됨이다.(GA9, 367)

또 다른 존재역사적으로 방향지워진 현존재의 특출한 도정은 여기서 예술 내지는 시작으로 이끌려진다. 근원적인 사유의 회상함을 하이데거는 시작(詩作)함으로 규정한 것이 이해될 수 있다. 이제 "회상은 시인과 사유가가 지니는 두 개의 언어에서" 일깨워지게 된다. 그렇기 때문에 예술에 대한 물음도 기초존재론적인 방식에 의해 제기되지 않고, 사유에 대한 물음처럼 존재-사유의 길로 넘어감에서 모색된 것이다."예술이 무엇인지에 대한 숙고는 전적으로 그리고 결정적으로 오직 존재에 대한 물음에서부터 규정되어 있다. 예술은 [….] 존재사건에 속한다."(UK, 99) 따라서 예술의 본질은 "존재의 진리가 스스로를 작품 속으로 정립함"이며, 이런 성격으로 인해 존재의 진리가 발생하는 탁월한 방식의 하나인 것이다. 그것은 예술작품은 자신의 근본특징인 건립함에서 하나의 세계를 열어 보이는 방식으로 실현된다는 것을 의미한다.

이처럼 예술작품은 그것이 세계를 전개하여 머무름 가운데서 견지하는 식으로 하나의 세계를 열어 보인다. 그러나 이러한 세계의 열림은 기획투사하는 주체적 행위에 의거하지 않는다. 오히려 존재의 진리, 즉 은닉과 밝힘(탈은폐)의 투쟁에서 은닉을 위한 밝힘의 현성사건에서 역사적으로 열린다. 그렇다고 예술이 존재의 발현(Ereignis)에 근거한다고 해서, 전혀 예술가적 창작이 고려될 필요가 없다는 것은 아니다. 창작은 단지 제작이나 산출로 보아서는 안 되며, 비은폐성과의 탈자적 연관에서부터 예술작품 속으로 데려오는 산출함으로 이해되어야 한다는 것이다. 이런 연관 속에서 하이데거는 예술의 본질을 시작(詩作/Dichtung)으로 규정한다. 그것은 넓게 혹은 좁게 정의된 시작에서 언어와의 본질적 연관이 부각되어 나타나기 때문이다.

일상적 말과 구분되는 시작의 언어[37]는 "존재자를 하나의 존재자로서 비로소 처음으로 열리는 장 안으로 데려오는"존재의 비은폐성이며, 그런 한에서 가장 탁월한 방식으로 존재의 진리를 개현한다고 볼 수 있다. 이런 맥락에서 하이데거도 이러한 시작 행위를 단지 상상력이나 구상력과 같은 생산적 능력의 활동으로 부르는 것은 경계해야 한다고 본다. 시작이 주관적 능력에 의해 산출되는 과정이 아니라, 오히려 심미적 이념의 개별적 행위들이 되돌아가 근거해야 하는'탈은폐하는 대응투사'라는 사실임을 알 수 있다. 그렇다면 존재의 진리(비은폐성)과 탁월하게 관련된 언어와의 공속성 속에서 사유와 시작 간에 어떤 근본적 차이도 찾을 수 없게 되는 것은 사실이다."존재사유는 시작의 근원적인 방식이다. 다른 무엇보다도 그 속에서 언어가 언어에로, 즉 언어의 본질에 이른다. 사유는 존재의 진리의 구술(Diktat)이며, 사유는 근원적인 말함이다. 사유는 모든 시편과 예술이 언어 영역 내에서 작품화되는 한에 예술의 시적인 것에 선행하는 근원시(Urdichtung)이다. 이런 넓은 의미와 시편적인 좁은 의미에서 모든 시작은 그 근거에서 일종의 사유이다."(GA 5. 328-9)

---

37 진리의 토포스로서 하이데거는 예술, 정치, 종교, 언어, 그리고 사유를 들고 있다. 가장 최고의 존재자성인 언어, 그래서 존재에 가장 가까움인 언어와의 본질연관 속에서 예술과 사유가 존재를 밝히는 근원적 방식으로 언급된다.

그러나 하이데거는『사유의 경험에서』 제한적 의미이지만 사유로부터 시작(Dichtung)의 특징을 구분짓는다. "사유의 말함에는 이미지가 없다(bildlos)는 점에서 시의 말과 차이가 난다"(GA13. 33) 그는 이미지를 모방의 의미나 세계상과는 전혀 다르게'필론(pilon)'과 '에이코'(eiko)의 어휘를 통해 그 본래적 의미를 드러내고자 한다.[38] 독일 고어인 필론은 '구멍을 뚫다, 밖으로 내몰다, 등"으로 활용되며, 희랍어 에이코는 '물러나고 퇴각함으로써, 그 퇴각되게 하는 그 무엇인가를 함께 현상하게 함'의 의미 지닌다. 따라서 예술의 성격을 규정하는 이러한 이미지는 존재하는 것들을 밖으로 현상하게 하는 것, 그래서 보이게 하는 것을 그 본질로 삼는다. 그래서 하이데거도 이미지를 "은폐된 것과 자기은폐적인 것으로부터 비은폐된 것, 개방가능한 것 앞으로 가져옴"(GA 13, 103)으로 규정하면서, 근원적 의미의 예술과 시에 적용한다. 이러한 의미의 이미지는 근원적 의미의 예술-언어, 시적 이미지라 할 수 있다. 하이데거는 이렇게 시적 이미지를 긍정함으로써 상상(력)을 시작과 연관시키고 있다.

이상에서 볼 때, 시작과 사유는 이러한 근본적 공통성에도 불구하고 결코 동일하지 않다. 오히려"유사한 것은 오직 타자로서 유사한 것일 뿐이다. 사유함과 시작함은 그러나 가장 풍부하게 단어의 배려함 안에서 비슷한 것이다. 그것은 둘 다 동시적으로 가장 넓은 의미에서 그들의 본질에 따라서 분리된 것"(GA50. 105)으로서 유사성을 지닐 뿐이다. 타자로서의 차이는 존재의 새로운 길들로 넘어감으로 나타나고 디아포라(불협음)의 창조적 성격[39]을 간직한다. 시작과 사유는"공통적으로 이러한 넘어감을 다른 시간 안에서 찾고 있기 때문에"그들의 본질에 따라서 분리된 채로 존재한다.[40] 이처럼 하이데거가 존재의 언어와의 공

38 참고. 김동규,『하이데거의 사이-예술론』, (그린비, 2009). 242-245.

39 김동규, 같은책, 272이하.

40 O. Pöggeler, *Heideggers Begegnung mit Hölderlin*, 61.

속성을 통해 시작에 대해 취한 사유의 배타적이고 위계적인 관계를 극복하고자 한 것은 사실이다.

그러나 긴장하는 이웃사이인 사유와 시작의 관계에 대한 하이데거의 해석이 곧바로 상상력과 기억의 관계에 적용될 수는 없다. 이미 살폈듯이, 현존재의 시간성으로 파악된 상상력은 존재이해를 향한 기획투사이며, 존재의 진리 속에서 기억은 존재의 간직된 은닉성을 회상하는 대응투사로 볼 수 있다. 기억은 의지적 복원이 아니라 존재 자체에서의 허용이며, 상상력은 그러한 열림 속에서 현존재의 자유로운 구상인 것이다. 이와 같이 하이데거는 인간존재인의 보완적 두 측면에 의해'존재자로서는' 부재하는 존재 자체의 진리를 해명할 수 있다고 보았다. 이런 의미에서 상상과 기억은 존재의 진리가 지닌 이중성(탈은폐와 은닉)에 대한 인간적 상응방식인 것이다.

결국 하이데거는 상상 속에서 기투되는 미래로의 기획에서 과거로의 기억의 가능성을 보려고 하였다.

6. 상상과 기억 간의 새로운 관계에 대해

상상(력)과 기억(력)에 관해 두 명의 중요한 현상학자인 후설과 하이데거의 견해를 살펴보았다. 두 가지 현상적인 사태와 그 둘 간의 관계에 대해서도 어떠한 확증적 결론에 이르기가 어렵다는 것은 분명하다. 상상이든 기억이든 하나의 동일한 사태에도 이미 그 본성상 우리에 대해서(for us)인 주관관련성과 그 자체로(in itself) 인 대상관련성이 다양한 방식으로 얽혀있기 때문이다. 이 얽힘의 방식 속에 대상을 구성하는 다양한 존재(진리)의 가치, 또는 미적 가치가 개입되어서 대상인식에 대해 더욱 복잡한 양상이 전개되기 때문이다. 따라서 상상과 기억은, 전통적으로 중요하게 탐구되어 온 지각이나 사고 등의 다른 인식 능력에 비해 대상을 경험함에 있어서 열등하고 무시될 수 있는 주제일 수도 있다. 그러나 부재의 현전이라는 고유한 특성으로 인해 물론 기억과 상상의 재현화 방식 상에 차이는 있지만, 이 둘의 관계는 존재의 해명에 무시할 수 없는 계기임을 부정할 수 없다. 이러한 이유로 철학사에서 명시적으로든 잠재적으로든 이 둘의 관계가 주목돼 다루어져 왔다.

그런데 이러한 복잡적인 현상구조에 대한 비판적 성찰이 결여된 채, 지속적 존재를 진리로 여기는 고대의 철학들은 상상과 기억의 관계를 설정하는 과정에서부터 왜곡될 수밖에 없었다. 현상과 이념이든, 개별과 보편이든 하나가 다른 하나에 종속될 수밖에 없는 일면적 존재방식에 의거해 문제가 설정되었기 때문이다. 따라서 사물의 동일성을 지속적으로 붙잡으려는 능력으로 비유되는 기억의 연속성은 대상의 다양한 변화를 무수하게 산출하려는 행위로 상징되는 상상력에 대한 일방적 우위를 취하게 된 것이다. 상상에 의해 포착되는 판타스마는 시간 속에서 부재하는 것으로, 다른 한편 기억에 의해 지성적으로 사고되는 이념은 시간을 거슬러 계속 현전하는 것으로 전도되었다고 볼 수 있다. 그 결과 고대의 철학에서 상상에 대한 기억의 우위는 불행하게도 세계파악의 중요한 토대가 되었다.

대상의 실재성(본질)에 근거한 세계인식이 얼마나 제한적인가에 대한 비판적 반성을 한 칸트는 인식론적 반성을 하면서, 대상의 실재성에 관련한 존재의 진리를 인식의 진리로 제한하고 상상력에 관련한 가상을 구제하고자 하였다. 칸트는 대상의 실재성 또는 이념성의 현실성과 무관하면서도 거짓의 혐의를 벗어난 무한한 존재영역인 가상이 있다는 사실을 직시하게 해주었다. 그러나 이러한 영역을 실재와 이념의 중간지대로 설정하고 상상력에 의해 그 자체로 충분히 탐구하지 못한 채, 필연과 자유(실재와 이념) 간의 어정쩡한(?) 조화를 추구하려는 모색이 성취되지 못한 채 중단돼 버렸다. 아마도 거기에는 여전히 미적 이념과 관련된 대상, 즉 가상에 대한 보편적 판정의 요구를 주관적으로 정초하는 것이 어렵기 때문에 피할 수밖에 없었기 때문이라 생각된다. 이러한 회피는 여전히 존재의 진리요구를 무의식적으로 전제할 수밖에 없는 시대의 한계라 보인다.

기억에서든 상상에서든 드러나는 부재의 현전의 문제와 관련해 존재의 의미를 밝히려는 시도들이 지닌 결정적 제약을 급진적으로 비판한 철학자가 후설이다. 이미 살핀 대로, 그는 앞서의 철학적 전통이 존재의 의미를 충분히 드러낼 수 없었던 것은 세계의 실재성에 대한 신념, 즉 자연적 일반정립에서 기인하는 것으로 파악했다. 그리고 현상학적 환원을 통해 대상의 실재성을 괄호치고, 의식의 시간성 안에서 대상의 본질을 구성할 수 있는 계기를 마련하고자 하였다. 그 결과 후설은 세계의'실재성'의 근원으로서의 직관 속에 상상과 기억을 포함함으로써, 지향성에 근거한 모든 대상인식의 가능근거를 확보하게 되었다. 여기서 후설입장의 특징은 직관의 현전적 지평 속에 부재의 경험이 아니라 재현화의 경험으로 기억과 상상을 포함하려는 데 있다고 할 수 있다.

다른 한편으로 하이데거는 후설의 시도가 역시 갇혀버린 편견인 주객의 구도를 포함해 전통의 실체적 사유 까지 통렬하게 비판하였다. 그는 존재하는 것을 하나의 대상존재로 환원하려는 입장을 단호히 배격하였다. 그래서 하나의 존재자가 참으로 무엇인지는 "보임새, 이데아를 보는 것을 통해서는 결코 경험되지 않으며 하물며 사태에 적합하게 사유되지도 않는다(GA 7, 160)"고 주장하게 된다. 이러한 포괄적 반성에서 존재와 존재자의 구분을 통해 존재이해의 새로운 지평을 열수 있었다. 하이데거의 독특함은 존재자가 아닌 그런 의미에서 부재를 존재의 성격으로 보고, 이러한 이중성을 인간 존재자인 현존재의 실존방식인 기억과 상상과 관련시킨 점에 있다.

그러나 이상에서 정리한 대로, 어떤 형태로 구현된 철학적 사유도 지속적으로 존재와 진리에 대해 기억된 강박에서 자유롭지 못하다. 전통적 철학에서보다 좀 더 존재의미가 자유롭게 드러나는 가능성의 조건을 인식비판적으로 탐색한 후설이나 존재론적으로 접근한 하이데거도 여전히 기억의 현실성으로 아니면 기억의 가능성으로 이미 현실화된 존재의 부담을 떨쳐내지 못했다고 본다. 그것이 부재든 현존이든 지속되는 존재의 지평에서 상상과 기억의 특성과 의미를 문제삼는 한, 기억은 물론이고 상상의 가능성이 이미 성취된 현실(파악가능한)에 의해 근본적으로 제약될 수밖에 없기 때문이다. 따라서 대상, 개념이나 특정한 형식으로 현실화되도록 강요하는 진리의 요구에서 자유로울 때, 보다 상상력의 새로운 이해가 가능할 수 있고 기억과도 다양한 관계설정이 모색될 수 있을 것이다. 이러한 발상전환에 근거해서만, 현상 인식의 가능근거를 탐구하는데도 도움을 줄 뿐만 아니라 예술, 신화, 종교, 상징 체계를 비롯한 다양한 문화 일반을 이해하는 데에도 기여할 것으로 보인다. 따라서 이러한 발상전환에 대한 내용적 검토가 이 글에 후속적인 과제로 주어졌다고 생각된다.

참고문헌

김동규,『하이데거의 사이-예술론』, (그린비, 2009)
박진,「유한한 인간의 조건으로서의 시간」,『철학논총』49집, 새한철학회, 2007
윤명로,「현상학에 있어서의 사유와 직관」,『현상학과 유식론』, (시와 진실, 2006)
조대호,「기억과 상기」,『철학연구 96집』, 철학연구회, 2012.
조경식,「상상력. 독일에서의 논의」,『현대비평과 이론』27호, 2007.
최문규,「자율적 예술과 가상」,『독일문학』65, 1998.

Hume, D., A *Treatisie of Human Nature*, ed., by L. A. Selby-Bigge, (Oxford, 1978)
Heidegger, M., *Gesamtausgabe*, (Frankfurt am Main: Vittorio Klostermann)
Henrich, D., "Ueber die Einheit der Subjektivitaet", in: *Philosophische Rundschau Bd 3,* (Tuebingen, 1995)
Husserl, E., *Gesammelte Werke*, (The Hague : Martinus Nijhoff, od. Kluwer Academic Publishers)
Kant, I., *Kritik der reinen Vernunft,* Felix Meiner Verlag, (Hamburg, 1971).
Kant, I., *Kritik der Urteilskraft*, Felix Meiner Verlag, (Hamburg, 2006)
King, R. A. H. *Aristoteles. De memoria et reminiscentia*. (Berlin, 2004)
Platon, *Werke*, hrsg. von G. Eigler. (Darmstadt: Wiss. Buchges., 1990)
Poeggeler, O., "Heideggers Begegnung mit Holderlin", in: *Continental philosophy review,* Vol. 10. 1977.
Ricoeur, P., *Memory, History, Forgetting,* (Uni. Chicago press: Chicago&London, 2004)
Volonte, P., *Phaenomenologie der Imagination,* (Freiburg: Alber, 1997)
Windelband, W., *Einleitung in die Philosophie,* (Mohr: Tuebingen, 1920)

토론

조두관 후설과 하이데거를 중심으로 한 기억과 상상에 관한 현상학적 고찰에 대한 발표 잘 들었습니다. 후설은 어느 정도 이해가 가능한 거 같아요. 후설의 주장은 "대상인식의 구성작용에서 상상과 기억이 서로 배타적이고 위계적이지 않고, 오히려 상호보완적이라는 점을 보여주게 된다"는 것이고, 반면에 하이데거는 "상상력에 근거한 현존재의 시간이해는 차이성을 통한 지평 형성 속에서 존재이해를 모색했다"는 주장합니다. 그 다음에 하이데거가 존재와 존재자의 구분을 통해 존재이해의 새로운 지평을 열었다고 하고, 하이데거의 독특함은 존재자가 아닌 그런 의미에서 부재를 존재의 성격으로 보고 이러한 이중성을 인간 존재자인 현존재의 실존방식인 기억과 상상력과 연관시킨다고 하십니다.

저는 선생님의 논문에 대해 여기까지만 이해를 했어요. 그런데 참 이해하기 어려운 글이라 생각했습니다. 미완성 논문으로 결론 부분이 상당히 열려져있고 문제 제기만 하셨기 때문에, 제가 문학 전공자로서 이해가 되지 않는 그런 용어나 내용에 대해서만 좀 질문을 하겠습니다. 쉽게 설명을 해주시면 고맙겠습니다. 일반적으로 책은 소통의 장이라 할 수 있습니다. 철학을 전공하지 않는 인문학도가 읽고 쉽게 이해할 수 있는 글은 없을까 생각해보았습니다. 문과대에서 계획한 저술사업이 특정 전공자들을 위한 전공서적 발간이 아니라고 알고 있습니다. 아무리 어려운 철학이지만, 일반 독자들을 위해서 좀 더 설명을 쉽게 해주시면 얼마나 좋을까 생각을 한번 해봤습니다. 세 가지를 질문하겠습니다.

첫째로 선생님은 서문에서 기억과 상상의 본질적 관계를 밝히고자 했습니다. 기억과 상상의 상호의존과 배타에 대한 이야기에서 후설이 기억과 상상이 상호보완적이라는 데는 이해가 됩니다. 그러나 하이데거에서 기억과 상상이 어떤 관계인지 언급이 없습니다. 하이데거에서 기억과 상상이 의존적 관계인지 배타적 관계인지 알고 싶습니다. 아니면 또 다른 차원에서 기억과 상상의 관계를 이해해야하는지 그것을 좀 알고 싶습니다.

둘째로 철학자 메를로퐁티가 시간과 기억에 대한 문제를 많이 언급하고 있습니다. 메를로퐁티의 경우 문학에서도 자주 인용되고 언급됩니다. 메를로퐁티의 경우 기억과 시간과 상상에 대해 어떤 담론을 펼치고 있는지 궁금합니다.

마지막으로 "부재의 현전"에 대한 문제는 문학에서도 자주 언급되고 있습니다. 현대 철학에서 "부재의 현전"에 대한 담론이 얼마나 중요하게 다루어지는지 궁금합니다. 그리고 선생님이 논문에서 사용하는 개념들 가운데 파지, 탈자성, 공속성, 개현 등 사전에서도 찾아보기 어려운 개념들이 많습니다. 그러한 개념들은 한자를 병기해주면 좀 더 쉽게 이해될 것 같습니다.

김희봉 글이 어렵다는 지적에 더 이해시켜야할 필요를 인정합니다. 그러나 초고라는 점과 또는 일반인이나 문학전공자라는 독자층과 관련해 이해 상의 문제가 생길 수 있다 하더라도, 질문자가 지적한 전문용어, 즉 개념들의 난해함에서의 불가피성은 해명할 필요가 있습니다. 자연수, 무리수, 복소수 등의 수개념이나 피보나치 수열과 괴텔의 불완전성의 정리 등 수학용어의 전문성과 난해성에 대해서는 대체로 관대한 반면, 철학의 개념이나 이론에 대해서는 일반적 언어로 쓰여 당연히 이해되어야한다는 편견이 우리에게 존재합니다.

철학의 개념이나 이론도 긴 해명의 역사를 가졌으며, 내용적으로도 복잡성과 난해성을 포함하고 있습니다. 그래서 앞서 언급한대로 오늘날에는 자연수로부터 다양한 수의 종류가 존재하고, 수체계가 연속적이냐 불연속적이냐가 수학에서 문제되듯이, 철학은 존재와 존재방식에 대해 지속적으로 고민해 왔습니다. 고대의 플라톤과 아리스토텔레스가 자연수를 생각하듯이 소박하게 존재를 파악했다는 것은 아니지만, 분명히 보편자든 개별자든 어떤 단일체를 생각했던 것은 사실입니다. 그래서 플라톤에 있어서 "나는 너보다 키가 크다"는 판단은 설명하기 곤란하게 됩니다. 그것은 한 실체를 다른 실체의 속성으로 환원할 수 없기 때문입니다. 그래서 현대에 이르러 존재를 다양한 관계의 방식으로 또 사물들이 복잡하게 조직화된 하나의 사건으로서 통찰하게 되며 우리가 단순한 개물 위주의 방식으로 파악하려는 시도를 극복하게 됩니다. 이러한 맥락에서 후설과 하이데거 등과 같은 철학자들은 객관적으로 대상이 동일하다고 판단할 수 있는 근거가 무엇인가를 고민했던 것입니다. 이와 같이 사물존재의 동일성과 객관성이 어떻게 파악되며, 그것의 인식적 타당성이 어떻게 확보되는가 하는 그러한 문제의식에 기억과 상상의 관계인 우리의 주제가 놓여 있습니다.

우리의 주제를 부연하면, 사실 대상인식에서 지각된 현전이외에는 대부분 적지 않게 부재하는 것과 관련되지 않습니까? 특히 감각적으로 부재하고, 또 사고하더라도 현실적이지 않는 것, 즉 훨씬 더 많은 부재의 사실들이 대상인식을 설명함에서 개입되기 때문에 철학은 부재 또는 허위의 문제를 진지하게 고민하는 반면에, 문학과 예술의 경우에는 부재하는 것으로서 가상이나 환상을 언급하면서도 별로 거기에 대한 정당성의 고민이 부족하다는 반성과 관련되어 있습니다. 따라서 철학자들은 함께 공속하고 있는 이 현실적 세상에 진리라는 궁극적 가치가 있다고 보기에, 임의적으로 사실을 구성하거나 근거없이 진술하는 것이 아니라 인식된 세계가 어떻게 다른 사람들에게 동일하게 파악이 될 수 있느냐는 그런 문제를 제기하는 것입니다.

그러니까 예로 문학작품의 경우에도, 실재여부를 떠나서 주인공이 일관성없이 변하면서 통일된 형식을 결여하고 있다면 작품이해를 어렵게 만들 수 있기에, 오히려 작중 인물들을 플롯의 진행처럼 일정한 시퀀스(sequence)를 가지고 일관되게 구성해야 합니다. 이러한 관점에서 후설은 대상파악을 주관의 시간 의식 속에서 성취하려했고, 유사하게 하이데거도 현존재인 우리가 시간 속에서 스스로를 이해하고 파악하기 때문에 관련되는 외부의 개별사물이든, 아니면 하나의 사건이든, 관계양상이든, 각각의 고유한 지시 가능한 형태로 해명하려는 시도를 했다고 볼 수 있습니다.

이처럼 현상학자들은 존재이해와 관련된 사태를 심층적으로 분석하고 설명하려다보니까 일상용어로 전환하기 어려운 전문용어들을 쓸 수밖에 없었던 것이고 이해의 어려움을 초래했다고 봅니다. 특히 하이데거의 경우에는 잠깐 언급한 대로, 지금 현상하는 것을 우리가 현존(Anwesen)의 성격 위주로 파악하려다보면 충분히 파악할 수 없기 때문에, 대상의 현상에 대해 그렇게 드러내 주면서 은폐하는 그런 존재의 성격과 층위까지 고려할 때 제대로 이해하게 되고, 존재하는 것으로서의 존재자들(Seiendes)과 존재가능하게 하면서 은폐하는 존재(Sein)를 동시에 고려할 때 우리가 온전하게 사물의 총체로서의 세계를 이해한다면서, 존재와 존재자의 구분을 존재해명의 중요한 철학적 단초로 도입했던 것입니다. 그래서 없는 게 아니라 근원적으로 있는 존재는 다양한 존재자들의 있음의 방식과는 다른 방식으로 있음을 의미합니다. 그리고 하이데거가 볼 때, 지금-여기에 현전(present)하지 않기 때문에 그 자체로 숨어있고, 은닉해 있고 스스로를 감추고 있지만, 그렇게 함으로써 존재하는 모든 것들이 있게 되는 것입니다. 만약에 존재가 다 드러난다면 너무 혼란스럽고 너무 다양하기 때문에. 우리는 도저히 파악이 불가능하며, 그런 까닭에 우리에게 이해가능하게 드러내는 존재의 방식과 관련해, 우리 인간이 사물존재에 다가가 구성하지만 존재도 그런 방식으로 우리에게 드러내준다는 하이데거의 입장을 쉽지는 않지만 어느 정도 이해할 수 있습니다.

그러니까 인식현상의 기본 구조가 너무 다양하게 자의적으로 구성된다면, 앞서 말한 대로 상상의 다양성은 허용될는지는 모르지만 우리 모두가 공속해 있는 하나의 세계 가능성은 사라질 위험에 처합니다. 다 가능하면 복수의 세계에 있게 되며, 오히려 실질적으로 함께 존재하려면 하나의 세계라는 현실성이 요구되고, 이것을 위해 부재와 관련된 측면에서는 기억력이 철학자들에게는 훨씬 더 상상력보다 중요한 힘을 갖게 된다고 봅니다. 거기서 진리에 대한 구속성도 있고 참된 존재라고 하는 의미부여도 하게 되기 때문입니다.

이제 시간개념에 관한 메를로 퐁티과 후설의 입장에 대해서는 연구부족으로 상세히 말씀드릴 수 없고, 특히 시간 개념보다는, 신체와 관련된 지각현상에 대한 주된 분석을 위주로 했기 때문에 그 부분에 대한 메를로 퐁티의 생각들이 충분하지 않다고 보이며, 나중에 조금 더 자료들을 참조해 말씀을 드리도록 하겠습니다.

이승종 두 가지를 질문 드리고 싶습니다. 첫째, 선생님께서는 존재의 지평에서 상상과 기억의 특성과 의미를 문제 삼는 한, 기억은 물론이고 상상의 가능성이 근본적으로 제약될 수밖에 없다고 하셨습니다. 따라서 대상, 개념이나 특정한 형식으로 현실화되도록 강요하는 진리의 요구에서 자유로울 때, 상상의 새로운 이해가 가능할 수 있고 기억과도 다양한 관계설정이 모색될 수 있을 것이라고 하셨습니다. 요컨대 선생님께서는 상상을 제약하는 기억으로부터 자유로울 때 상상에 대한 보다 새로운 이해가 가능하고 선생님 자신도 그 방향을 추구하신다고 하셨습니다. 그런데 과연 선생님이 모색하는 무제약적인 상상, 혹은 기억과 제약의 관계가 아닌 상상이 선생님이 오늘 발표하신 후설, 특히 하이데거의 사유 안에서 설정이 가능한 방향인지요? 둘째, 선생님께서는 조주관 선생님의 질문에 대한 답변에서 선생님은 '상상력이 상상이 굉장히 다양하고 유동적인 것이라면 기억은 모아서 집약시켜주는 공통근거'라고 말씀하셨습니다. 그러나 사실 기억 자체에 대해서도 의견의 통일이 이뤄지지 않는 경우가 허다합니다. 특히 역사적인 기억의 문제에서는 기억이 단편적인 경우에 기억의 빈자리를 메워가며 그 기억을 풍성하게 해석해주는 게 상상력이라고 생각합니다. 그런 점에서 기억과 상상력의 구분 문제, 또 선생님께서 추구하시는 기억으로부터 비교적 자유로운 상상력의 방향, 이런 것들이 궁금해지는데 어떻게 생각하시는지요?

김희봉 후설과 하이데거는 앞서 설명했듯이 기억과의 관계로부터 완전히 자유로운 상상이 불가능하다고 봅니다. 그래서 문학의 경우에 어떤 논리적인 강박이나 문법적 구속 없이도 몽환적이나 환각적인 상태에서 서로가 감정의 유희를 나누는 것이 가능한가 물을 수 있습니다. 사실 감정유희의 공유는 미적 체험에서 칸트가 말한 중요한 지점이며, 아름다운 것은 대상적으로 설명이 불가능하기 때문입니다. 그러나 이처럼 논리적으로 규정하기가 어렵다면 어떻게 반복적으로 미적 현상에 대해 만족할 수 있습니까? 오히려 어떻게 그 현상이 우리에게 미적으로, 주관적이지만 공통적으로 나타나느냐? 철학자의 이러한 문제제기는 그래도 우리가 세계 속에 존재하며, 다른 외계인이 아니라면, 개념적으로 규정되지 않고 감정의 자유로운 상태에서 느껴질 뿐이라 하더라도 지속적으로 규정하고 반복해 기억에 의해 동일한 현상에 대한 아름다운 느낌을 갖게끔 요구된다는 점에서 비롯된 것이며, 그럼에도 그로부터 완전히 벗어난 상태가 불가능하겠지만 임의적 가능성에 관한 상상을 긍정적으로 생각해 보려 합니다. 그러나 만약에 철학자들은 현실에 있어서 실현된 것, 이미 일어난 것, 즉 기억으로서의 역사에 대해서도 왜 왜곡이 생기느냐 묻는다면, 상상이 개입되었기 때문이라고 봅니다. 상상이 지니는 긍정적인 측면도 있지만 부정적인 것도 적지 않습니다.

칸트가 밝히는 상상 개념에서는, 우리가 흔히 말하는 픽션과 관련된 “Phantasie”와 시간 도식처럼 다양한 감각물들을 통일화시키고 체계화시켜 주는 능력으로서의 “Imagination”이 서로 구분됩니다. 일반적으로 문학에서의 자유로운 상상보다는 철학에서는 통일적으로 또는 체계적으로 구성하는 작용과 능력이라는 계기로 빈번히 상상개념을 도입했는데, 매우 유연하고 느슨한 성격의 상상을 끌어들이는 자가 흄이고, 칸트는 진리의 요구로부터 자유로운 존재 구성으로서의 미적 표상에 있어서의 상상력의 중요성을 언급했으며, 후설이나 하이데거는 기억의 강제로부터 자유롭지 못한 상상을 분석했다고 봅니다. 그렇기 때문에 이들에게서 기억은 단지 우리가 떠올리는 사적인 것이 아니라, 존재에 의해 보내진 것들(Geschick)을 다시 회상하고 사고하는 상상력, 즉 기억과의 관련 속에서의 상상력이 존재의 근원적 차원에서 본래적인 의미를 갖게 된다는 것입니다.

그러나 제 경우에는 주어진 세계에 관한 이해의 정당성으로, 또는 진위의 확증으로 갈등하고 대립하는 그런 진리의 기억에 대한 분열의 공동체에 대해, 다른 한편으로 논리나 기준이 일관되지 않은 상상, 즉 무제학적인 가능성이 열린 상상 속에서 각자가 이해하고 표현한 것을 자유롭게 허용하는 방식, 그런 글쓰기의 내용이 묵인되는 세계에 대해 어느 쪽이 더 바람직한지를 고민한 바 있습니다. 그래서 이 글의 문제의식도, 또한 이를 더 설득하고 이해시키려고 하는 이유도, 여러분도 다 같이 동일한 것을 기억하고 확증하고 그 결과 역사적 사건들을 인식하는 그런 일치나 정합 혹은 확실의 진리성에 구속되지 않고 그런 획일적 진리로부터 면제된 세계, 즉 그러한 상상을 만약에 더 탐색하고 이해할 수 있다면 하는 바람과 무관하지 않습니다. 그러한 세계의 관련 속에서 우리의 삶의 가능성을 한번 살펴보겠다는 것이 이러한 논의적 모색의 지점인 것입니다.

이기언 '부재의 현전'이라는 표현과 관련한 질문을 드립니다. 기억의 측면에서 보면, 역사적 시간적 측면에서 보면, 부재(absence)라는 게 현재에 없는 것, 현재에 있지 않은 것, 이를테면 과거지사이죠. 리쾨르가 역사 경험을 언급하면서 '부재의 현전(la présence de l'absence)'이라고 할 때는 '과거의 사실이 현재에 남아 있다', '기억 속에 남아 있다'라는 의미로 사용하고 있습니다. 그런데, 상상력에서 말하는 '부재의 현전'이라는 것은 시간을 초월해서 과거에도 없었고, 현재에도 없고, 미래에도 없을지도 모르는 것이 상상력에 의해 현전한다는 의미이거든요. 그러니까 역사적 시간의 차원과 상상력 차원의 '부재의 현전'이라는 의미는 전혀 다른 속성을 지니고 있다는 것입니다. 다시 말해서, 기억에 의한 '부재의 현전'과 상상력에 의한 '부재의 현전'은 전혀 다르다는 것이죠. 그런데 선생님께서는 '부재의 현전'을 언급하면서 기억과 상상과 역사적 진실을 동일한 차원에서 논의하고 있거든요. 기억과 상상과 역사적 진실의 관계를 어떻게 설정할 것이냐에 대해서는 언급이 없거든요. 가령, 기억에 의한 '부재의 현전'이라고 할 수 있는 역사적 진실이라는 것도 보면, 니체가 "사실(事實)은 없고 해석만이 있다"라고 했듯이, 사실(事實)이 아니라 사실(史實)에 지나지 않는다는 것입니다.

김희봉 제가 말하고자 하는 것도, 그렇게 실재성의 강박에 사로잡혀서 진리의 수호신처럼 주장하는 철학자들의 입장에서도 누구든지 확인가능하고 보편타당하게 이해 가능한 과거의 기억으로 회상되거나 소환될 수 있는 그런 명명백백한 사건이나 사실은 없다는 것입니다. 그래서 하이데거도 존재를 근거지우려는 강박으로부터 자유로워져서 부재의 현전을 언급했는데, 결과적으로 앞서 설명했던 대로 과거의 사실만이 아니라 일어날 수 있는 모든 가능성까지 다 포괄한 존재의 지평을 직시했음에도 불구하고, 그러나 존재가 '스스로를 보낸다'라는 측면에서, 또는 '자기를 열어 보인다'고 하는 차원에서 이미 규정되어진 존재자들의 개현 내지는 발생에 대한 진지한 성찰과 고민이 있었다고 봅니다. 왜냐하면 무엇이든지 다 발생되도록 허용된다면 과연 인간적 삶이 유지될 수 있는지, 또는 서로가 공속하는 공동체의 삶이 가능한지가 의문시되기 때문입니다. 이렇게 계속해 제기되는 물음은 우리가 함께 체험하고 확인해야 할 그 삶의 지반에 대한 고민에서 비롯됐다고 봅니다.

그러나 저는 존재와 진리에 관한 이러한 철학적 고민의 지점을 조금은 벗어나고 싶습니다. 특히 이제 문학인들과 함께 논의하는 것이 쉽지 않겠지만, 존재와 진리에 대한 문학이나 예술 쪽의 생각을 어떻게 공유할 것인가가 새로운 지점인 것입니다. 존재의 기억은 이미 일어난 것에 대한 확정적이고, 재귀적인 의미에서 반성적이며, 또 하나 성격은 시간적인 것입니다. 기억과 관련된 시간은 비가역적인 특성 때문에, 우리가 과거의 사건과 그 기억을 자의적으로 변경할 수 없다고 봅니다, 그런데 상상에 대해 시간적이게 해석하거나 시간적이지 않게 규정하는 철학자의 입장이 있기는 하지만, 하여간 일상적으로 포괄적인 의미의 상상에 있어서는 시간의 구속에서 자유롭고, 일어난 것이 아니라 일어날 수도 있고 일어나지 않을 수도 있고 실재하지 않기도 하는 그런 무엇이든 허용될 수 있습니다. 즉 존재의 진리로부터 벗어나는 것이 가능하다고 봅니다.

그래서 이러한 대비 속에 놓인 그런 상상 쪽에서 좀 더 이해가능한 생각을 가지고 존재의 진리에서의 기억과 상상의 관계에 관한 철학자들의 다양한 입장들을 검토해보면 좀 더 흥미롭게 문학과 철학이 만날 수 있는 지점이 있지 않을까 생각해 본 것입니다, 그렇지만 상상 속에서 자유롭고 즐겁게 글 쓰는 문학인들과 기억 속에서 무겁고 진지하게 글을 쓰는 철학자가 교차하는 지점에서 상대방의 상호 이해를 구하는 노력은 같이 추구해야할 것 같습니다.

홍종화 비전문가로서 좀 간단히 도식화하여 이해한다면, 존재를 이해하는 방식이란 현존재와 부재적 존재가 어떤 존재 자체를 이해하고 인식하는 관계 내지 구조라고 볼 수 있다는 것이며, 여기서 그 실체 - 그것이 어떤 현상적 실체든 비현상적 실체이든 - 를 인식하는 방법 내지는 관계가 다름 아닌 기억과 상상이라고 할 수 있다는 것인가요?

김희봉 그렇습니다. 상상력도 대상의 존재를 파악하게 만드는 중요한 인식능력입니다. 그러나 존재는 실재적으로 있기도, 없기도 하는 모든 것에 대한 총체적인 개념이기 때문에, 지각작용은 물론 대상의 존재를 지속적으로 있게 현전하는 인식능력이긴 하지만 매우 제한적일 수밖에 없습니다. 이처럼 지각작용은 한정적이기에 거기에는 항상 현행의 지각에서 부재한 것들이 이미 개입해 있게 됩니다. 내가 오늘 이 곳에서 발표하고 나서 다른 친구에게 발표장의 상황을 전달하는 것은 분명히 재현(representation)입니다. 이처럼 기억된 것을 떠올리는 것이고, 사실 지금을 구성하는 많은 있는 것들의 현실성은 부재를 현전화시키는(representation, vergegenwärtigen) 의식활동에 의해 가능하게 되며, 그렇게 함으로써 우리가 현실적 세계를 이해하게 됩니다. 그래서 상상과 기억 덕분에 현실에 대해 우리는 그 어떤 친구가 단지 소설(픽션)을 쓰고 있냐고 이야기하지 않고 이미 일어났고 일어날 것으로 확신한다고 봅니다.

홍종화 존재를 인식하기 위한 현존적 존재와 부재적 존재 간의 대비가 있듯이, 서로 대비되는 기억과 상상도 상이한 구조를 갖고 그 관계적 차이를 형성할 수 있겠군요.

김희봉 제 생각으론, 기억과 상상 간에는 주도권 싸움이 있는 것 같습니다. 그러니까 상상이 부재를 현존하는 능력이라면, 부재의 성격에 차이는 있지만 기억도 마찬가지입니다. 부재를 현전화함에 있어서 어떤 성격의 부재(존재방식)를 현존하는 능력이 더 탁월하고 정당한가라는 문제에 대해, 철학은 기억의 방점을 두면서 개념적 논의를 지속적으로 이어왔다면, 문학은 그 역이 아니었나 생각됩니다.

정진배 기억과 상상에 대한 담론에서 기억과 상상의 대상이 기억과 상상의 바깥에 존재합니까, 기억과 상상 속에서 기억과 상상을 하는 겁니까?

김희봉 그런 대상이 단지 의식 내에 있다면 철학에서는 심리적인 것이라고 하며, 우리가 임의적으로 구상해 놓은 것이라 봅니다. 그러나 후설과 하이데거는 기억이든 상상이든 관련된 대상들이 그런 식으로 만들어진다고 생각하지 않습니다. 예를 들어서 드라마나 영화는 어떤 특정인의 상상력의 산물일 수 있지만, 그럼에도 다른 사람도 같이 그것을 (관람하면서) 상상합니다. 그렇게 같이 그 산물들을 동일하게 파악합니다. 그런 산물들 중에는 분명히 내 심리 안에 매우 사적으로 존재하는 것도 물론 있을지도 모릅니다. 순간적으로 남도 나도 잘 이해되기 어려운 무수한 사적인 상상도 있겠지만, 대부분의 상상물은 누군가에게 재현(기억)하는 과정에서 살펴보면 결국 이해가능하고 설명 가능한 개념적 지표들에 의해 파악된다는 것입니다. 그러니까 드라마도 가능한 것입니다.

정진배 이해 가능한 지평이라든가 공통적 토대에 대한 전제와 가설은 제가 볼 때는 어떻게 보면 굉장히 서구의 동일률적인 사고방식과 궤를 같이 하는 것이지요. 말하자면 외적 사물에 그것을 그것이게 하는 어떤 실체가 존재한다고 하는 전제하에서 보편성의 추구와 공통성에 대한 탐구 같은 게 시작이 되거든요. 그런데 그것이 '존재한다'라고 하는 것은 인간이 (실증적으로) 증명할 수 있는 범주를 벗어나 있지요? 예를 들어서 우리가 동일한 대상을 바라보더라도 빛의 조명이라든지, 원근, 각도에 따라서 그 대상의 형태가 시시각각 달라지는데 그 어떤 맥락에서 파지된 '상'이 그 물상의 참된 실체인가 라는 것은 아무도 판명할 수 없는 것이지요. 그 같은 가설로부터 출발한다면, 그것의 실체가 존재한다 라는 명제 자체도 어떻게 보면 우리가 관념적으로 만들어 낸 '허구'라는 것이죠. 그러니까 그 같은 관념론적 가설의 토대위에서 우리가 예를 들어 상상이라든가, 기억이라든가 이러한 문제를 범주론적으로 설정하고, 그 가설을 합리화시키기 위해서 어떤 과정론적인 문제를 추론해 들어가는 것이 아닌가라는 의구심이 들구요, 나아가 내가 어떤 물체를 어떤 방식으로 인식하든지 간에 모든 (대상) 인식이라고 하는 것은 나의 어떤 주관성 - 혹은 관습(karma)적인 틀 - 에 의해 그 물상에 대한 나의 인식이 조건적으로 형성된 것을 지칭하는 것이 되겠지요. 달리 말해 나는 엄밀한 의미에서 내 의식 속에 투영되어 드러난 그 대상의 그림자를 바라보는 것이지요. (현대 서구 비평가인 제임슨은 이를 '해석된 현실'이라 이름 붙였지요.) 이를 다시 원래의 주제와 연결시켜 보자면 결국 내 상상이 내 상상을 상상하는 것이 될 것이고…(달리 말해 인식의 주체와 인식의 대상이 공히 내 의식의 두 가지 다른 측면에 불과하다는 의미입니다. 부연하자면 주-객의 분리는 인식론적 영역이고, 주-객 미분은 존재론적 영역이 되겠지요.) 그렇다면 과연 그러한 관점에서 상상이라든가 기억이라고 하는 카테고리를 분석론적으로 나눠서 이를 추론해 들어가는 것이 과연 어떤 의미를 가질 수 있을 것인가라는 점에 있어서는 다소 의구심을 갖습니다. 나눠질 수 없는 것을 나누고 범주화시켜 결과적으로는 점점 '존재'(Oneness)의 본질에서 멀어지게 만드는 것이 아닌가요?

김희봉 칸트 이전까지는 신처럼 외부 세계의 어떤 특정한 실체를 상정한 그런 방식으로 존재의 물음에 접근했다가 포기하고, 근대에 이르러 주관적으로 전환해서 우리의 의식구조가 세계를 근거 짓는 하나의 인식적 토대이고 권리적 원천이라 여기면서 이러한 주관과 관계를 맺는 현상으로서 세계의 구조를 파악하고 이해하려 하지만, 그 경우에도 지금 지적하신대로, 세계인 객관이 주관에 주어지지만 우리의 순수한 구상물은 아닙니다. 오히려 대상은 우리의 공통적 인식 구조에 의해서 이해되는 그런 객관적인 것입니다. 예를 들어 지금 여기서의 경험내용을 물론 차이는 있지만, 다른 곳에서 재현하는 과정에서 개인의 의식 속에 발생하는 동일한 상을 언급하는 것이 아니라 실제 있었던 사건을 지시하는 것입니다. 따라서 그런 의미의 기억물이든 상상물이든 간에 우리의 인식능력에 의해 어떤 대상이 객관성과 보편성의 특성에서 어떻게 파악될 수 있는가, 즉 다른 사람에 의해서도 이해 가능하고 접근 가능하게 가능한가가 철학의 중심과제입니다.

이를 해결하기 위해 현상학적인 의미의 의식주관으로 환원한 철학자가 후설이고, 이러한 주관적 환원과 관련된 많은 문제로 인해 하이데거는 현존재라고 인간의 존재방식, 즉 이미 세계 속에 들어가서 다른 사물들과 그렇게 염려하고 배려하고 하면서 이해라고 하는 실존방식으로 교섭한다거나, 사귄다는 관계양상에 주목하게 됩니다. 이러한 사귐의 실존방식에서는 객관적인 대상에 대한 인식의 방식보다 좀 더 다양하게 자유롭게 교섭하고 이해할 수 있다고 본 하이데거의 견해에도 불구하고, 여전히 그렇게 교섭할 수 있는 그런 공통적 토대가 어디서 확보되는지, 다양하지만 그럼에도 무엇인가에 대한 통일적 토대가 여전히 기억적 성격으로서 있을 것이라고 탐구하는 자가 철학자라면, 반면에 문학자는 이렇게 고정적으로 확립된 기억의 토대보다 오히려 매우 다양한 세계상들이 존재해도 갈등하거나 대립되지 않게 구성하는 것 자체를 문제삼지 않는다고 봅니다.

정진배 없죠. 그러니까 부분에 대한 탐구가 그 본질에 있어 어떤 진리나 진실에 대한 문제라기보다는 굉장히 실천론적이고 당위론적인 명제에 가깝다는 것이고, 이것이 어떤 근원적 진리(Truth)를 탐구하기 위한 시도와는 무관한 것이 아닌가 하는 생각이 들고요, 그리고 만일 그러한 사적 탐구가 가중되면 될수록 역설적이지만 그러한 '노력'으로 인해 사유하는 주체는 전체에서 점점 떨어져 나간다는 것이지요. 동양적 사유에 기대어 보자면 분석적 사유가 결국 인식의 주체를 존재계로부터 분리시키는 '망상지'로 작용하는 것이고, 반대로 망지를 버리는 순간 인식 주체가 소멸된 바로 그 자리에서 어떤 동시-전체의 보편적 경계가 스스로 드러나는 것이겠지요. 그렇기 때문에 결국 관건은 '앎'을 바라보는 입장이나 태도인 것 같아요. 요약하자면 우리의 앎이라는 것이 과연 삶의 보편적인 토대를 획득하고 구현함에 있어서 순기능을 할 것인지 오히려 그로 인해 우리가 점점 더 존재의 영역에서 분리되는 것인지의 문제가 되겠지요. 만일 앎이 소멸되는 자리에서 진리의 세계가 현전한다는 (다소는) 신비주의적 가설을 어느 정도 공감할 수 있다면, '앎'에 대한 근본적인 논의가 다시금 이뤄져야 할 것입니다.

김희봉 하이데거는 자연과학의 객관적인 인식에 근거해 세계를 파악하는 것은 매우 경직되고 편협한 자세라고 봅니다. 모든 사물을 우선적으로 우리 앞에 도구적으로 있지 않고, 오히려 실험실에 보듯이 객관적 대상으로 보는 그런 과학적 인식이 지나치게 편협하기 때문에, 존재의 참된 의미가 망각된다는 것입니다. 우리가 그러한 사고방식을 중지하게 되면 존재의 본래적 가능성이 열리게 되는데, 존재가 개방되는 그 지점에서 하이데거는 존재의 진리를 일치나 정함이나 확실성의 성격으로가 아니더라도 여전히 존재의 진리의 이중성을 언급하고 있다고 저는 봅니다. 발견됨(드러냄)이라는 의미와 숨는다는 의미로 파악되는 진리의 이중성입니다. 모든 것이 다 진리고 다 거짓이라고 해석되는 것이 아니라, 존재자를 드러내면서 존재가 숨게 되는 그런 지점의 성격을 말하는 것이며, 이러한 존재개현의 지점에 대해서는 좀 더 다양한 이해가 필요합니다. 그 결과로 문학이든 철학이든 같이 공존할 수 있는 존재이해의 지평이 열려야 한다고 봅니다.

발표자 및 토론자

김 철 연세대 국문과 교수(연구분야: 현대소설)

김용민 연세대 독문과 교수(연구분야: 시문학)

김진영 연세대 노문과 교수(연구분야: 시문학)

김희봉 그리스도대 교수(연구분야: 현상학)

백문임 연세대 국문과 교수(연구분야: 영상문학)

신형기 연세대 국문과 교수(연구분야: 문학비평)

유현주 연세대 독문과 교수(연구분야: 매체학)

이경훈 연세대 국문과 교수(연구분야: 현대소설)

이기언 연세대 불문과 교수(연구분야: 문학비평)

이승종 연세대 철학과 교수(연구분야: 언어철학)

임성모 연세대 사학과 교수(연구분야: 일본근대사)

정진배 연세대 중문과 교수(연구분야: 중국 문화학)

조경식 전북대 독문과 강사(연구분야: 고전주의)

조대호 연세대 철학과 교수(연구분야: 희랍철학)

조주관 연세대 노문과 교수(연구분야: 문학이론)

최문규 연세대 독문과 교수(연구분야: 낭만주의)

홍종화 연세대 불문과 교수(연구분야: 화용론)